Studien zum
Handels-, Arbeits- und Wirtschaftsrecht

Herausgegeben von

Prof. Dr. Barbara Dauner-Lieb
Prof. Dr. Dr. Dr. h.c. mult. Klaus J. Hopt
Prof. Dr. Dres. h.c. Harm Peter Westermann

Band 161

Christian Klein-Wiele

# Verhältnismäßigkeit und ultima ratio handelsrechtlicher Gestaltungsklagen

**Nomos**

**Die Deutsche Nationalbibliothek** verzeichnet diese Publikation in
der Deutschen Nationalbibliografie; detaillierte bibliografische
Daten sind im Internet über http://dnb.d-nb.de abrufbar.

Zugl.: Tübingen, Univ., Diss., 2016

ISBN 978-3-8487-3108-4 (Print)
ISBN 978-3-8452-7479-9 (ePDF)

D 21

1. Auflage 2016
© Nomos Verlagsgesellschaft, Baden-Baden 2016. Printed in Germany. Alle Rechte, auch die des Nachdrucks von Auszügen, der fotomechanischen Wiedergabe und der Übersetzung, vorbehalten. Gedruckt auf alterungsbeständigem Papier.

# Vorwort

Die vorliegende Arbeit wurde im Wintersemester 2015/2016 von der rechtswissenschaftlichen Fakultät der Eberhard-Karls-Universität Tübingen als Dissertation angenommen. Rechtsprechung und Literatur konnten bis Februar 2016 berücksichtigt werden.

Dank gebührt an vorderster Stelle meinem Doktorvater *Herrn Professor Dr. Dres. h.c. Harm Peter Westermann* für die vorbildliche Betreuung der Arbeit. Ihm und *Herrn Professor Dr. Jan Schürnbrand* danke ich zudem für die zügige Begutachtung sowie für ihre wertvollen Hinweise und Anregungen.

Danken möchte ich schließlich meinem Vater *Werner* für die Korrektur sowie allen, die mich während meiner Ausbildung oder in der Promotionszeit unterstützt haben – ihnen ist diese Arbeit gewidmet.

Tübingen, im März 2016        Christian Klein-Wiele

# Inhaltsverzeichnis

1. Teil: Einleitung 13

2. Teil: Präzisierung des Untersuchungsprogramms 19

A. Überblick über die handelsrechtlichen Gestaltungsklagen 19
B. Materielles Prüfungsprogramm der handelsrechtlichen
   Gestaltungsklagen 21
C. Der Verhältnismäßigkeitsgrundsatz in Beziehung der §§ 117,
   127, 133 und 140 HGB untereinander 23
   I. Das Verhältnis bzw. die Abgrenzung der handelsrechtlichen
      Gestaltungsklagen untereinander am Merkmal »wichtiger Grund« 23
   II. Der Verhältnismäßigkeitsgrundsatz als Abgrenzung der
       handelsrechtlichen Gestaltungsklagen untereinander 26
D. Der Verhältnismäßigkeitsgrundsatz in Beziehung zu
   gesellschaftsrechtlichen Anpassungsmaßnahmen 27
E. Zusammenfassung des Untersuchungsgegenstandes 29

3. Teil: Verhältnismäßigkeitsgrundsatz und ultima-ratio-Prinzip in
        Rechtsprechung und Literatur 31

A. Die Entwicklung des Verhältnismäßigkeitsgrundsatzes in der
   Rechtsprechung 31
   I. Die Verankerung des Verhältnismäßigkeitsgrundsatzes bei
      Ausschließungs- bzw. Übernahmeklagen nach
      §§ 140 HGB, 142 HGB a.F. 31
      1. Der Verhältnismäßigkeitsgrundsatz in der Rechtsprechung des
         Reichsgerichts und des Obersten Gerichtshofs für die Britische
         Zone 31
      2. Die Fortführung der Rechtsprechung durch den
         Bundesgerichtshof 34
      3. Jüngere obergerichtliche Rechtsprechung zum
         Verhältnismäßigkeitsgrundsatz bei Ausschließungsklagen 35
   II. Die Verankerung des Verhältnismäßigkeitsgrundsatzes
       im Rahmen von Auflösungsklagen nach § 133 HGB 36

*Inhaltsverzeichnis*

    1. Die Übernahme des Verhältnismäßigkeitsgrundsatzes für Auflösungsklagen in der Rechtsprechung des Bundesgerichtshofs     36
    2. Der Auflösungsgrund des tiefgreifenden, unheilbaren Zerwürfnisses und wirtschaftliche Folgenbetrachtungen der Rechtsprechung     37
        a) Die Etablierung der Fälle eines tiefgreifenden, unheilbaren Zerwürfnisses der Gesellschafter als »wichtiger Grund« zur Auflösung der Gesellschaft     37
        b) Wirtschaftliche Überlegungen zum Verhältnismäßigkeitsgrundsatz in der Fallgruppe eines tiefgreifenden, unheilbaren Zerwürfnisses der Gesellschafter     38
        c) Kritische Würdigung der Ablehnung des Auflösungsantrags durch das Oberlandesgericht Köln im »Gaffel-Urteil«     40
    3. Die Betonung des Interesses »an der Aufrechterhaltung der Gesellschaft« in der Rechtsprechung zur Publikums-KG bzw. zur personalistisch geprägten GmbH     41
  III. Die Verankerung des Verhältnismäßigkeitsgrundsatzes bei der Entziehung der Geschäftsführungsbefugnis nach § 117 HGB     43
B. Die Ansicht der Literatur zum Verhältnismäßigkeitsgrundsatz     45
  I. Die Auffassung der herrschenden Meinung     45
    1. Grundsätzliche Zustimmung zur Linie der Rechtsprechung     45
    2. Mangelnde Konkretisierung der Grundsätze     47
  II. Abweichende Auffassungen     49
    1. Generelle Ablehnung des Verhältnismäßigkeitsgrundsatzes bei Auflösungsklagen nach § 133 HGB aufgrund von ökonomischen Rationalitätsüberlegungen?     49
    2. Ablehnung des ultima-ratio-Prinzips bei Ausschließungs- und Auflösungsklagen     50
        a) Praktische Abschaffung der Ausschließungsklage     50
        b) Ablehnung des ultima-ratio-Prinzips bezüglich der Auflösungsklage     51
        c) Replik der herrschenden Meinung und Stellungnahme     53
C. Zusammenfassende Stellungnahme zu Rechtsprechung und Literatur     55

## 4. Teil: Entwicklung einer konsistenten Prüfung des Verhältnismäßigkeitsgrundsatzes — 61

A. Der Verhältnismäßigkeitsgrundsatz im Prüfungsprogramm handelsrechtlicher Gestaltungsklagen — 61
  I. Untersuchung der dogmatischen Fundierung des Verhältnismäßigkeitsgrundsatzes — 62
    1. Der Verhältnismäßigkeitsgrundsatz auf Basis gesellschaftlicher Treuepflichten — 62
      a) Verwirkung bzw. unzulässige Rechtsausübung als Argumente gegen die Treuepflichtdogmatik? — 63
      b) Begründungsdefizit der Treuepflichtdogmatik im Verhältnis zwischen Ausschließung und Auflösung? — 64
      c) Ungeeignetheit der Treuepflichtendogmatik zur Ermittlung subsumtionsfähiger Kriterien — 65
      d) Inkonsistenz der Treupflichtendogmatik mit der Rechtsprechung zu Zustimmungspflichten zu Vertragsänderungen — 66
      e) Inkonsistenz der Ablehnung der Treuepflichtdogmatik mit der Rechtsprechung zur Kontrolle von Mehrheitsbeschlüssen? — 69
      f) Zwischenergebnis — 72
    2. Verhältnismäßigkeit als allgemeiner Rechtsgrundsatz — 73
    3. Entwicklung einer eigenständigen dogmatischen Begründung — 74
      a) Der Wortlaut der §§ 117, 127, 133 und 140 HGB als Ausgangspunkt einer dogmatischen Neupositionierung des Verhältnismäßigkeitsgrundsatzes — 74
      b) Die historische Entwicklung zum Ermessen betreffend die §§ 117, 127, 133 und 140 HGB — 76
      c) Untersuchung des Ermessensgehalts handelsrechtlicher Gestaltungsklagen auf Basis der Entscheidungssituation des erkennenden Gerichts — 78
      d) Die Rechtsposition des Gestaltungsklägers und richterliches Ermessen — 81
        aa) Meinungsstand — 81
        bb) Stellungnahme und Schlussfolgerungen — 83
      e) Zwischenergebnis — 85
  II. Entwicklung eines konsistenten Prüfungsprogramms unter der Prämisse richterlichen Ermessens bei der Entscheidungsfindung — 85
    1. Allgemeines Prüfungsprogramm handelsrechtlicher Gestaltungsklagen — 85

*Inhaltsverzeichnis*

    2. Abweichende Prüfung der Ausschließungsklage nach § 140 HGB?    86
  III. Zusammenfassung des entwickelten Prüfungsprogramms und der Einbettung des Verhältnismäßigkeitsgrundsatzes    88
B. Entwicklung von Kriterien für den Verhältnismäßigkeitsgrundsatz anhand des Normzwecks handelsrechtlicher Gestaltungsklagen    88
  I. Leitfaden für die Ermittlung der Kriterien    88
  II. Der Normgehalt handelsrechtlicher Gestaltungsklagen als Maßstab für die Entwicklung ermessensleitender Kriterien    90
    1. Das klassische Normverständnis handelsrechtlicher Gestaltungsklagen    90
      a) Traditioneller Normzweck der den Gestaltungsklagen zugrunde liegenden Gestaltungsrechte    90
      b) Traditioneller Normzweck der Übertragung der Gestaltungswirkung auf den Richterspruch    92
    2. Typologische Einordnung der handelsrechtlichen Gestaltungsklagen auf der Basis psychologischer und soziologischer Erkenntnisse    93
      a) Psychologische Dynamik von Gesellschafterstreitigkeiten    94
        aa) Das Konfliktmodell nach *Glasl*    95
        bb) Das Konfliktmodell nach *Rubin*, *Pruitt* und *Kim*    96
      b) Typische Konfliktlösungsmechanismen bei unterschiedlicher Streiteskalation    97
        aa) Streiteskalation und die Inanspruchnahme gerichtlichen Rechtschutzes    97
        bb) Speziell zur Erhebung handelsrechtlicher Gestaltungsklagen im Konfliktverlauf    98
      c) Gegenstandsbezogene Konfliktanalyse handelsrechtlicher Gestaltungklagen    99
        aa) Unterschiedliche soziale Systeme in personalistisch strukturierten Gesellschaften    100
        bb) Einordnung eines mittels handelsrechtlicher Gestaltungsklagen geführten Konflikts    101
      d) Schlussfolgerungen aus der typologischen Einordnung    102
        aa) Weitere Argumente gegen das ultima-ratio-Prinzip    102
        bb) Berücksichtigung der verschiedenen Konfliktebenen im Prüfungsprogramm handelsrechtlicher Gestaltungsklagen    104
    3. Ergebnis    105

III. Ersetzung des ultima-ratio-Prinzips für Ausschließungs-
und Auflösungsklagen durch eine Prüfung des
Verhältnismäßigkeitsgrundsatzes anhand der wirtschaftlichen Folgewirkungen der Gestaltungsmaßnahmen 106
   1. Festlegung des grundsätzlichen Prüfungsprogramms 106
   2. Verhältnismäßigkeitsprüfung bei der
      Ausschließungsklage nach § 140 HGB 107
      a) Geeignetheit zur Erreichung eines legitimen Zwecks 107
      b) Erforderlichkeit der Ausschließung 109
      c) Angemessenheit der Ausschließung 113
         aa) Prüfungsmaßstab 113
         bb) Wirtschaftliche Beurteilung der Rechtsfolgen
            als Leitmaxime 113
         cc) Generelle ökonomische Nachteilhaftigkeit der
            Ausschließung? 118
         dd) Vorgeschlagenes Modell der einzelfall-
            bezogenen ökonomischen Bewertung der
            Rechtsfolgen 121
      d) Besonderheiten in der zweigliedrigen
         Personenhandelsgesellschaft? 132
   3. Verhältnismäßigkeitsprüfung bei der Auflösungsklage
      nach § 133 HGB 134
      a) Geeignetheit zur Erreichung eines legitimen Zwecks 134
      b) Erforderlichkeit der Auflösung 135
         aa) Verneinung der Erforderlichkeit der Auflösung
            aufgrund eines außerordentlichen Austrittsrechts 135
         bb) Verneinung der Erforderlichkeit aufgrund der
            Möglichkeit zur Ausübung eines ordentlichen
            Austrittsrechts 143
         cc) Verneinung der Erforderlichkeit wegen der
            Übertragungsmöglichkeit des Anteils auf einen
            erwerbsbereiten Dritten 144
      c) Angemessenheit der Auflösung 145
         aa) Generelle Zerschlagung wirtschaftlicher Werte
            durch die Auflösung? 145
         bb) Interesse der Gesellschaft an ihrem Fortbestand
            als eigenständiges Abwägungskriterium? 146
         cc) Vorgeschlagenes Modell der einzelfall-
            bezogenen ökonomischen Bewertung der
            Rechtsfolgen 150
   4. Ergebnis 156

*Inhaltsverzeichnis*

C. Prozessuale Konsequenzen 156
   I. Die generelle Behandlung von Klageanträgen im
      handelsrechtlichen Gestaltungsprozess 157
   II. Prozessuale Berücksichtigung alternativer
      Gestaltungsmaßnahmen 159
      1. Grundsätzliche Überlegungen zum Zusammenspiel zwischen
         materiellem Verhältnismäßigkeits- und prozessualem
         Beibringungsgrundsatz 159
      2. Die Darlegung alternativer Gestaltungsmaßnahmen
         im Prozess unter Berücksichtigung der Verteilung der
         Darlegungs- und Beweislast 160
   III. (Gerichtliche) Vergleichsvorschläge und Konsequenzen
      aus deren Ablehnung 163
   IV. Überprüfung der Ermessensentscheidung im Instanzenzug 166
D. Die Erforderlichkeit von Sachverständigengutachten als möglicher
   Nachteil der wirtschaftlichen Folgebetrachtung 167


5. Teil: Fazit 169

A. Zusammenfassung in Thesen 169
B. Ausblick 172


Literaturverzeichnis 175

# 1. Teil: Einleitung

»Der Rheinländer an sich ist kommunikativ, gesellig und zumindest leicht anarchisch, lebt nach seinem eigenen Grundgesetz und feiert eigentlich das ganze Jahr über irgendwie Karneval.«[1] Ausgehend von diesen Stereotypen und der über 100-jährigen Tradition der Kölner Gaffel-Brauerei[2] wäre zu erwarten, dass deren heutige Mehrheitsgesellschafter, die Brüder Heinrich und Johannes Becker, einen harmonischen und frivolen Umgang pflegen. So war das anfangs wohl auch.[3] Doch mittlerweile ist das Gegenteil der Fall. Seit Jahren tobt ein erbitterter Gesellschafterstreit zwischen den beiden Brüdern, dessen gerichtliche Auseinandersetzung ihren Höhepunkt im Dezember 2013 in einem Urteil des Oberlandesgerichts Köln[4] fand. Die Nichtzulassungsbeschwerde gegen dieses Urteil hat der Bundesgerichtshof im Januar 2015 ohne nähere Begründung zurückgewiesen.[5]

Primäres Ziel der zuletzt gestellten Klageanträge der Becker-Brüder war von beiden Seiten der jeweilige Ausschluss des Bruders als Gesellschafter der Privatbrauerei Gaffel Becker & Co. OHG. Johannes Becker beantragte zudem die Ausschließung von Heinrich Beckers Sohn, (geschäftsführender) Minderheitsgesellschafter der OHG. Hilfsweise verlangte Johannes Becker die Auflösung der Gesellschaft. Und schließlich stellte Johannes Becker, der bereits im Jahr 2006 von der Gesellschafterversammlung als Geschäftsführer abberufen worden war, einen weiteren Hilfsantrag, seinem Bruder Heinrich Becker ebenfalls die Geschäftsführung und die Vertretungsmacht zu entziehen. Wechselseitig die Ausschließung beantragten ferner die Gesellschafter in einem[6] der zahlreichen Suhrkamp-Prozesse.[7]

---

1 *Beikircher/Hänel*, "Der Rheinländer an sich".
2 Die Gebrüder Becker kauften 1908 die seit dem Jahr 1302 bestehende Braustelle am Eigelstein. Vgl. die Angaben auf der Internetseite der Gaffel-Brauerei unter www.gaffel.de.
3 Vgl. *Brück*, Wirtschaftswoche online vom 21.03.2012.
4 OLG Köln, Urteil vom 19.12.2013, AZ: 18 U 218/11 (abrufbar unter juris).
5 BGH, Beschluss vom 27.01.2015, AZ: II 10/14, ZIP 2015, A 13.
6 LG Frankfurt, Urteil vom 13.11.2013, AZ: 3/03 O 72/12, ZIP 2013, 2311 ff.
7 Vgl. zur Diskussion über die Suhrkamp-Verfahren nur die (vorläufige) zusammenfassende Betrachtung bei *Westermann*, NZG 2015, 134ff.

*1. Teil: Einleitung*

Die Tatsachenbasis zu den korrespondierenden Klageanträgen nach §§ 117, 127, 133 und 140 HGB ist häufig unübersichtlich. Gegenseitige Vorwürfe sind nur schwer präzise voneinander abgrenzbar. Die Gemengelage verschiedener Konflikte auf privater und gesellschaftlicher Ebene mitsamt der damit einhergehenden »Materialschlacht« erfordert vom erkennenden Gericht regelmäßig eine weitreichende juristische Subsumtionsarbeit.[8] Doch auch psychologisch stellen die handelsrechtlichen Gestaltungsklagen die Gerichte vor Herausforderungen. Die Auflösung einer Gesellschaft auszusprechen provoziert den Vorwurf, ein Unternehmen mitsamt seinen Produktionsmitteln und Arbeitsplätzen am Richtertisch zu »zerstören«. Bei wechselseitig erhobenen Vorwürfen der Gesellschafter scheint aber nicht selten auch die einseitige »Bestrafung« einer der Konfliktparteien ungerecht, so dass die Ausschließung nur eines Gesellschafters ebenfalls einem Rechtfertigungszwang unterliegt. Nicht zuletzt aufgrund dieser psychologischen Hemmschwellen werden die Auflösung der Gesellschaft oder die Ausschließung eines Gesellschafters nur selten zuerkannt. Dies veranlasste Stimmen in der Literatur, die Ausschließungsklage nach § 140 HGB plakativ als »stumpfe Waffe«[9] zu bezeichnen und der Auflösungsklage nach § 133 HGB ein »Schattendasein«[10] zu diagnostizieren.

In der gerichtlichen Auseinandersetzung werden die Anträge nach §§ 117, 127, 133 und 140 HGB häufig kumulativ in einem Eventualverhältnis zueinander und/oder widerklagend zur Entscheidung gestellt.[11] Voraussetzung der zugrunde liegenden Klageansprüche ist jeweils das Bestehen eines »wichtigen Grundes«. Teilweise muss dieser wichtige Grund nach dem Gesetzeswortlaut ein Umstand sein, der »in der Person eines Gesellschafters« eingetreten ist (§ 140 HGB). Das Verhältnis der streitenden Gesellschafter ist jedoch häufig so stark zerrüttet, dass zumindest nach ihrer subjektiven Wahrnehmung ein »wichtiger Grund« sowohl für den

---

8   Exemplarisch sei auf das „Gaffel-Urteil" des OLG Köln, Urteil vom 19.12.2013, AZ: 18 U 218/11 (abrufbar unter juris), verwiesen, das 342 Randnummern umfasst. Auch das vorangehende erstinstanzliche Urteil des LG Köln vom 8.7.2011, AZ: 89 O 4/07 (abrufbar unter juris), weist mit 257 Randnummern einen enormen Umfang auf.
9   *Westermann*, NJW 1977, 2185, 2187.
10  *Lehmann-Richter*, in: BeckOK HGB, § 133 Rn. 1; *Lorz*, in: E/B/J/S, § 133 Rn. 3.
11  Vgl. nur *K. Schmidt*, in: MüKo HGB, § 140 Rn. 76; *Lorz*, in: E/B/J/S, § 140 HGB Rn. 27.

Ausschluss des jeweils anderen Gesellschafters als auch für die Auflösung der Gesellschaft und »erst recht« für die Entziehung der Geschäftsführungsbefugnis bzw. Vertretungsmacht des jeweils anderen Gesellschafters vorliegt.

Schwierig wird es, wenn auch nach der tatrichterlichen Beurteilung wichtige Gründe im Grundsatz für die Zuerkennung mehrerer Gestaltungsanträge gegeben sind. Dann muss das erkennende Gericht darüber befinden, welche der beantragten Gestaltungsmaßnahmen angemessen ist bzw. den vorgefundenen Verhältnissen des Gesellschafterstreits am ehesten entspricht. Konkret geht es in dieser Konstellation um die Frage, in welcher Situation und nach welchen Maßstäben ein Gesellschafter die Auflösung der Gesellschaft, die Ausschließung seines Mitgesellschafters oder »nur« die Entziehung der Geschäftsführungsbefugnis bzw. der Vertretungsmacht verlangen kann. Regelmäßig bedeutsam ist jedoch nicht nur das Verhältnis dieser gesetzlich vorgesehenen Gestaltungsmaßnahmen zueinander, sondern auch das Verhältnis zu solchen Alternativen, die mittels einer Umgestaltung des Gesellschaftsvertrags, einer Gesellschaftervereinbarung oder einem Gesellschafterbeschluss[12] entweder abstrakt oder auf der Grundlage eines konkreten Angebots einer Partei in Betracht kommen.

Die Gerichte ziehen alternative Gestaltungsmaßnahmen sehr häufig heran, um die primär gestellten Gestaltungsanträge abzuweisen. Argumentativ bemühen die Gerichte hierbei insbesondere bei der Abweisung von Ausschließungs- und Auflösungsklagen den »Verhältnismäßigkeitsgrundsatz« oder das »Subsidiaritätsprinzip«. Ausschließung oder Auflösung sind nach herrschender Meinung in Rechtsprechung und Literatur danach nur das »letzte Mittel«[13], die »ultima ratio«[14] zur Beseitigung der gesellschafterlichen Störung.[15]

Zentraler Gegenstand der vorliegenden Arbeit ist die genauere Untersuchung dieses den §§ 117, 127, 133 und 140 HGB nach herrschender Mei-

---

12   Diese drei Varianten werden nachfolgend insgesamt als „gesellschaftsrechtliche Anpassungsmaßnahmen" oder „vertragliche Alternativen" bezeichnet.
13   *Roth*, in: Baumbach/Hopt, § 133 Rn. 6.
14   *Lorz*, in: E/B/J/S, § 133 Rn. 12, § 140 Rn. 8-10; *Haas*, in: Röhricht/Westphalen, § 133 Rn. 5, § 140 Rn. 6; Vereinzelt wird auch die Entziehung der (vollständigen) Geschäftsführungsbefugnis als „ultima ratio" bezeichnet, vgl. *Jickeli*, in: MüKo HGB, § 117 Rn. 15.
15   So auch das OLG Köln, Urteil vom 19.12.2013, AZ: 18 U 218/11 (abrufbar unter juris), Rn. 255.

*1. Teil: Einleitung*

nung innewohnenden Verhältnismäßigkeitsgrundsatzes, wobei ein besonderes Augenmerk auf eine kritische Überprüfung des häufig bemühten ultima-ratio-Prinzips gelegt wird.

Zu erwarten wäre, dass der Verhältnismäßigkeitsgrundsatz der handelsrechtlichen Gestaltungsklagen über achtzig Jahre nach den ersten höchstrichterlichen Ausführungen hierzu[16] in den Urteilsbegründungen der Rechtsprechung hinreichend rechtssicher formuliert und im Schrifttum wissenschaftlich durchdrungen ist. Im Ausgangspunkt allgemein akzeptiert ist, dass vor einer Zuerkennung insbesondere der Auflösung der Gesellschaft oder der Ausschließung eines Gesellschaftrs die Verhältnismäßigkeit dieser drastischen Maßnahmen zu prüfen ist.[17] Nach welchen Kriterien diese Prüfung vor allem im Vergleich zu alternativen Gestaltungsmaßnahmen erfolgt, ist jedoch mit erheblichen Rechtsunsicherheiten behaftet. Die diesbezüglichen Unklarheiten resultieren weniger aus einer kontroversen Diskussion, sondern vielmehr aus einer stark vom Einzelfall her argumentierenden Rechtsprechung sowie einer bis dato weitgehenden Zurückhaltung des Schrifttums. Das nahezu ausschließlich, dafür aber regelmäßig angeführte Petitum - Ausschließung und Auflösung seien die ultima ratio zur Beseitigung der Gesellschafterstreitigkeiten - zwingt eher zu Denkverboten, als dass es operationale Maßstäbe zur Priorisierung alternativer Gestaltungsmaßnahmen bereitstellt. Vage bleibt ferner die Perspektive bei der Beurteilung des Verhältnismäßigkeitsgrundsatzes. Neben den Gesellschaftern bezieht die Rechtsprechung oft das Gesellschafts- oder »Erhaltungsinteresse« in die Beurteilung der Verhältnismäßigkeit mit ein.[18]

---

16 RG, Urteil vom 3.6.1932, AZ: 429/31 II, JW 1933, S. 98 Nr. 2; RG, Urteil vom 11.12.1934, AZ: II 148/34, RGZ 146, 169ff.
17 Vgl. *K. Schmidt*, in: MüKo HGB, § 127 Rn. 17, § 133 Rn. 6-10, § 140 Rn. 12-15; *Jickeli*, in: MüKo HGB, § 117 Rn. 15; *Born*, in: E/B/J/S, § 109 Rn. 26f.; *Drescher*, in: E/B/J/S, § 109 Rn. 25, § 117 Rn. 14; *Hillmann*, in: E/B/J/S, § 127 Rn. 5; *Lorz*, in: E/B/J/S, § 133 Rn. 10-12, § 140 Rn. 8-10; *Roth*, in: Baumbach/Hopt, § 133 Rn. 6, § 140 Rn. 6; *Haas*, in: Röhricht/Westphalen, § 133 Rn. 5, § 140 Rn. 6; *Westermann*, in: Westermann/Wertenbruch, Hdb. Personengesellschaften, Rn. 1109; *Lutz*, Gesellschafterstreit, Rn. 233 (zu § 140 HGB), 521 (zu § 133 HGB), 707 (zu §§ 117, 127 HGB).
18 Stark in diese Richtung weist z.B. die Urteilsbegründung des OLG Köln, Urteil vom 19.12.2013, AZ: 18 U 218/11 (abrufbar unter juris), Rn. 250ff.; ähnlich auch *Lorz*, in: E/B/J/S, § 133 Rn. 8f. (Berücksichtigung des gesetzgeberischen Wert-

*1. Teil: Einleitung*

Die vorliegende Arbeit zielt darauf ab diese Lücken bei der Konkretisierung des Verhältnismäßigkeitsgrundsatzes zu schließen. Vorgestellt wird eine Neupositionierung des Verhältnismäßigkeitsgrundsatzes für die Klagen nach §§ 117, 127, 133 und 140 HGB. Nach einer Aufarbeitung des Status quo ist der Ausgangspunkt ein von der herrschenden Meinung dogmatisch abweichendes Fundament des Verhältnismäßigkeitsgrundsatzes. Daran anknüpfend wird für Ausschließungs- und Auflösungsklagen unter Abkehr vom ultima-ratio-Gedanken ein auf wirtschaftlichen Maßstäben basierendes Verständnis des Verhältnismäßigkeitsgrundsatzes entwickelt.

Die Arbeit ist wie folgt aufgebaut: Zunächst wird der Untersuchungsgegenstand im Rahmen des gängigen Prüfungsprogramms handelsrechtlicher Gestaltungsklagen präzisiert (2. Teil). Anschließend wird der Entwicklungsstand zum Verhältnismäßigkeitsprinzip in Rechtsprechung und Literatur aufgearbeitet und einer kritischen Würdigung unterzogen (3. Teil). Schwerpunkt der Arbeit bildet die Entwicklung einer konsistenten Prüfung des Verhältnismäßigkeitsgrundsatzes für Ausschließungs- und Auflösungsklagen von Gesellschaftern (4. Teil). Hierzu werden zunächst die herrschende dogmatische Begründung des Verhältnismäßigkeitsgrundsatzes kritisch beleuchtet und eine alternative Lösung vorgestellt. Besonderes Gewicht wird sodann auf die typologische Einordnung der handelsrechtlichen Gestaltungsklagen gelegt, auf deren Grundlage die Kriterien zur Prüfung des Verhältnismäßigkeitsgrundsatzes bei Ausschließungs- und Auflösungsklagen entwickelt werden. Nach einer Beleuchtung der prozessualen Konsequenzen der eingenommenen Sichtweise fasst das letzte Kapitel die Erkenntnisse zusammen (5. Teil).

---

maßstabs der Unternehmenskontinuität als wichtige Auslegungshilfe); kritisch *Westermann*, NJW 1977, 2185, 2187.

## 2. Teil: Präzisierung des Untersuchungsprogramms

Forschungsgegenstand der vorliegenden Arbeit ist der den handelsrechtlichen Gestaltungsklagen nach herrschender Meinung inhärente Verhältnismäßigkeitsgrundsatz oder - synonym - das Subsidiaritätsprinzip[19]. In diesem Abschnitt wird der zu untersuchende Fragenkreis, ausgehend vom gängigen materiellen Prüfungsprogramm der handelsrechtlichen Gestaltungsklagen, eingegrenzt und präzisiert.

*A. Überblick über die handelsrechtlichen Gestaltungsklagen*

Gemäß § 117 HGB bzw. § 127 HGB kann einem Gesellschafter auf Antrag der übrigen Gesellschafter die Befugnis zur Geschäftsführung bzw. die Vertretungsmacht durch gerichtliche Entscheidung entzogen werden. § 133 HGB sieht vor, dass auf Antrag eines Gesellschafters die Auflösung der Gesellschaft durch gerichtliche Entscheidung ausgesprochen werden kann. Tritt in der Person eines Gesellschafters ein Umstand ein, der nach § 133 HGB für die übrigen Gesellschafter das Recht begründet, die Auflösung der Gesellschaft zu verlangen, so kann vom Gericht gemäß § 140 Abs. 1 HGB anstatt der Auflösung die Ausschließung dieses Gesellschafters aus der Gesellschaft ausgesprochen werden, sofern die übrigen Gesellschafter dies beantragen.[20]

Die handelsrechtlichen Gestaltungsklagen werden entsprechend ihrer Antragsbefugnis in individuelle (§ 133 HGB) und kollektive Klagerechte

---

19  Der Begriff Subsidiaritätsprinzip suggeriert eine über die bloße Verhältnismäßigkeit hinausgehende Letztrangigkeit der Gestaltungsklagen. Dies deckt sich insoweit mit der herrschenden Meinung, die insbesondere Ausschließungs- und Auflösungsklage als letzte Mittel (ultima ratio) ansieht (vgl. die zahlreichen Nachweise im 3. Teil dieser Arbeit). Im Folgenden wird durchgehend der neutrale Begriff Verhältnismäßigkeitsgrundsatz oder Verhältnismäßigkeitsprinzip verwendet.

20  In der Literatur wird praeter legem diskutiert, ob Gesellschaftern nach § 133 HGB analog ein außerordentliches Austrittsrecht zusteht. Vgl. hierzu ausführlich im 4. Teil unter Abschnitt B.III.3.b)aa)(1).

## 2. Teil: Präzisierung des Untersuchungsprogramms

(§§ 117, 127, 140 HGB) eingeteilt.[21] Sie sind cum grano salis[22] gemäß § 161 Abs. 2 HGB auch auf die Kommanditgesellschaft anzuwenden. Das GmbH-Gesetz kennt expressis verbis nur die Auflösungsklage nach § 61 GmbHG. Dennoch ist auch für die GmbH allgemein anerkannt, dass bei Vorliegen eines wichtigen Grundes ein Gesellschafter auch ohne besondere Satzungsregelung im Wege der Ausschlussklage gemäß § 34 GmbHG analog aus der Gesellschaft ausgeschlossen werden kann.[23] Bei all diesen Gestaltungsklagen kommt nach herrschender Meinung[24] der Verhältnismäßigkeitsgrundsatz zur Anwendung.

Die vorliegende Arbeit konzentriert sich auf eine Analyse des Verhältnismäßigkeitsgrundsatzes bei Personenhandelsgesellschaften (OHG, KG) mit einem überschaubaren Gesellschafterkreis. Inwieweit die Ergebnisse auf Publikumspersonengesellschaften oder (personalistisch geprägte) Kapitalgesellschaften (insbesondere GmbHs) übertragen werden können, wird am Ende der Arbeit skizziert.[25]

---

21 Vgl. z.B. *C. Schäfer*, in: GroßkommHGB, § 133 Rn. 1.
22 Vgl. *Heidel*, in: Heidel/Schall, § 140 Rn. 5. Gegenüber einem Kommanditisten scheidet naturgemäß eine Klage auf Entziehung der Vertretungsmacht aus, da ihm nach der zwingenden Vorschrift des § 170 HGB eine solche nicht zustehen kann, vgl. hierzu und zu möglichen weiteren Besonderheiten *Hueck*, in: Recht im Wandel, S. 287, 290.
23 BGH, Urteil vom 1.4.1953, AZ: II ZR 235/52, BGHZ 9, 157; *Fastrich*, in: Baumbach/Hueck, Anh § 34 GmbHG Rn. 2.
24 Vgl. *C. Schäfer*, in: GroßkommHGB, § 133 Rn. 13; *K. Schmidt*, in: MüKo HGB, § 127 Rn. 17, § 133 Rn. 6-10, § 140 Rn. 12-15; *Jikeli*, in: MüKo HGB, § 117 Rn. 15; *Born*, in: E/B/J/S, § 109 Rn. 26f.; *Drescher*, in: E/B/J/S, § 109 Rn. 25, § 117 Rn. 14; *Hillmann*, in: E/B/J/S, § 127 Rn. 5; *Lorz*, in: E/B/J/S, § 133 Rn. 10-12, § 140 Rn. 8-10; *Roth*, in: Baumbach/Hopt, § 133 Rn. 6, § 140 Rn. 6; *Haas*, in: Röhricht/Westphalen, § 133 Rn. 5, § 140 Rn. 6; *Kindler*, in: Koller u.a., § 133 HGB Rn. 1; *Lehleiter*, in: Schwerdtfeger, § 133 HGB Rn. 4, § 140 HGB Rn. 9; *Lutz*, Gesellschafterstreit, Rn. 233 (zu § 140 HGB), 521 (zu § 133 HGB), 707 (zu §§ 117, 127 HGB); *C. Schäfer*, in: MüKo BGB, § 737 Rn. 9; *Strohn*, in: MüKo GmbHG, § 34 Rn. 109; *Lutter*, in: Lutter/Hommelhoff, § 34 GmbHG Rn. 57; *Windbichler*, Gesellschaftsrecht, § 15 Rn. 17; *Westermann*, in: Westermann/Wertenbruch, Hdb. Personengesellschaften, Rn. 1094b.
25 Vgl. im 5. Teil unter Abschnitt B.

## B. Materielles Prüfungsprogramm der handelsrechtlichen Gestaltungsklagen

Die herrschende Meinung prüft die materiellen Voraussetzungen der handelsrechtlichen Gestaltungsklagen im Grundsatz anhand von drei Kriterien.

Getreu dem Wortlaut der §§ 117, 127, 133 und 140 HGB ist zunächst jeweils zu untersuchen, ob ein »wichtiger Grund« für die begehrte Maßnahme besteht. Allgemein ist ein »wichtiger Grund« – dem Grundsatz des § 314 Abs. 1 BGB folgend - bei einer Unzumutbarkeit des bestehenden Zustandes nach einer Interessenabwägung der Parteien unter Berücksichtigung aller Umstände des Einzelfalls zu bejahen.[26] Die überbordende Kasuistik zur Prüfung dieser Kriterien ist kaum zu überblicken und bisweilen ambivalent[27]. Generell kann zwischen gesellschafts- bzw. auf äußeren Einflüssen beruhenden und personenbezogenen bzw. internen Gründen differenziert werden.[28] Anträge nach § 133 HGB beruhen in der Regel auf gesellschaftsbezogenen Gründen. Beispiele hierfür sind die Unerreichbarkeit des Gesellschaftszwecks oder sonstige, die wirtschaftliche Grundlage der Gesellschaft betreffende Umständen wie etwa dauernde Unrentabilität.[29] Personenbezogene Umstände werden entsprechend der Differenzierung in § 133 Abs. 2 BGB in verhaltensbezogene (»Pflichtverletzung«) und nicht-verhaltensbezogene Gründe (»Unmöglichwerden der Pflichterfüllung«) unterschieden.[30]

---

26 Allgemeine Meinung, vgl. nur *Drescher*, in: E/B/J/S, § 117 Rn. 7; *Hillgruber*, in : E/B/J/S, § 127 Rn. 5; *Lorz*, in: E/B/J/S, § 133 Rn. 6; 140 Rn. 5; *Westermann*, in: Westermann/Wertenbruch, Hdb. Personengesellschaften, Rn. 1105; *C. Schäfer*, in: GroßkommHGB, § 133 Rn. 10.
27 Beispielhaft kann der Einfluss verwandtschaftlicher Beziehungen der Gesellschafter auf die Auslegung des Merkmals angeführt werden. Diese können nach der höchstrichterlichen Rechtsprechung einerseits Treuepflichten verstärken und einer sonst möglichen Ausschließung entgegen stehen, andererseits Verfehlungen aber auch als besonders schwerwiegend erscheinen lassen, vgl. BGH, Urteil vom 9.12.1968, AZ: II ZR 42/67, BGHZ 51, 204; Urteil vom 15.9.2007, AZ: II ZR 97/96, NJW 1998, 146; OLG Köln, Urteil vom 19.12.2013, AZ: 18 U 218/11 (abrufbar unter juris), Rn. 234; *Lutz*, Gesellschafterstreit, Rn. 292.
28 Vgl. *C. Schäfer*, in: GroßkommHGB, § 133 Rn. 17; *Heidel*, in: Heidel/Schall, § 133 Rn. 41; E/B/J/S, § 133 Rn. 17 und 19; *K. Schmidt*, in: MüKo HGB, § 133 Rn. 14ff.
29 Vgl. *C. Schäfer*, in: GroßkommHGB, § 133 Rn. 6.
30 Vgl. *K. Schmidt*, in: MüKo HGB, § 140 Rn. 39ff., 53ff.

*2. Teil: Präzisierung des Untersuchungsprogramms*

Die aufgrund der Bejahung des »wichtigen Grundes« je nach Antrag an sich eintretende Rechtsfolge (§§ 117, 127, 133, 140 HGB) steht sodann nach den Gesamtumständen – jedenfalls für die Ausschließungsklage nach § 140 HGB – sowohl unter dem Vorbehalt der »Billigkeit«[31] als auch – für alle Gestaltungsklagen – unter dem Vorbehalt der »Verhältnismäßigkeit«.[32]

Häufig werden jedoch nicht alle drei Prüfungspunkte angesprochen und - insbesondere in der Rechtsprechung - miteinander vermischt.[33] Vor allem finden Billigkeitsaspekte oft im Rahmen der ohnehin stark normativen Prüfung des »wichtigen Grundes« Berücksichtigung. Nicht selten wird auch die Prüfung der Verhältnismäßigkeit in dieses Merkmal »integriert«[34]. Teilweise werden explizit Billigkeit und Verhältnismäßigkeit zusammen geprüft.[35]

---

31 So explizit *K. Schmidt*, in: MüKo HGB, § 140 Rn. 29; *C. Schäfer*, in: GroßkommHGB, § 140 Rn. 13ff.; grundlegend RG, Urteil vom 23.11.1928, AZ: II 221/28, RGZ 122, 312, 314 (Dem Richter steht die Verneinung eines wichtigen Grundes frei, „wenn ihm die Ausschließung unbillig erscheinen sollte."); vgl. auch RG, Urteil vom 11.12.1934, AZ: II 148/34, RGZ 146, 169, 179; RG, Urteil vom 5.5.1941, AZ: II 21/41, HRR 1941, 777. Wegen der völlig unklaren Maßstäbe („fließende Grenze zur Willkür") zu Recht kritisch zum Merkmal der Billigkeit *Stauf*, Wichtiger Grund (1979), S. 34ff., insb. 38 und 115ff. mit zahlreichen Nachweisen aus Rechtsprechung und Literatur.

32 Vgl. *K. Schmidt*, in: MüKo HGB, § 133 Rn. 26, § 140 Rn. 28ff.; *Westermann*, NJW 1977, 2185, 2186; eindeutig zwischen dem Merkmal „wichtiger Grund" und der Verhältnismäßigkeit unterscheidet auch BGH, Urteil vom 18.10.1976, II ZR 98/75, BGHZ 68, 81, 84.

33 Vgl. z.B. OLG Rostock, Urteil vom 27.6.2012, AZ: 1 U 59/11, GmbHR 13, 752. Treffend insoweit *Stubbe*, Verhältnismäßigkeit, S. 118, wonach im Rahmen der Prüfung „die Gesichtspunkte wie Treu und Glauben, gesellschaftsrechtliche Treuepflicht, Zumutbarkeit, Interessenabwägung etc. Erwähnung [finden], aber selten erläutert und häufig in verschiedenen Zusammenhängen und insbesondere mit unterschiedlicher Rechtsfolge in die Prüfung einbezogen [werden]".

34 Vgl. z.B. RG, Urteil vom 18.12.1936, AZ: II 170/36, RGZ 153, 274, 280; BGH, Urteil vom 30.11.1951, AZ: II ZR 109/51, BGHZ 4, 108, 110; *Arnold*, in: Henssler/Strohn, § 61 Rn. 2. In diese Richtung z.B. auch *Hillgruber*, in : E/B/J/S, § 127 Rn. 5; *Jickeli*, in: MüKo HGB, § 117 Rn. 15; *Lehmann-Richter*, in: BeckOK HGB, § 133 Rn. 7 („Teil des Abwägungsprinzips").

35 Vgl. z.B. RG, Urteil vom 5.5.1941, AZ: II 21/41, HRR 1941, 777; in diese Richtung auch *Stubbe*, Verhältnismäßigkeit, S. 116; Kritisch *Stauf*, Wichtiger Grund (1979), S. 23 und 45; *Stauf*, Wichtiger Grund (1980), S. 16ff und S. 27.

## C. Der Verhältnismäßigkeitsgrundsatz in Beziehung der §§ 117, 127, 133 und 140 HGB untereinander

Die handelsrechtlichen Gestaltungsklagen können untereinander zum einen anhand der Anforderungen an das Merkmal »wichtiger Grund«, zum anderen nach dem Verhältnismäßigkeitsgrundsatz abgegrenzt werden.[36]

I. Das Verhältnis bzw. die Abgrenzung der handelsrechtlichen Gestaltungsklagen untereinander am Merkmal »wichtiger Grund«

Eine Abgrenzung der handelsrechtlichen Gestaltungsklagen untereinander erfolgt zunächst durch das Merkmal »wichtiger Grund«. Zwar ist der Begriff bei allen handelsrechtlichen Gestaltungsklagen grundsätzlich derselbe[37], so dass die Voraussetzungen bei den §§ 117, 127, 133 und 140 HGB jeweils im Wesentlichen denselben Maßstäben unterliegen.[38] Allerdings orientiert sich die dem wichtigen Grund inhärente Beurteilung der Unzumutbarkeit des bestehenden Zustandes immer an der Rechtsfolge der beantragten Gestaltung.[39] Erforderlich ist für die Bejahung von § 140 HGB also die Unzumutbarkeit der weiteren Zusammenarbeit mit dem Auszuschließenden, für § 133 HGB die Unzumutbarkeit der Fortsetzung der Gesellschaft, für § 127 HGB die Unzumutbarkeit der Überlassung bzw. Aufrechterhaltung der Vertretungsmacht des beklagten Gesellschafters und schließlich für § 117 HGB die Unzumutbarkeit der Geschäftsführung durch den Gesellschafter.

Die wichtigste Fallgruppe für eine Abgrenzung der handelsrechtlichen Gestaltungsklagen am Merkmal »wichtiger Grund« sind im Verhältnis zwischen § 133 HGB und § 140 HGB *wechselseitige* Verfehlungen bzw. Vorwürfe der Gesellschafter bzw. der Gesellschaftergruppen[40]. Oft sind

---

36 Vgl. *K. Schmidt*, in: MüKo HGB, § 133 Rn. 7 und § 140 Rn. 16; *Lorz*, in: E/B/J/S, § 133 Rn. 12; *Hess*, Handelsrechtsreform, S. 84.
37 *Roth*, in: Baumbach/Hopt, § 140 Rn. 5; *Heidel*, in: Heidel/Schall, § 140 Rn. 8.
38 Vgl. *Drescher*, in: E/B/J/S, § 117 Rn. 8.
39 *K. Schmidt*, in: MüKo HGB, § 140 Rn. 16 und § 133 Rn. 11 („Rechtsfolgenorientierung").
40 Wenn im Folgenden vereinfacht im Singular von „Gesellschafter", „Kläger", „Beklagter" oder „Partei" die Rede ist, sind jeweils – soweit keine separaten Ausführungen erfolgen – auch die Fälle erfasst, in denen eine Gesellschaftergruppe bzw. mehrere Kläger, Beklagte oder Parteien materiell das gleiche Gestaltungs-

diese Verfehlungen jeweils für sich betrachtet so schwerwiegend, dass sie die Ausschließung des jeweils anderen Gesellschafters rechtfertigen würden, jedoch kein (deutlich) überwiegender Beitrag eines Gesellschafters festzustellen ist. In einer solchen Konstellation billigt die Rechtsprechung einem Kläger, gegen den selbst ein Ausschließungsgrund besteht, allenfalls ein Auflösungsrecht zu.[41] Bei mehreren Ausschließungsklägern muss das die Ausschließungsklage hindernde mitwirkende Verschulden nicht bei allen vorliegen; wegen der gemeinschaftlichen Zuordnung des Ausschließungsanspruchs als Kollektivrecht genügt bereits, wenn einer der Kläger entsprechende Verfehlungen begangen hat.[42] Eine Ausnahme von diesem Prinzip soll allenfalls bei einem deutlich überwiegenden Verschulden des Auszuschließenden gelten bzw. dann, wenn die eigenen Verfehlungen des die Ausschließung betreibenden Gesellschafters gegenüber denjenigen des Auszuschließenden »völlig in den Hintergrund treten«[43].

Materiell leuchtet diese Rechtsprechung auf den ersten Blick ein: Der einseitige Ausschluss einer der Gesellschafter scheint ungerecht und dem Ausschließungskläger die Zusammenarbeit mit dem Ausschließungsbeklagten wegen der eigenen Verfehlungen grundsätzlich weiterhin zumutbar. Mit dieser Argumentation hat auch das Oberlandesgericht Köln jeweils ein Ausschließungsrecht der Gebrüder Becker für die gegenseitigen

---

ziel bzw. die Klageabweisung verfolgen. Vgl. zu den zahlreichen prozessualen Besonderheiten im mehrseitigen Gestaltungsprozess *C. Schäfer*, in: GroßkommHGB, § 133 Rn. 54; *K. Schmidt*, in: MüKo HGB, § 140 Rn. 68 ff.; § 133 Rn. 45ff.; umfassend *K. Schmidt*, Mehrseitige Gestaltungsprozesse; *Schwab*, Prozessrecht.

41 BGH, Urteil vom 31.3.2002, AZ: II ZR 8/01, NZG 2003, 625, 627; BGH, Urteil vom 10.6.1991, AZ: II ZR 234/89, GmbHR 1991, 362, 363; BGH, Urteil vom 23.2.1981, AZ: II ZR 229/79, BGHZ 80, 346ff.; *Lutz*, Gesellschafterstreit, Rn. 280; im Grundsatz zustimmend auch *Rinsche*, Verhältnis, S. 61ff.; vgl. bereits in diese Richtung zu Art. 125, 128 ADHGB (1861) RG, Urteil vom 18.12.1889, AZ: I 154/89, RGZ 24, 136 ff.
42 Vgl. *C. Schäfer*, in: GroßkommHGB, § 140 Rn. 12.
43 BGH Urteil vom 30.11.1951, AZ: II ZR 109/51, BGHZ 4, 108, 111; BGH Urteil vom 21.3.1957, AZ: II ZR 97/56, NJW 1957, 872, 873; BGH, Urteil vom 23.11.1967, AZ: II ZR 183/66, WM 1968, 221, 222; BGH Urteil vom 31.3.2003, AZ: II ZR 8/01, DStR 2003, 1216, 1217. Teilweise wird diese Rechtsprechung in der Literatur als zu eng kritisiert, ein „überwiegendes Verschulden" genüge, vgl. *C. Schäfer*, in: GroßkommHGB, § 140 Rn. 11 und Rn. 24. Wann ein Verschulden deutlich oder nur „einfach" überwiegt, dürfte jedoch in vielen Fällen kaum unterscheidbar sein. Gegen eine Verschuldensabwägung, unter anderem wegen fehlender Maßstäbe, *Stauf*, Wichtiger Grund (1979), S. 28f.

## C. Der Verhältnismäßigkeitsgrds. in Beziehung der §§ 117, 127, 133 und 140 HGB

Vorwürfe unzulässiger Privatentnahmen und betrieblicher Abrechnungen privat veranlasster Ausgaben verneint.[44] Dieser Logik folgte auch die Abweisung der Ausschließungsklagen des Landgerichts Frankfurt in Sachen »Suhrkamp«.[45] Prozessual lässt sich schließlich anführen, dass andernfalls die Person des Auszuschließenden von der zeitlichen Reihenfolge der Stellung der Anträge abhinge.[46]

Die Literatur wendet sich bei wechselseitigen Vorwürfen zwar gegen eine »schematische Betrachtungsweise«[47]. Namentlich *K. Schmidt* schlägt vielmehr vor, § 140 HGB gegenüber § 133 HGB bei verhaltensbezogenen Gründen nach der »Stoßrichtung« des wichtigen Grundes abzugrenzen: Der wichtige Grund im Rahmen des § 140 HGB kennzeichne sich gegenüber § 133 HGB durch seine einseitige Gewichtung. § 140 HGB verlange gegenüber § 133 HGB eine Aufteilung in »gesellschaftstreue« und »gesellschaftsfeindliche«, in »schwarze« und »weiße« Schafe.[48] Trotz der begrüßenswerten Ablehnung einer Schematisierung ist die argumentative Nähe dieser Literaturauffassung zur Linie der Rechtsprechung offenkundig: »Schwarze« und »weiße« Schafe können sinnvollerweise nur danach unterschieden werden, inwieweit den Gesellschaftern gesellschaftsrechtlich relevante Verstöße zur Last fallen. Solche Verstöße führen aber wiederum typischerweise zu einem die Ausschließungsklage zu bejahenden wichtigen Grund. In der Konsequenz sind dieselben Maßstäbe heranzuziehen, die die Rechtsprechung im Rahmen der Prüfung des Merkmals »wichtiger Grund« bei wechselseitigen Verfehlungen anlegt.

Das Gesetz schweigt zu all diesen Überlegungen. Wenn jedem der Gesellschafter ein »wichtiger Grund« für seine Ausschließung zur Last fällt, wäre daher entgegen der herrschenden Meinung die Ausschließung eines Gesellschafters durchaus vom Gesetzeswortlaut gedeckt. Dafür spricht, dass in eskalierten Gesellschafterkonflikten gegenseitige Vorwürfe eher die Regel als die Ausnahme sind und eine Ausschließung in einer stark zerrütteten Gesellschaft damit praktisch nicht mehr in Betracht kommt.[49]

---

44 OLG Köln, Urteil vom 19.12.2013, II ZR 229/79, AZ: 18 U 218/11, (abrufbar unter juris), Rn. 170 und 218.
45 LG Frankfurt, Urteil vom 13.11.2013, AZ: 3/03 O 72/12, ZIP 2013, 2311 ff.
46 Vgl. *Westermann*, FS Röhricht, S. 655, 662.
47 *K. Schmidt*, in: MüKo HGB, § 140 Rn. 13.
48 *K. Schmidt*, in: MüKo HGB, § 140 Rn. 13 und Rn. 30; zustimmend *Lorz*, in: E/B/J/S, § 140 HGB Rn. 16.
49 Vgl. *Kilian*, WM 2006, 1567, 1568.

Folglich besteht die Gefahr, dass in dieser nicht seltenen Konstellation das Entscheidungsfeld für die Lösung der zu Grunde liegenden Gesellschafterstreitigkeiten von vornherein zu stark auf die Auflösungsklage verengt wird. Wenn diese wiederum am ultima-ratio-Verdikt scheitert, bleiben den Gesellschaftern und dem Gericht nicht mehr viele Gestaltungsoptionen übrig. Es sprechen daher auch gute Gründe dafür, bei wechselseitigen Verfehlungen von Gesellschaftern die Vorzugswürdigkeit des Ausschlusses des einen oder des anderen Gesellschafters auf der Ebene der Verhältnismäßigkeit zu suchen.[50]

II. Der Verhältnismäßigkeitsgrundsatz als Abgrenzung der handelsrechtlichen Gestaltungsklagen untereinander

Einem Gesellschafter kann ein »wichtiger Grund« sowohl für eine Entziehung der Geschäftsführungsbefugnis bzw. der Vertretungsmacht eines oder mehrerer Gesellschafter als auch für eine Ausschließung und (gegebenenfalls zusätzlich) für eine Auflösung der Gesellschaft zustehen. Dies gilt beispielsweise im Fall einer zweigliedrigen OHG, in der sich ein Gesellschafter vollständig vertragstreu und der andere in einem Maße vertragswidrig verhält, dass ein »wichtiger Grund« für sämtliche Anträge nach §§ 117, 127, 133 und 140 HGB zu bejahen ist.

Je nach Konstellation wird der vertragstreue Gesellschafter dann vor Gericht mehrere Anträge kumulativ sowie typischerweise in einem Eventualverhältnis zueinander stellen: Beispielsweise kommt bei einseitigen Verfehlungen nur eines von zwei geschäftsführenden Gesellschaftern in einer zweigliedrigen OHG in Betracht, dass der andere statt eines Antrags nach §§ 117, 127 oder 140 HGB mit der Folge der alleinigen Geschäftsführung, Vertretung oder sogar Fortführung der Gesellschaft eher eine Auflösung nach § 133 HGB favorisiert. Dies könnte z.B. daran liegen, dass der vertragstreue Gesellschafter nicht über die für das Betreiben des Geschäfts nötigen technischen respektive wirtschaftlichen Kenntnisse verfügt, ihm das Kapital oder das geschäftliche Netzwerk fehlt.

Sind jedoch mehrere Anträge gestellt und ist ein »wichtiger Grund« für mehrere Anträge zu bejahen, ist das Verhältnis der handelsrechtlichen Gestaltungsklagen untereinander anhand des Verhältnismäßigkeitsgrundsat-

---

50  Dezidiert anderer Ansicht *Rinsche*, Verhältnis, S 61 ff.

*C. Der Verhältnismäßigkeitsgrds. in Beziehung der §§ 117, 127, 133 und 140 HGB*

zes zu beurteilen.[51] Nahezu apodiktisch führt die herrschende Meinung[52] in diesem Zusammenhang die Entziehung der Geschäftsführungsbefugnis und Vertretungsmacht gegenüber der Ausschließung oder der Auflösung als verhältnismäßiges Mittel an.

## D. Der Verhältnismäßigkeitsgrundsatz in Beziehung zu gesellschaftsrechtlichen Anpassungsmaßnahmen

Nach herrschender Meinung findet der Verhältnismäßigkeitsgrundsatz neben dem Verhältnis der handelsrechtlichen Gestaltungsklagen untereinander auch in Beziehung zu möglichen Anpassungsmaßnahmen auf der Grundlage einer Änderung des Gesellschaftsvertrags, einer Gesellschaftervereinbarung oder eines Gesellschafterbeschlusses Anwendung.[53]

Die in den handelsrechtlichen Gestaltungsklagen vorgesehenen Rechtsfolgen sind zumeist nicht die einzigen denkbaren Möglichkeiten zur Beseitigung der gesellschafterlichen Störung. Unter Einbeziehung gesellschaftsrechtlicher Anpassungsmaßnahmen existieren vielmehr nahezu unzählige Gestaltungsoptionen zur rechtlichen Konfliktbewältigung. In der Rechtsprechung wurden als vertragliche Alternativen zu den beantragten Gestaltungsbegehren z.B. die Umwandlung einer werbenden Gesellschaft in eine (atypische) stille Gesellschaft[54], die Übertragung der Rechte eines Gesellschafters auf einen Treuhänder[55] bzw. die Auflage, die Gesellschaf-

---

51 Vgl. *K. Schmidt*, in: MüKo HGB, § 133 Rn. 7; *C. Schäfer*, in: GroßkommHGB, § 133 Rn. 10; *Lorz*, in: E/B/J/S, § 133 Rn. 10; *Wertenbruch*, in: Westermann/Wertenbruch, Hdb. Personengesellschaften, Rn. 291a und 1640j. Diese herrschende Ansicht ist für das Verhältnis zwischen Ausschließungs- und Auflösungsklage vor allem im früheren Schrifttum nicht unumstritten, vgl. *Stauf*, Wichtiger Grund (1980), S. 67 (m.w.N.). Hiergegen wiederum dezidiert *Hess*, Handelsrechtsreform, S. 118.
52 Vgl. *C. Schäfer*, in: GroßkommHGB, § 133 Rn. 13 und § 140 Rn. 16; *K. Schmidt*, in: MüKo HGB, § 133 Rn. 9 und insb. § 140 Rn. 12; *Lorz*, in: E/B/J/S, § 133 Rn. 10 und § 140 Rn. 8; *Roth*, in: Baumbach/Hopt, § 140 Rn. 6; *Wertenbruch*, in: Westermann/Wertenbruch, Hdb. Personengesellschaften, Rn. 291a und 338a; gegen eine Schematisierung jedoch explizit *Westermann*, in: Westermann/Wertenbruch, Hdb. Personengesellschaften, § 36 Rn. 1094b.
53 Allgemeine Ansicht, vgl. nur *K. Schmidt*, in: MüKo HGB, § 140 Rn. 28; *Lorz*, in: E/B/J/S, § 133 Rn. 12.
54 BGH, Urteil vom 30.11.1951, AZ: II ZR 109/51, BGHZ 4, 108, 122.
55 BGH, Urteil vom 27.10.1955, AZ: II ZR 310/53, BGHZ 18, 350, 362ff.

terrechte von einem Dritten ausüben zu lassen[56], die (vorweggenommene) Erbfolge[57], eine Klage auf Leistungsbestimmung im Urteil nach § 315 Abs. 3 BGB[58], die Bestellung eines (anderen) Vormunds[59] sowie der Verzicht auf die Ausübung der Verwaltungsrechte oder deren Ausübung durch einen ständigen Vertreter[60] angedacht. Weitere in der Literatur diskutierte Maßnahmen sind z.B. die Umwandlung der vollhaftenden Gesellschafterstellung in die eines Kommanditisten[61] sowie praeter legem die Zubilligung eines außerordentlichen Austrittsrechts für den Auflösungskläger als mildere Maßnahme zur Auflösung.[62]

Diese gesellschaftsrechtlichen Anpassungsmaßnahmen können entweder von den Parteien vorgebracht werden oder auf einem Vorschlag des Gerichts beruhen.[63] In Beziehung zu den gesetzlichen Gestaltungsklagerechten nach §§ 117, 127, 133 und 140 HGB ist dann ebenfalls der Verhältnismäßigkeitsgrundsatz zu beachten. Selbst wenn also z.B. nur ein Antrag auf Entziehung der Geschäftsführungsbefugnis bzw. der Vertretungsmacht, auf Ausschließung oder auf Auflösung gestellt wurde oder nur ein »wichtiger Grund« für eines dieser Begehren vorliegt, kann die Gestaltungsklage wegen der Möglichkeit zu einer verhältnismäßigen gesellschaftsrechtlichen Anpassungsmaßnahmen als unbegründet abgewiesen werden.

---

56 RG, Urteil vom 5.5.1941, AZ II 21/41, HRR 1941, 777.
57 OLG Rostock, Urteil vom 19.12.2007, AZ: 6 U 103/06, OLGR Rostock 2009, 97.
58 OLG Koblenz, Urteil vom 8.6.2005, AZ: 6 W 203/05, ZIP 2005, 1873.
59 RG, Urteil vom 3.6.1932, AZ: II 429/31, JW 1932, 98 Nr. 1.
60 BGH, Urteil vom 29.1.1968, AZ: II ZR 126/66, BB 1968, 352, 353
61 Vgl. *Kindler*, in: Koller u.a., § 140 Rn. 1.
62 Vgl. z.B. *Lorz*, in: E/B/J/S, § 133 Rn. 10; *Roth*, in: Baumbach/Hopt, § 133 Rn. 1. Ausführlich hierzu noch im 4. Teil unter Abschnitt B.III.3.b)aa)(1).
63 Vgl. *Lorz*, in: E/B/J/S, § 140 Rn. 10; eingehend *Grunewald*, Ausschluss, S. 85. Vgl. zu den prozessualen Problemkreisen noch ausführlich im 4. Teil unter Abschnitt C.

## E. Zusammenfassung des Untersuchungsgegenstandes

Für das Verhältnis der Gestaltungsklagen *untereinander* ist der Verhältnismäßigkeitsgrundsatz jeweils dann zu beachten, wenn dem Gericht von den §§ 117, 127, 133 und 140 HGB mehrere Anträge gestellt werden, für die isoliert betrachtet jeweils ein »wichtiger Grund« zu bejahen ist. Neben dem Verhältnis der Gestaltungsklagen untereinander ist der Verhältnismäßigkeitsgrundsatz in Beziehung zu gesellschaftsrechtlichen Anpassungsmaßnahmen relevant.

Der Verhältnismäßigkeitsgrundsatz ist gegenüber dem allgemeinen Verhältnis der Gestaltungsklagen untereinander insoweit enger, als er bei einer Trennung der einzelnen Prüfungsmerkmale[64] die Abgrenzung anhand des Merkmals »wichtiger Grund« nicht umfasst. Diesem Verständnis folgend setzt sich die vorliegende Arbeit nicht vertieft mit den (isolierten) Anforderungen an das Merkmal »wichtiger Grund« oder an den Vorbehalt der »Billigkeit« auseinander.[65] Grundsätzliche Überlegungen zu den Beziehungen der Tatbestandsmerkmale zueinander erfolgen jedoch im Rahmen der dogmatischen Einbettung des Verhältnismäßigkeitsgrundsatzes in das Prüfungsprogramm handelsrechtlicher Gestaltungsklagen.[66]

Für die vorliegende Arbeit wird der Untersuchungsgegenstand wie folgt präzisiert: Die Anwendung des Verhältnismäßigkeitsgrundsatzes setzt mehrere Gestaltungsalternativen zur Lösung der Störungen im Gesellschaftsverhältnis voraus, die entweder auf dem Gesetz (§§ 117, 127, 133 oder 140 HGB) oder gesellschaftsrechtlichen Anpassungsmaßnahmen beruhen. In einer solchen Konstellation stellt sich dem erkennenden Gericht im Falle eines Antrags nach §§ 117, 127, 133 und/oder 140 HGB die Aufgabe einer Priorisierung der im Raum stehenden Umgestaltungsmaßnahmen des Gesellschaftsverhältnisses. Die Begründetheit der Klage setzt die Verhältnismäßigkeit des (primär) beantragten Gestaltungsbegehrens gegenüber den alternativen Gestaltungsmaßnahmen voraus.

---

64  Vgl. oben unter Abschnitt B.
65  Allgemein zum Verhältnis der Voraussetzungen der Gesellschafterausschließung nach §§ 140, 142 HGB (a.F.) zu denen der Gesellschaftsauflösung nach § 133 HGB *Rinsche*, Verhältnis; *Stauf*, Wichtiger Grund (1980).
66  Vgl. hierzu ausführlich im 4.Teil unter Abschnitt A.

## 3. Teil: Verhältnismäßigkeitsgrundsatz und ultima-ratio-Prinzip in Rechtsprechung und Literatur

*A. Die Entwicklung des Verhältnismäßigkeitsgrundsatzes in der Rechtsprechung*

I. Die Verankerung des Verhältnismäßigkeitsgrundsatzes bei Ausschließungs- bzw. Übernahmeklagen nach §§ 140 HGB, 142 HGB a.F.

Die Rechtsprechung hat den Verhältnismäßigkeitsgrundsatz zunächst bei Ausschließungs- bzw. Übernahmeklagen nach §§ 140 HGB, 142 HGB a.F. angewandt.

1. Der Verhältnismäßigkeitsgrundsatz in der Rechtsprechung des Reichsgerichts und des Obersten Gerichtshofs für die Britische Zone

In der höchstrichterlichen Rechtsprechung hat erstmals das Reichsgericht in den Jahren 1932 und 1934 den Verhältnismäßigkeitsgrundsatz herangezogen.[67] Stein des Anstoßes waren Ausschließungsklagen gemäß § 140 HGB, zum einen gegen einen Gesellschafter wegen dessen Geisteskrankheit[68], zum anderen gegen zwei Gesellschafter wegen ihrer Zugehörigkeit zum Judentum[69]. In beiden Fällen entschied das Reichsgericht über Ausschließungsklagen in einer speziellen Konstellation.[70] Weder die Geisteskrankheit noch die Zugehörigkeit zum Judentum beruhten auf einem vorwerfbaren oder gar schuldhaften Verhalten der beklagten Gesellschafter. Denkbar (und nach heutigen Maßstäben freilich zwingend!) wäre insbesondere im Fall des beantragten Ausschlusses der jüdischen Gesellschafter gewesen, einen wichtigen Grund für die Klage nach § 140 HGB zu ver-

---

67 Vgl. zu diesem Befund auch *Hess*, Handelsrechtsreform, S. 93.
68 RG, Urteil vom 3.6.1932, AZ: 429/31 II, JW 1933, S. 98 Nr. 2.
69 RG, Urteil vom 11.12.1934, AZ: II 148/34, RGZ 146, 169 ff. (Eigenschaft als Nichtarier nicht per se ein wichtiger Grund; später aufgegeben in RG, Urteil vom 13.8.1942, II 67/41, RGZ 169, 330, 335f.)
70 Ähnlich der Befund bei *Scheifele*, BB 1989, 792, 793.

neinen. Stattdessen war der tragende Gesichtspunkt des Reichsgerichts gegen eine Ausschließung in beiden Urteilsbegründungen jedoch der Verhältnismäßigkeitsgrundsatz: Bei der Ausschließung handele es sich um eine »außerordentliche, den Auszuschließenden im Gegensatz zur Auflösung hart treffende Maßnahme«, so dass bei ihrer Anwendung »besondere Zurückhaltung« zu üben sei. Die Ausnahmestellung der Ausschließung gebiete ferner, von ihr nur dann Gebrauch zu machen, »wenn die etwa drohenden Nachteile *nicht auf anderem Wege beseitigt* werden können«[71]. Aus dem Treueverhältnis und der besonders einschneidenden Wirkung des Ausschlusses ergebe sich, dass diese Maßregel nur dann angezeigt sei, wenn »das Ziel der Ausschließung, durch die nur Abwendung von Schaden von der Gesellschaft, nicht aber Verbesserung der Lage der Verbleibenden erstrebt werden soll, *nicht auf anderem Wege erreicht* werden kann«[72]. Die beantragte Ausschließung der jüdischen Gesellschafter wurde vom Reichsgericht unter anderem deshalb als besondere Härte bewertet, weil die Abfindungszahlung nach dem Gesellschaftsvertrag keine Vergütung für den Firmenwert vorsah.[73]

Statt der Ausschließung schlug das Reichsgericht in beiden Fällen die Änderung des Gesellschaftsvertrages, die Entziehung der Geschäftsführungsbefugnis und Vertretungsmacht oder zusätzlich im Fall des entmündigten Gesellschafters die Bestellung eines neuen Vormundes vor. Diese Möglichkeiten wurden vom Reichsgericht lediglich (abstrakt) benannt. Eine konkrete Bewertung der Auswirkungen der vom Reichsgericht angeführten alternativen Gestaltungsmaßnahmen, Ausführungen zu ihrer Geeignetheit zur Lösung des Gesellschaftskonflikts oder ein den Umständen des Einzelfalls gerecht werdender Vergleich der Folgen dieser alternativen Gestaltungsmaßnahmen mit den Wirkungen der Ausschließung sind den Urteilsbegründungen nicht zu entnehmen. Außer der Ausnahmestellung der Ausschließung und der Feststellung ihrer besonders einschneidenden Wirkungen gab das Reichsgericht also keine nähere Begründung zur Vorzugswürdigkeit der von ihm benannten Alternativen.

Im Jahr 1936 ging das Reichsgericht unter Verweis auf die zitierte Entscheidung aus dem Jahr 1934 im Rahmen einer Übernahmeklage nach

---

71 RG, Urteil vom 3.6.1932, AZ: II 429/31, JW 1933, S. 98 Nr. 2 (Hervorhebung durch den Verfasser).
72 Vgl. RG, Urteil vom 11.12.1934, AZ: II 148/34, RGZ 146, 169, 180 (Hervorhebung durch den Verfasser).
73 Vgl. RG, Urteil vom 11.12.1934, AZ: II 148/34, RGZ 146, 169, 181.

§ 142 Abs. 1 HGB a.F.[74] einen Schritt weiter und entschied, dass »die Ausschließung und damit die Zubilligung der Übernahme des Geschäfts [...] gleichsam nur das *letzte Mittel* ist, so dass geprüft werden muss, ob nach Lage der Sache nicht andere den Gegner weniger hart treffende Maßnahmen zum Ziele führen«[75]. Soweit ersichtlich hat das Reichsgericht in dieser Entscheidung also erstmals das ultima-ratio-Prinzip und damit eine sehr weite Interpretation des Verhältnismäßigkeitsgrundsatzes höchstrichterlich verankert. In der Folge hat das Reichsgericht den Verhältnismäßigkeitsgrundsatz nach und nach auf Ausschließungsklagen bei anderen Gesellschaftsformen (BGB-Gesellschaft, personalistisch geprägte GmbHs) übertragen.[76]

Im Verhältnis der handelsrechtlichen Gestaltungsklagen untereinander bezeichnete das Reichsgericht in mehreren Entscheidungen die Ausschließung bzw. die Übernahme der zweigliedrigen Personengesellschaft durch einen Gesellschafter nach altem Recht gegenüber der Auflösung als be-

---

74 „Sind nur zwei Gesellschafter vorhanden, so kann, wenn in der Person des einen von ihnen die Voraussetzungen vorliegen, unter welchen bei einer größeren Zahl von Gesellschaftern seine Ausschließung aus der Gesellschaft zulässig sein würde, der andere Gesellschafter auf seinen Antrag vom Gerichte für berechtigt erklärt werden, das Geschäft ohne Liquidation mit Aktiven und Passiven zu übernehmen." Die in dieser Vorschrift nach Rechtsnatur, Streitgegenstand und Klagegrund nach der früheren Meinung von der Ausschließungsklage zu trennende sog. „Übernahmeklage" wurde vom Gesetzgeber im Jahr 1998 als überflüssig erachtet und durch das Handelsrechtsreformgesetz gestrichen, vgl. eingehend *K. Schmidt*, in: MüKo HGB, § 140 Rn. 10. § 140 Abs. 1 Satz 2 HGB stellt seither klar, dass das Verbleiben nur eines Gesellschafters nach der Ausschließung einer Ausschließungsklage nicht entgegensteht. Inwieweit diese Gesetzesnovellierung materielle Änderungen mit sich brachte, ist nicht eindeutig geklärt, vgl. zum Ganzen *K. Schmidt*, in: MüKo HGB, § 140 Rn. 10; *Westermann*, FS Röhricht, S. 655, insb. 666.
75 RG, Urteil vom 28.12.1936, AZ: II 170/36, RGZ 155, 274, 280 (Hervorhebung durch den Verfasser); ähnlich RG, Urteil vom 25.5.1938, AZ: II 31/38, JW 1938, 2212, 2213.
76 RG, Urteil vom 13.8.1942, AZ: II 67/41, RGZ 169, 330, 334. In der dort vom Reichsgericht zu beurteilenden Konstellation handelte es sich zwar um den Ausschluss aus einer BGB-Gesellschaft (§§ 723, 737 BGB), auf den aber wegen entsprechender gesellschaftsvertraglicher Abreden im Innenverhältnis GmbH-Recht und damit § 34 GmbHG Anwendung fand; zur Anwendung im Rahmen des § 737 BGB zuletzt OLG Koblenz, Urteil vom 15.7.2014, AZ: 3 U 1462/12, ZIP 2014, 2086.

sonders einschneidend.[77] Vor diesem Hintergrund legte das Reichsgericht an die Verhältnismäßigkeit der Ausschließung bzw. der Übernahme stets die strengsten Maßstäbe an.[78] Der oberste Gerichtshof für die Britische Zone hat diese Rechtsprechung zwar im Grundsatz fortgeführt, in der Sache allerdings die Verhältnismäßigkeit einer Ausschließung aus einer Gesellschaft in Liquidation mit wirtschaftlichen Gründen bejaht.[79]

2. Die Fortführung der Rechtsprechung durch den Bundesgerichtshof

Der Bundesgerichtshof hat die vom Reichsgericht entwickelten Formeln zum Verhältnismäßigkeitsgrundsatz früh übernommen und in mehreren Entscheidungen bekräftigt. Das Übernahmerecht gemäß § 142 HGB a.F. stelle nur das *letzte Mittel* dafür dar, dass auf der Grundlage der vertraglichen Beziehungen beider Gesellschafter die Durchführung des Gesellschaftszwecks verwirklicht werden könne.[80] Eine Zubilligung eines Übernahmerechts sei als äußerstes Mittel daher nur dann gerechtfertigt, wenn andere, den Gegner weniger hart treffende Maßnahmen nach Lage der Sache nicht zur Verfügung stünden.[81] Wenn »mildere« Alternativmaßnahmen vom Auszuschließenden in einem frühen Verfahrensstadium bereits abgelehnt wurden, müssen nach Ansicht des Bundesgerichtshofs die noch verbleibenden in Betracht gezogen werden.[82]

In jüngerer Vergangenheit hat der Bundesgerichtshof das ultima-ratio-Prinzip bei einer Feststellungsklage eines Arztes gegen seine Ausschlie-

---

77 RG, Urteil vom 3.6.1932, AZ: 429/31 II, JW 1933, S. 98 Nr. 2.; RG, Urteil vom 28.12.1936, AZ: II 170/36, RGZ 155, 274, 280, RG, Urteil vom 5.5.1941, AZ II 21/41, HRR 1941, 777; in diese Richtung auch BGH, Urteil vom 28. April 1975, AZ: II ZR 49/73, WM 1975, 769.
78 Kritisch hierzu *Rinsche*, Verhältnis, S. 28; *Stauf*, Wichtiger Grund (1979), S. 45.
79 OGHZ, Urteil vom 2.2.1950, AZ: I ZS 49/49, OGHZ 3, 203, 210.
80 BGH, Urteil vom 4.4.1951, AZ: II ZR 10/50, BGHZ 1, 324, 331 (Fall der Ausschließung aus der bereits aufgelösten Gesellschaft im Liquidationsstadium).
81 Vgl. BGH, Urteil vom 30.11.1951, AZ: II ZR 109/51, BGHZ 4, 108, 120; entsprechend zum Ausschluss aus der Zwei-Personen-GmbH: BGH, Urteil vom 17.2.1955, AZ: II ZR 316/53, BGHZ 16, 317; weniger streng hingegen bei einem Gesellschafter mit nur geringer Kapitalbeteiligung BGH, Urteil vom 14.5.1952, AZ: II ZR 40/51, NJW 1952, 875.
82 Vgl. BGH, Urteil vom 18.10.1976, AZ: II ZR 98/75, BGHZ 68, 81, 85.

A. Die Entwicklung des Verhältnismäßigkeitsgrundsatzes in der Rechtsprechung

ßung aus einer Praxisgemeinschaft nach § 737 BGB nochmals betont.[83] Mildere Mittel, namentlich gesellschaftsrechtliche Anpassungsmaßnahmen oder die Entziehung der Geschäftsführungsbefugnis und Vertretungsmacht, seien vorrangig.

3. Jüngere obergerichtliche Rechtsprechung zum Verhältnismäßigkeitsgrundsatz bei Ausschließungsklagen

Die Oberlandesgerichte bewegen sich mit Unterschieden im Detail sowohl inhaltlich als auch in ihrer Begründungstiefe zumeist auf der Linie der Rechtsprechung von Reichsgericht und Bundesgerichtshof. Neben den teilweise sehr gründlichen und ausführlichen Erörterungen zum Merkmal »wichtiger Grund« mit einer Aufarbeitung der wechselseitigen Vorwürfe der Gesellschafter beschränken sich die Urteile zum Verhältnismäßigkeitsgrundsatz auf wenige, im Wesentlichen bereits dargestellte Formeln. Die als »mildere Mittel« angeführten Alternativmaßnahmen werden auch von den Oberlandesgerichten ohne tiefergehende Begründung in der Regel nur abstrakt benannt.[84] Teilweise wird die Ausschließung bereits im Obersatz als »ultima ratio Maßnahme« tituliert, so dass im Folgenden das mögliche Vorliegen einer Pflichtverletzung gar nicht erst geprüft wird.[85] Das Oberlandesgericht München hat in einer jüngeren Entscheidung hingegen wesentlich weniger strenge Maßstäbe an den Verhältnismäßigkeitsgrundsatz angelegt, ohne diese jedoch näher zu präzisieren oder zu begründen. Aufgrund der »massiven« und »nachhaltigen« Vorwürfe bestehe »kein Raum für die Annahme eines milderen Mittels«.[86]

Das Oberlandesgericht Köln hat schließlich im »Gaffel-Urteil« judiziert, dass »vor der Ausschließung wegen des damit einhergehenden sehr weitreichenden Eingriffs in die Rechte des betroffenen Gesellschafters *je-*

---

83 BGH, Urteil vom 31.3.2003, AZ: II ZR 8/01, DB 2003, 1214.
84 Vgl. in neuerer Zeit exemplarisch OLG Rostock, Urteil vom 19.12.2007, AZ: 6 U 103/06, OLGR 2009, 97; OLG Karlsruhe, Urteil vom 25.6.2008, AZ: 7 U 133/07, NZG 2008, 785 (zum GmbH-Recht).
85 OLG Rostock, Urteil vom 27.6.2012, AZ: 1 U 59/11, GmbHR 2013, 752 unter Ziffer 3.b).
86 OLG München, Urteil vom 30.4.2009, AZ: 23 U 3970/08, NZG 2009, 944.

*des* mildere, zur Bewältigung der eingetretenen Störung vergleichbar geeignete Mittel Vorrang hat«[87].

## II. Die Verankerung des Verhältnismäßigkeitsgrundsatzes im Rahmen von Auflösungsklagen nach § 133 HGB

### 1. Die Übernahme des Verhältnismäßigkeitsgrundsatzes für Auflösungsklagen in der Rechtsprechung des Bundesgerichtshofs

Nach einer vereinzelten obergerichtlichen Entscheidung[88] hat erstmals im Jahr 1968 die höchstrichterliche Rechtsprechung den Verhältnismäßigkeitsgrundsatz auf die Auflösungsklage nach § 133 HGB angewandt.[89] Analog zur erstmaligen Heranziehung des Verhältnismäßigkeitsgrundsatzes durch das Reichsgericht bei den Ausschließungs- und Übernahmeklagen[90] lag der Entscheidung des Bundesgerichtshofs zu § 133 HGB eine spezielle Situation zugrunde: Laut der Urteilsbegründung war zu befürchten, dass die beantragte Auflösung den Kläger wirtschaftlich erheblich begünstigen und den Beklagten wesentlich benachteiligen würde, so dass »allein dieser objektive Sachverhalt zu der besonderen Prüfung nötigt, ob sich der klagende Gesellschafter statt der für den beklagten Gesellschafter unbilligen Auflösung mit einer *weniger einschneidenden Regelung* zufriedengeben muss, die seinen schutzwerten Belangen in anderer Weise Rechnung trägt.«[91] Für eine Auflösung bestünde dann kein hinreichender Grund, wenn der Beklagte bereit wäre, aus der Geschäftsleitung auszuscheiden und sich auf eine nur kapitalmäßige Beteiligung an der Gesellschaft zurückzuziehen.[92] Obwohl das Oberlandesgericht Stuttgart als Berufungsgericht zuvor festgestellt hatte, dass ein Verbleiben beider Gesellschafter in der Gesellschaft wegen des Betriebsfriedens keine Lösung sei, müsse geprüft werden, ob dem nicht dadurch Rechnung getragen werden

---

87 OLG Köln, Urteil vom 19.12.2013, AZ: 18 U 218/11 (abrufbar unter juris), Rn. 160 (Hervorhebung durch den Verfasser).
88 OLG Nürnberg, Urteil vom 27.3.1958, AZ: 3 U 227/54, WM 1958, 710, 714.
89 BGH, Urteil vom 29.1.1968, AZ: II ZR 126/66, BB 1968, 352.
90 Vgl. soeben oben unter Abschnitt A.I.
91 BGH, Urteil vom 29.1.1968, AZ: II ZR 126/66, BB 1968, 352, 353 (Hervorhebung durch den Verfasser).
92 Vgl. BGH, Urteil vom 29.1.1968, AZ: II ZR 126/66, BB 1968, 352, 353.

*A. Die Entwicklung des Verhältnismäßigkeitsgrundsatzes in der Rechtsprechung*

könne, dass der Beklagte auf die persönliche Ausübung der gesellschaftlichen Verwaltungsrechte im Rahmen des Vertretbaren für eine gewisse Zeit oder für Lebenszeit verzichte oder ihre Ausübung mit Zustimmung des Klägers einem verständigen Vertreter überlasse.[93]

Bereits ein Jahr später bezeichnete der Bundesgerichtshof in einem weiteren Urteil die Auflösungsklage explizit als *letztes Mittel* und stellte selbst bei einer erst im Anfangsstadium befindlichen Gesellschaft hohe Anforderungen an die Verhältnismäßigkeit.[94] Der Beklagte hatte zwar seine Einlageverpflichtung in die Gesellschaft nicht erfüllt. Allerdings hätte der Kläger diese Verpflichtung in der konkreten Situation einklagen müssen, weil er selbst Anlass dazu gegeben habe, dass der Beklagte sich gegen die Einlageleistung gewehrt habe.[95]

2. Der Auflösungsgrund des tiefgreifenden, unheilbaren Zerwürfnisses und wirtschaftliche Folgenbetrachtungen der Rechtsprechung

Wie noch gezeigt wird, erheben die Gesellschafter von Personenhandelsgesellschaften handelsrechtliche Gestaltungsklagen typischerweise im Stadium eines weit fortgeschrittenen Gesellschafterkonflikts.[96] Besondere Bedeutung kommt daher den Fällen zuteil, in denen die Rechtsprechung einen »wichtigen Grund« zur Auflösung der Gesellschaft wegen einer nachhaltigen Zerrüttung des Vertrauensverhältnisses der Gesellschafter anerkannt hat.

a) Die Etablierung der Fälle eines tiefgreifenden, unheilbaren Zerwürfnisses der Gesellschafter als »wichtiger Grund« zur Auflösung der Gesellschaft

In einem obiter dictum sprach der Bundesgerichtshof im Jahr 1975 zunächst aus, dass die nachhaltige Zerstörung des Vertrauensverhältnisses unter den Gesellschaftern regelmäßig schon für sich allein einen Auflö-

---

93 Vgl. BGH, Urteil vom 29.1.1968, AZ: II ZR 126/66, BB 1968, 352, 353.
94 BGH, Urteil vom 7.2.1969, AZ: II ZR 116/67, MDR 1969, 555.
95 BGH, Urteil vom 7.2.1969, AZ: II ZR 116/67, MDR 1969, 555.
96 Vgl. ausführlich im 4. Teil unter Abschnitt B.II.2.

sungsantrag rechtfertigt.[97] In zwei Entscheidungen aus den Jahren 1981 und 1985 zu § 61 GmbHG urteilte der Bundesgerichtshof, dass bei Vorliegen eines tiefgreifenden, unheilbaren Zerwürfnisses der Gesellschafter ein wichtiger Grund zur Auflösung bestehe, wenn wegen des Zerwürfnisses die Gesellschaft in ihrem Bestand gefährdet sei.[98] Die Bestandsgefährdung setze in diesen Fällen nicht die besondere Feststellung voraus, dass die Ertragskraft des Unternehmens durch das persönliche Zerwürfnis der Gesellschafter bereits beeinträchtigt sei; vielmehr genüge, wenn über kurz oder lang damit zu rechnen sei, dass die Ertragskraft der Gesellschaft durch den Streit beeinträchtigt werde.[99] Bemerkenswert ist, dass der Bundesgerichtshof also im Grundsatz eine negative Prognose über die zukünftige Ertragskraft der Gesellschaft im Fall einer starken Zerrüttung der Gesellschafter zur Begründetheit der Auflösungsklage genügen ließ.

b) Wirtschaftliche Überlegungen zum Verhältnismäßigkeitsgrundsatz in der Fallgruppe eines tiefgreifenden, unheilbaren Zerwürfnisses der Gesellschafter

Der Bundesgerichtshof schränkte die soeben dargestellte Rechtsprechung in einer Entscheidung aus dem Jahr 1985 durch den Verhältnismäßigkeitsgrundsatz ein: Danach sei die Auflösungsklage trotz der Zerrüttung abzuweisen, wenn den Belangen *des Auflösungsklägers* in einer *für ihn* zumutbaren Weise durch eine *für die anderen Gesellschafter weniger einschneidenden Maßnahme* Rechnung getragen werden könne.[100] Dies sei insbesondere danach zu bemessen, ob der Auflösungskläger die Möglichkeit habe, seine Beteiligung zum vollen, nicht hinter dem voraussichtlichen Liquidationserlös zurückbleibenden Wert zu veräußern.[101] Im Grundsatz sei dem Auflösungskläger eine Veräußerung seiner Beteiligung gegen ein angemessenes Entgelt zuzumuten, da die Liquidation im Regelfall zur Veräußerung der einzelnen Vermögensgegenstände der Gesellschaft und

---

97  BGH, Urteil vom 28.4.1975, AZ: II ZR 16/73, WM 1975, 769, 770.
98  BGH, Urteil vom 23.2.1981, AZ: II ZR 229/79, BGHZ 80, 346; BGH, Urteil vom 18.4.1985, AZ: II ZR 274/83, NJW 1985, 1901.
99  BGH, Urteil vom 23.2.1981, AZ: II ZR 229/79, BGHZ 80, 346, 347.
100 Vgl. BGH, Urteil vom 18.4.1985, AZ: II ZR 274/83, NJW 1985, 1901.
101 Vgl. BGH, Urteil vom 18.4.1985, AZ: II ZR 274/83, NJW 1985, 1901.

## A. Die Entwicklung des Verhältnismäßigkeitsgrundsatzes in der Rechtsprechung

damit zur Zerschlagung des Unternehmens führe (§§ 70, 72 GmbHG).[102] Dabei könnten Werte verloren gehen, insbesondere werde sich der innere Wert des Unternehmens bei der Liquidation regelmäßig nicht realisieren lassen.[103] Im konkreten Fall sei jedoch die Vernichtung eines Unternehmenswerts nicht zu besorgen.[104] Ob allein das Erhaltungsinteresse an der Gesellschaft selbst ohne die Gefährdung wirtschaftlicher Werte ausreichen könnte, der Auflösungsklage den Erfolg zu versagen, ließ der Bundesgerichtshof offen, weil der Mitgesellschafter sein Interesse durch einen Kauf der wesentlichen Sachmittel der Gesellschaft in der Liquidation ausüben konnte.[105] Da die gleiche Möglichkeit für den Kläger bestünde, werde durch die Auflösung der Gesellschaft dem Grundsatz der Gleichbehandlung der Gesellschafter am besten Rechnung getragen und zugleich gesichert, dass der größtmögliche Erlös erzielt werde.[106]

Auf der Linie dieser Entscheidung des Bundesgerichtshofs hat das Oberlandesgericht München im Jahr 2005 ebenfalls einer Auflösungsklage gemäß § 61 GmbHG wegen eines tiefgreifenden und nicht zu beseitigenden Zerwürfnisses zwischen Gesellschaftergruppen stattgegeben.[107] Dies gelte insbesondere, soweit die Uneinigkeit der Gesellschaft die Geschäftsführung einer auf persönliche Zusammenarbeit der Gesellschafter angelegten und angewiesenen Gesellschaft blockiere und dadurch eine unmittelbare Gefahr für das Gedeihen der Gesellschaft entstehe.[108] Da im entschiedenen Fall die Auflösungsklägerin nicht die Möglichkeit habe, ihre Beteiligung zum vollen, nicht hinter dem voraussichtlichen Liquidationserlös zurückbleibenden Wert zu veräußern und die Auflösung nicht zum Wertverlust führe, bestünden keine weniger einschneidenden Maßnahmen.[109]

---

102 Vgl. BGH, Urteil vom 18.4.1985, AZ: II ZR 274/83, NJW 1985, 1901.
103 Vgl. BGH, Urteil vom 18.4.1985, AZ: II ZR 274/83, NJW 1985, 1901.
104 Vgl. BGH, Urteil vom 18.4.1985, AZ: II ZR 274/83, NJW 1985, 1901.
105 Vgl. BGH, Urteil vom 18.4.1985, AZ: II ZR 274/83, NJW 1985, 1901.
106 Vgl. BGH, Urteil vom 18.4.1985, AZ: II ZR 274/83, NJW 1985, 1901.
107 OLG München, Urteil vom 2.3.2005, AZ: 7 U 4759/04, BB 2005, 685.
108 OLG München, Urteil vom 2.3.2005, AZ: 7 U 4759/04, BB 2005, 685.
109 OLG München, Urteil vom 2.3.2005, AZ: 7 U 4759/04, BB 2005, 685.

### c) Kritische Würdigung der Ablehnung des Auflösungsantrags durch das Oberlandesgericht Köln im »Gaffel-Urteil«

Das Oberlandesgericht Köln verweist in seinem Urteil zum Rechtsstreit der Gebrüder Becker explizit auf das im Jahr 1981 ergangene Urteil des Bundesgerichtshofs zu § 61 GmbHG.[110] Bei der Abweisung des Auflösungsantrags stellt es jedoch ausdrücklich nicht auf das Kriterium der Beeinträchtigung der Ertragskraft durch den Gesellschafterstreit ab.[111] Der herangezogene Verhältnismäßigkeitsgrundsatz wird ferner nicht wie in der Entscheidung des Bundesgerichtshofs im Jahr 1985 wirtschaftlich interpretiert. Vielmehr hält das Oberlandesgericht Köln die Auflösung unter Berufung auf eine stark gesellschaftsbezogene Sichtweise des ultima-ratio-Prinzips für unbegründet.[112] Trotz des irreparablen Zerwürfnisses zwischen den Gesellschaftern könne die Gesellschaft am Markt bestehen.[113] Außerdem sei die Gefahr einer Blockadesituation aufgrund der speziellen gesellschaftsvertraglichen Regelung, die eine Einzelgeschäftsführungsbefugnis und -vertretungsmacht durch den von der Mehrheit berufenen Gesellschafter vorsieht, nicht gegeben: »Im vorliegenden Fall vermag der Senat [...] nicht zu erkennen, dass das tiefgreifende, seit Jahrzehnten bestehende und unheilbare Zerwürfnis so gravierende Konsequenzen für den Geschäftsbetrieb der [Gesellschaft] hatte und/oder hat, dass eine Fortsetzung der Gesellschaft gemessen am vereinbarten Gesellschaftszweck keinen Sinn mehr macht und mildere Mittel nicht mehr in Betracht kommen«[114]. Zwar hatte der Bundesgerichtshof seine Rechtsprechung unter anderem mit der besonderen Bedeutung einer vertrauensvollen Zusammenarbeit in einer dreigliedrigen Gesellschaft mit drei Brüdern

---

110 OLG Köln, Urteil vom 19.12.2013, AZ: 18 U 218/11 (abrufbar unter juris), Rn. 246.
111 OLG Köln, Urteil vom 19.12.2013, AZ: 18 U 218/11 (abrufbar unter juris), Rn. 247.
112 OLG Köln, Urteil vom 19.12.2013, AZ: 18 U 218/11 (abrufbar unter juris), Rn. 246ff.
113 OLG Köln, Urteil vom 19.12.2013, AZ: 18 U 218/11 (abrufbar unter juris), Rn. 251.
114 OLG Köln, Urteil vom 19.12.2013, AZ: 18 U 218/11 (abrufbar unter juris), Rn. 251.

als Gesellschafter-Geschäftsführer begründet.[115] Das Bestehen einer Blockadesituation hatte er zuvor aber nicht explizit als Voraussetzung der Auflösung formuliert. Gemessen an den zuvor ergangenen Entscheidungen des Bundesgerichtshofs war die Zurückweisung der Nichtzulassungsbeschwerde[116] gegen das Gaffel-Urteil des Oberlandesgerichts Köln daher durchaus überraschend.

Denkt man die vom Oberlandesgericht Köln eingenommene Sichtweise zu Ende, dürfte dies für die Auflösungsklage selbst bei unversöhnlich zerstrittenen Gesellschaftern zumeist das Ende bedeuten. Denn gesellschaftsrechtliche Anpassungsmaßnahmen als »milderes Mittel« nach dem Vorbild des Gesellschaftsvertrags der Gaffel-Brauerei sind fast immer denkbar. Selbst wenn keine Einzelgeschäftsführungsbefugnis und Vertretungsmacht im Gesellschaftsvertrag der betroffenen Gesellschaft vorgesehen ist, braucht der jeweilige Auflösungsbeklagte im Prozess (nur) die Beschneidung der Gesellschafterrechte des Kreises der konfligierenden Gesellschafter und die Einsetzung von (Minderheiten-)Gesellschaftern als Geschäftsführer vorzuschlagen. Wegen der dann angeblich nicht mehr bestehenden Blockadesituation droht auch bei einer starken Zerrüttung unter den Gesellschaftern die Abweisung der Auflösungsklage durch diese extrem weite Interpretation des ultima-ratio-Prinzips.

3. Die Betonung des Interesses »an der Aufrechterhaltung der Gesellschaft« in der Rechtsprechung zur Publikums-KG bzw. zur personalistisch geprägten GmbH

Im Jahr 1977 hat der Bundesgerichtshof den Verhältnismäßigkeitsgrundsatz auf das von der Rechtsprechung entwickelte außerordentliche Austrittsrecht eines Gesellschafters aus einer Publikumskommanditgesellschaft übertragen.[117] Das Austrittsrecht des austrittswilligen Gesellschaf-

---

115 Darauf abstellend OLG Kön, Urteil vom 19.12.2013, AZ: 18 U 218/11 (abrufbar unter juris), Rn. 247, unter Verweis auf BGH, Urteil vom 23.2.1981, AZ: II ZR 229/79, BGHZ 80, 346, 349.
116 BGH, Beschluss vom 27.01.2015, AZ: II 10/14, ZIP 2015, A 13.
117 BGH, Urteil vom 12.5.1977, AZ: II ZR 89/75, NJW 1977, 2160, 2162; ausführlich zu dieser Entscheidung die kritische Kommentierung bei *Westermann*, NJW 1977, 2185ff.

ters sei wie die Zwangsausschließung nur letztes Mittel.[118] Vor der Erklärung des Austritts wegen der desolaten finanziellen Situation der Gesellschaft bzw. der Erhebung einer Auflösungsklage habe der austrittswillige Gesellschafter zumutbare Bemühungen wie die Einberufung einer außerordentlichen Gesellschafterversammlung zu ergreifen.[119] Entscheidend sei, ob die Interessen des aus der Gesellschaft Strebenden durch weniger einschneidende, den *Fortbestand der Gesellschaft* nicht in Frage stellende Maßnahmen gewahrt werden könne, da es ein *Interesse an der Aufrechterhaltung* der Gesellschaft gebe.[120]

Hatten das Reichsgericht[121] und in der Folge vereinzelt auch der Bundesgerichtshof[122] noch stets die einschneidende Wirkung der Ausschließung gegenüber der Auflösung betont, drehte der Bundesgerichtshof die Argumentation in der bereits angeführten Entscheidung[123] im Jahr 1981 bei einem Auflösungsantrag gemäß § 61 GmbHG um.[124] Die Wertungsgesichtspunkte der §§ 140, 142 HGB a.F. könnten bei einem tiefgreifenden, unheilbaren Zerwürfnis in einer personalistisch geprägten GmbH grundsätzlich herangezogen werden[125]. Danach bilde das tiefgreifende Zerwürfnis dann keinen Grund zur Auflösung, wenn durch Maßnahmen, die den Fortbestand der Gesellschaft sichern, Abhilfe geschaffen werden könne.[126] Dies sei dann der Fall, wenn eine Ausschließungsklage gegen den Auflösungskläger begründet sei, da sich das Ausschließungsrecht auf die Treuepflicht der Gesellschafter und auf die vorgehenden Interessen der Gesellschafter an der Fortführung der Gesellschaft gründe.[127] Nur wenn dem Ausschließungskläger nicht selbst ein »wichtiger Grund« zur Last falle, könne die Auflösung berechtigt sein.[128]

---

118 BGH, Urteil vom 12.5.1977, AZ: II ZR 89/75, NJW 1977, 2160, 2162.
119 BGH, Urteil vom 12.5.1977, AZ: II ZR 89/75, NJW 1977, 2160, 2162.
120 BGH, Urteil vom 12.5.1977, AZ: II ZR 89/75, NJW 1977, 2160, 2162.
121 Vgl. oben unter Abschnitt A.I.1.
122 BGH, Urteil vom 28.4.1975, AZ: II ZR 49/73, WM 1975, 769, 770.
123 Vgl. oben unter Abschnitt A.II.2.
124 BGH, Urteil vom 23.2.1981, AZ: II ZR 229/79, BGHZ 80, 346; gleiche Ansicht bei *Balz*, JZ 1983, 241, 242; *Stauf*, MDR 1982, 384; zurückhaltend hingegen *Hess*, Handelsrechtsreform, S. 98: nicht verallgemeinerungsfähige „Einzelfallentscheidung".
125 BGH, Urteil vom 23.2.1981, AZ: II ZR 229/79, BGHZ 80, 346.
126 BGH, Urteil vom 23.2.1981, AZ: II ZR 229/79, BGHZ 80, 346.
127 BGH, Urteil vom 23.2.1981, AZ: II ZR 229/79, BGHZ 80, 346.
128 BGH, Urteil vom 23.2.1981, AZ: II ZR 229/79, BGHZ 80, 346.

*A. Die Entwicklung des Verhältnismäßigkeitsgrundsatzes in der Rechtsprechung*

Damit hat der Bundesgerichtshof in beiden Entscheidungen jeweils in besonderer Weise das »Interesse am Erhalt der Gesellschaft« betont und im Ergebnis diesem Interesse den Vorzug vor der Auflösung gegeben. Dies geschieht in auffällig stärkerem Maß als bei den ergangenen Entscheidungen zu den »klassischen« Personenhandelsgesellschaften, ebenfalls jedoch ohne explizite Begründung. Wiederum fehlen ferner Ausführungen, wie sich die Aufrechterhaltung der Gesellschaft auf die einzelnen Gesellschafter ökonomisch auswirkt und warum diese Alternative in der konkreten Situation »verhältnismäßig« ist. Vielmehr weist der Bundesgerichtshof die entsprechenden Gestaltungsbegehren der Gesellschafter recht lapidar mit dem Erhaltungsinteresse ab, obwohl beiden Entscheidungen ausweislich der Urteilsbegründungen Konstellationen zugrunde lagen, in denen die Ertragskraft der Gesellschaften nachhaltig gefährdet war.

Die Subsidiarität der GmbH-Auflösung haben in jüngerer Zeit schließlich das Oberlandesgericht Koblenz[129] und das Oberlandesgericht Brandenburg[130] betont. Ähnlich entschied das Oberlandesgericht Stuttgart in einem Ausschließungsurteil aus einer zweigliedrigen GmbH nach § 34 GmbHG analog[131]: Die Ausschließung sei zwar ultima ratio, also nur dann möglich, wenn das damit angestrebte Ziel nicht auf andere, weniger einschneidende Weise erreicht werden könne. Die für die Gesellschaft wesentlich einschneidendere Auflösung allerdings sei wiederum ihrerseits gegenüber der Ausschließung grundsätzlich subsidiär.[132]

III. Die Verankerung des Verhältnismäßigkeitsgrundsatzes bei der Entziehung der Geschäftsführungsbefugnis nach § 117 HGB

Schließlich hat der Bundesgerichtshof die Übertragung des Verhältnismäßigkeitsgrundsatzes auch auf die Klage der Entziehung der Geschäftsführungsbefugnis nach § 117 HGB ausgedehnt.[133] Danach müsse geprüft

---

129 OLG Koblenz, Urteil vom 8.6.2005, AZ: 6 W 203/05, ZIP 2005, 1873.
130 OLG Brandenburg, Urteil vom 30.4.2008, AZ: 7 U 194/07, BB 2008, 1868.
131 OLG Stuttgart, Urteil vom 13.5.2013, AZ: 14 U 12/13, ZIP 2013, 2108.
132 OLG Stuttgart, Urteil vom 13.5.2013, AZ: 14 U 12/13, ZIP 2013, 2108 Rn. 75.
133 Vgl. BGH, Urteil vom 9.12.1968, AZ: II ZR 33/67, NJW 1969, 507, 508f.; BGH, Urteil vom 18.10.1976, AZ: II ZR 98/75, BGHZ 68, 81, 86; BGH, Urteil vom 25.4.1983, AZ: II ZR 170/82, NJW 1984, 173f.; BGH, Urteil vom 10. 12. 2001,

werden, ob »nach den Umständen des Falles den schutzwerten Belangen des klagenden Gesellschafters durch eine weniger hart einschneidende, auch dem beklagten Gesellschafter zumutbare Maßnahme Rechnung getragen werden könne«[134]. Hierzu sollen ähnliche Grundsätze wie bei der Ausschließungs- und Auflösungsklage gelten.[135]

---

AZ: II ZR 139/00, NJW-RR 2002, 540; BGH, Urteil vom 31.3.2003, AZ: II ZR 8/01, WM 2003, 1084, 1085.
134  BGH, Urteil vom 9.12.1968, AZ: II ZR 33/67, NJW 1969, 507, 508.
135  Vgl. BGH, Urteil vom 9.12.1968, AZ: II ZR 33/67, NJW 1969, 507, 509.

## B. Die Ansicht der Literatur zum Verhältnismäßigkeitsgrundsatz

I. Die Auffassung der herrschenden Meinung

1. Grundsätzliche Zustimmung zur Linie der Rechtsprechung

Vor den ersten Entscheidungen des Reichsgerichts wurde der Verhältnismäßigkeitsgrundsatz in der Literatur soweit ersichtlich nicht explizit diskutiert. Einzelne Elemente sind jedoch bereits in der Kommentierung zu den Vorgängernormen von §§ 133 und 140 HGB, Art. 125 und 128 ADHGB, auffindbar. Danach sollte der Richter in einem Vergleich der Rechtsfolgen von Art. 125 (Ausschließung) und Art. 128 ADHGB (Auflösung) prüfen, »ob der betreffende Gesellschafter durch den Ausschluss nicht in eine viel ungünstigere Lage versetzt würde als durch Auflösung der Gesellschaft, und ob es gerechtfertigt werden könne, ihn in diese ungünstige Lage zu bringen«[136]. Ähnlich äußerte sich die Literatur vor den ersten Entscheidungen des Reichsgerichts zu §§ 133, 140 HGB.[137] Nach den ersten Entscheidungen des Reichsgerichts zum Verhältnismäßigkeitsgrundsatz wurde die Ansicht der Rechtsprechung von der herrschenden Kommentarliteratur weit überwiegend ohne nähere Auseinandersetzung übernommen.[138]

Bis heute hat die Literatur die Linie der Rechtsprechung weitgehend unkritisch rezipiert. Die Ausführungen zum Verhältnismäßigkeitsgrundsatz beschränken sich zumeist auf die These, dass Ausschließung und Auflösung die letzten Mittel bzw. die ultima ratio zur Beseitigung einer gesellschafterlichen Störung seien.[139] Vereinzelt wird auch die Entziehung

---

136 So wörtlich *von Hahn,* ADHGB, Art. 128 § 5; ähnlich *Staub,* ADHGB, Art. 128 § 3.
137 Vgl. *Ritter,* HGB, § 140 Rn. 2.
138 Vgl. nach den ersten Entscheidungen des RG zustimmend *Geßler,* in: Schlegelberger, 1. Aufl. 1939, § 133 Rn. 15 und § 140 Rn. 6; *Weipert,* in: RG-Kommentar HGB, § 133 Rn. 17 und § 140 Rn. 10.
139 Vgl. *C. Schäfer,* in: GroßkommHGB, § 133 Rn. 13; *K. Schmidt,* in: MüKo HGB, § 127 Rn. 17, § 133 Rn. 6-10, § 140 Rn. 12-15; *Jickeli,* in: MüKo HGB, § 117 Rn. 15; *Born,* in: E/B/J/S, § 109 Rn. 26f.; *Drescher,* in: E/B/J/S, § 109 Rn. 25, § 117 Rn. 14; *Hillmann,* in: E/B/J/S, § 127 Rn. 5; *Lorz,* in: E/B/J/S, § 133 Rn. 10-12, § 140 Rn. 8-10; *Roth,* in: Baumbach/Hopt, § 133 Rn. 6, § 140 Rn. 6; *Haas,* in: Röhricht/Westphalen, § 133 Rn. 5, § 140 Rn. 6; *Kindler,* in: Koller u.a., § 140 Rn. 1; *Lehleiter,* in: Schwerdtfeger, § 133 HGB Rn. 4, § 140 HGB Rn. 9; *Lutz,*

der (vollständigen) Geschäftsführungsbefugnis als ultima ratio bezeichnet.[140] Das zwischen den Gesellschaftern bestehende Treueverhältnis erlaube diese Gestaltungsmittel nur, wenn sich kein anderer »zumutbarer« Weg finde; weniger einschneidende Maßnahmen dürften nicht zu Gebote stehen, die in einer »für alle Beteiligten annehmbaren Weise zur Beilegung der Differenzen führen könnten«[141]. Die beantragte Gestaltung dürfe daher, auch wenn ein »wichtiger Grund« vorhanden sei, nicht gegen das Übermaßverbot verstoßen.[142] Folglich kann konstatiert werden, dass nicht nur der Verhältnismäßigkeitsgrundsatz generell, sondern auch seine spezielle Ausprägung im ultima-ratio-Prinzip insbesondere für Ausschließungs- und Auflösungsklagen weit überwiegend befürwortet wird.

Trotz dieser weitgehenden Übernahme der Rechtsprechung durch die Kommentarliteratur werden die Urteile zum Verhältnismäßigkeitsgrundsatz mit unterschiedlicher Akzentuierung interpretiert.[143] Einige Autoren betonen, dass die Auflösungsklage die Zerschlagung der Gesellschaft zur Folge habe und deshalb in das Gesellschaftsgefüge wesentlich stärker eingreife als die Ausschließung oder der Austritt eines Gesellschafters.[144] Dieser Logik folgend wird häufig konzediert, dass die Auflösungsklage im Stufenverhältnis der Behelfe die »unbedingte ultima ratio«[145] sei. Manche Autoren wollen daher aus der Rechtsprechung eine Rangfolge von Maßnahmen ableiten, die je nach Schwere des Gesellschafterverstoßes von den Gestaltungsklagen der §§ 117, 127 HGB sowie sonstigen vertraglichen Anpassungsmaßnahmen über die Ausschließungs- und Übernahmeklage nach §§ 140, 142 HGB bis hin zur Auflösungsklage nach § 133 HGB rei-

---

Gesellschafterstreit, Rn. 233 (zu § 140 HGB), 521 (zu § 133 HGB), 707 (zu §§ 117, 127 HGB); *Stubbe*, Verhältnismäßigkeit, S. 116f.; *C. Schäfer*, in: MüKo BGB, § 737 Rn. 9; *Strohn*, in: MüKo GmbHG, § 34 Rn. 109; *Lutter*, in: Lutter/Hommelhoff, § 34 GmbHG Rn. 57; *Windbichler*, Gesellschaftsrecht, § 15 Rn. 17; differenzierter *Westermann*, in: Westermann/Wertenbruch, Hdb. Personengesellschaften, Rn. 1094b.
140 *Jickeli*, in: MüKo HGB, § 117 Rn. 15.
141 *C. Schäfer*, in: GroßkommHGB, § 133 Rn. 13; *Schönhoff*, Zustimmungs- und Ausschließungsklage, S. 48.
142 Vgl. *K. Schmidt*, in: MüKo HGB, § 140 Rn. 28.
143 Tendenziell andere Ansicht bei *Hess*, Handelsrechtsreform, S. 99, der eine klare Trennung drei verschiedener Ansichten in der Literatur ausmacht.
144 Vgl. z.B. *Strohn*, in: MüKo GmbHG, § 34 Rn. 114.
145 *Lorz*, in: E/B/J/S, § 133 Rn. 10; *Strohn*, in: MüKo GmbHG, § 34 Rn. 114 (m.w.N.); ähnlich *Wiedemann*, WM 1992, Beil. 7, 3, 53; weniger streng *K. Schmidt*, in: MüKo HGB, § 133 Rn. 7.

chen.[146] Andere Stimmen lehnen ein Stufenverhältnis hingegen ausdrücklich ab.[147] Vereinzelt wird entsprechend der älteren Rechtsprechung des Reichsgerichts konzediert, dass wegen der Diskriminierung des auszuschließenden Gesellschafters und den für ihn nachteiligen Folgen unter bestimmten Voraussetzungen an die Ausschließung höhere Anforderungen zu stellen seien.[148]

Entsprechend der Rechtsprechung zum außerordentlichen Austrittsrecht bei Publikumspersonengesellschaften wendet die Literatur das ultima-ratio-Prinzip auch auf diese Konstellation an.[149] Wenn der wichtige Austrittsgrund durch Ausschließung nach § 140 HGB oder die Entziehung der Geschäftsführungsbefugnis und Vertretungsmacht gegenüber einem Gesellschafter (§§ 117, 127 HGB) entfalle oder alle Mitgesellschafter bereit seien, den Austrittsgrund durch Vertragsänderung zu beheben, entfalle das Austrittsrecht.[150] In geeigneten Fällen müsse der Gesellschafter den Mitgesellschaftern hierzu angemessene Gelegenheit geben.[151]

## 2. Mangelnde Konkretisierung der Grundsätze

Neben der grundsätzlichen Zustimmung zur Ansicht der Rechtsprechung finden sich kaum weitergehende Konkretisierungen der Prüfung des Verhältnismäßigkeitsgrundsatzes. Vielmehr erschöpft sich auch das Schrifttum in einer abstrakten Benennung »milderer Mittel«, die nach den Umständen des Einzelfalls den Vorzug vor Ausschließung und Auflösung erhalten sollen. Als zu § 133 HGB bzw. zu § 140 HGB mildere Maßnahme wird bei personenbezogenen Gründen nahezu immer der Entzug der Geschäftsführungsbefugnis und Vertretungsmacht nach §§ 117, 127 HGB

---

146 *Butzer/Knof*, in: Mü. Hdb. GesR. Bd. 1, § 83 Rn. 24; *K. Schmidt/Bitter*, in: Scholz, § 61 GmbHG Rn. 3; *Steitz*, in: Hensslcr/Strohn, § 127 HGB Rn. 2; *Schindler*, in: BeckOK GmbHG, § 34 Rn. 130; vgl. die weiteren Nachweise aus dem älteren Schrifttum bei *Hess*, Handelsrechtsreform, S. 100.
147 *C. Schäfer*, in: GroßkommHGB, § 140 Rn. 4 und Rn. 15; *Stubbe*, Verhältnismäßigkeit, S. 118; *Grunewald*, Ausschluss, S. 84; *Schönhoff*, Zustimmungs- und Ausschließungsklage, S. 49ff.
148 *Heidel*, in: Heidel/Schall, § 140 Rn. 11; tendenziell auch *Michalski*, OHG-Recht, § 140 Rn. 13f.
149 Vgl. statt vieler *K. Schmidt*, in: MüKo HGB, § 132 Rn. 40.
150 Vgl. *K. Schmidt*, in: MüKo HGB, § 132 Rn. 40.
151 Vgl. *K. Schmidt*, in: MüKo HGB, § 132 Rn. 40.

genannt.[152] Daneben seien gegenüber § 133 HGB unter Umständen Austrittsrechte der Gesellschafter und gesellschaftsvertragliche Anpassungsmaßnahmen zu bevorzugen.[153] Wie genau und nach welchen Maßstäben eine Priorisierung dieser Gestaltungsalternativen erfolgen soll, bleibt jedoch weitgehend im Unklaren.

Teilweise wird allgemein vorgeschlagen, den Verhältnismäßigkeitsgrundsatz im Gesellschaftsrecht wie im Verfassungsrecht zu prüfen.[154] Danach seien im Gesellschaftsinteresse liegende Maßnahmen, die die Interessen einzelner Gesellschafter berühren, unter drei Voraussetzungen[155] zulässig[156]: Die Geeignetheit soll zu bejahen sein, wenn die Maßnahme im Interesse der Gesellschaft liegt, wobei der Gesellschaftermehrheit insoweit ein erheblicher Ermessensspielraum zustehen soll.[157] Im Rahmen der Erforderlichkeit sei zu prüfen, ob die Gestaltung nicht durch für den betreffenden Gesellschafter weniger einschneidende Maßnahmen ersetzt werden kann.[158] Schließlich müsse die Angemessenheitsprüfung ergeben, dass die beabsichtigten Vorteile für die Gesellschaft in einem angemessenen Verhältnis zu den für den Gesellschafter mit dem Eingriff verbundenen Nachteilen stehen.[159]

---

152 Vgl. *C. Schäfer*, in: GroßkommHGB, § 133 Rn. 13; *K. Schmidt*, in: MüKo HGB, § 133 Rn. 9, § 140 Rn. 12; *Lorz*, in: E/B/J/S, § 133 Rn. 10, § 140 Rn. 8; *Roth*, in: Baumbach/Hopt, § 133 Rn. 6, § 140 Rn. 6; *Haas*, in: Röhricht/Westphalen, § 133 Rn. 5, § 140 Rn. 6; *Kindler*, in: Koller u.a., § 140 Rn. 1; *Lutz*, Gesellschafterstreit, Rn. 233 (zu § 140 HGB), 521 (zu § 133 HGB), *Windbichler*, Gesellschaftsrecht, § 15 Rn. 17; differenzierter *Westermann*, in: Westermann/Wertenbruch, Hdb. Personengesellschaften, Rn. 1094b.
153 Vgl. *C. Schäfer*, in: GroßkommHGB, § 133 Rn. 13.
154 Vgl. *Born*, in: E/B/J/S, § 117 Rn. 26; allgemein für das Zivilrecht *Stubbe*, Verhältnismäßigkeit, S. 56ff.
155 Vgl. zur teilweise verwirrenden Terminologie der einzelnen Prüfungspunkte des Verhältnismäßigkeitsgrundsatzes insb. *Stubbe*, Verhältnismäßigkeit, S. 17f.
156 Vgl. *Born*, in: E/B/J/S, § 117 Rn. 26.
157 Vgl. *Born*, in: E/B/J/S, § 117 Rn. 26.
158 Vgl. *Born*, in: E/B/J/S, § 117 Rn. 26.
159 Vgl. *Born*, in: E/B/J/S, § 117 Rn. 26.

## II. Abweichende Auffassungen

### 1. Generelle Ablehnung des Verhältnismäßigkeitsgrundsatzes bei Auflösungsklagen nach § 133 HGB aufgrund von ökonomischen Rationalitätsüberlegungen?

*Van Venrooy* hält der Anwendung des Verhältnismäßigkeitsgrundsatzes insbesondere für die Auflösungsklage nach § 133 HGB »weltfremde Künstlichkeit«[160] vor, da rational handelnde Akteure eine Auflösungsklage nur erheben würden, wenn sie wirtschaftlich sinnvoll sei.[161] Im Kern geht *van Venrooy* davon aus, dass durch eine Auflösung keine wirtschaftlichen Werte zerschlagen würden, sondern die Liquidation für die Gesellschafter die beste Verwertungsalternative darstelle.[162] Ein Verweis auf andere, wirtschaftlich ineffiziente Gestaltungsmaßnahmen würde dann tatsächlich eine Bevormundung des Gerichts implizieren.[163] *Geißler* hat diesen Gedanken in neuerer Zeit aufgenommen: »Kein Gesellschafter wird eine ökonomische Einheit, in die er ja Geld investiert hat, vernunftwidrig auflösen wollen, wenn wirtschaftlichere Möglichkeiten offenstehen, sich von dem Verband zu trennen.«[164] Die Argumentation scheint auf den ersten Blick durchaus stichhaltig: Sofern die Auflösung zur Zerschlagung ökonomischer Werte führt, würden rational agierende Personen eine solche Klage nicht erheben. Vielmehr wäre zu erwarten, dass sie vor oder während des Prozesses eine ökonomisch effiziente Lösung anstreben und wegen des wirtschaftlichen Vorteils auch eine Vereinbarung im Wege bilateraler Verhandlungen erzielen könnten.

Diese These setzt jedoch bei den Gesellschaftern ein Handeln auf der Grundlage wirtschaftlicher Rationalität voraus. Eine solche Rationalitätsprämisse ist allerdings wegen der den handelsrechtlichen Gestaltungsklagen typischerweise immanenten Streiteskalation unter den Gesellschaftern nicht haltbar: Handelsrechtliche Gestaltungsklagen, die insbesondere auf die Ausschließung eines Gesellschafters oder auf Auflösung der Gesellschaft abzielen, werden zumeist in einem Konfliktstadium erhoben, in

---

160 *Van Venrooy*, GmbHR 1992, 141, 142 (Fn. 15).
161 *Van Venrooy*, GmbHR 1992, 141, 142.
162 *Van Venrooy*, GmbHR 1992, 141, 142.
163 *Van Venrooy*, GmbHR 1992, 141, 142.
164 *Geißler*, GmbHR 2012, 1049, 1053.

dem für die streitenden Gesellschafter sachliche Überlegungen nachrangig und sie möglicherweise sogar zur Selbstschädigung bereit sind.[165]

Außerdem müssten die Gesellschafter für eine Verhandlungslösung im Grundsatz identische Informationen über die zukünftige Prosperität der Gesellschaft besitzen und diese in gleicher Weise bewerten. Bestehen demgegenüber Informationsasymmetrien, kann für einen, den künftigen Geschäftsverlauf eher pessimistisch prognostizierenden Gesellschafter die Erhebung der Auflösungsklage wirtschaftlich durchaus Sinn machen, während der andere Gesellschafter der Gesellschaft nach wie vor eine gute ökonomische Prosperität zuschreibt. Eine divergierende Beurteilung der ökonomischen Vorteilhaftigkeit des Verbleibs in der Gesellschaft kann sich ferner durch individuell verschiedene alternative Anlagemöglichkeiten sowie eine unterschiedliche Risikoeinschätzung, Risikoneigung und Risikotragfähigkeit im Rahmen des Gesamtportfolios der Gesellschafter ergeben. Folglich ist der Verhältnismäßigkeitsgrundsatz bei der Auflösungsklage nicht von vornherein mit ökonomischen Rationalitätsüberlegungen abzulehnen.

2. Ablehnung des ultima-ratio-Prinzips bei Ausschließungs- und Auflösungsklagen

Einige Stimmen in der Literatur wenden sich nicht gegen den Verhältnismäßigkeitsgrundsatz im Allgemeinen, sondern gegen das für Auflösungs- und Ausschließungsklagen von der herrschenden Meinung befürwortete ultima-ratio-Prinzip.

a) Praktische Abschaffung der Ausschließungsklage

Namentlich *Westermann* sieht die Gefahr, dass durch das ultima-ratio-Prinzip insbesondere die Vorschrift des § 140 HGB illusorisch werde. Dies führe praktisch zu einer Entwertung der vom Gesetzgeber grundsätzlich vorgesehenen Lösungsmöglichkeit für den Streit unter den Gesellschaftern.[166] Im Ergebnis sei die Ausschließungsklage eine »stumpfe Waf-

---

165 Hierzu noch ausführlich im 4. Teil insb. unter Abschnitt B.II.2.d).
166 *Westermann*, Vertragsfreiheit, S. 227, 228.

fe«[167]. Ähnlich argumentiert *Scheifele*, für den gerade bei Personengesellschaften der Ausschluss eines Gesellschafters oftmals die beste und allein sachgerechte Lösung ist, um ein zerrüttetes Vertrauensverhältnis unter den Gesellschaftern und letztlich eine wirtschaftliche Gefährdung der Gesellschaft zu beseitigen.[168]

b) Ablehnung des ultima-ratio-Prinzips bezüglich der Auflösungsklage

*Heidel* plädiert speziell bezüglich der Auflösungsklage für Zurückhaltung bei der Anwendung des ultima-ratio-Prinzips.[169] Anders als die Klagen nach §§ 117, 127, 140 HGB sei die klageweise Herbeiführung der Auflösung der Gesellschaft ein einem jeden einzelnen Gesellschafter zustehendes und im Kern unentziehbares Individualrecht.[170] Ansonsten bestünde die Gefahr das vom Gesetzgeber garantierte Auflösungsrecht bei Vorliegen eines wichtigen Grundes zu relativieren. Obwohl der Gesetzgeber der Unternehmenskontinuität bei der Handelsrechtsreform 1998 grundsätzlich Vorrang habe einräumen wollen, habe er an § 133 HGB einschließlich der Auflösungsfolge nichts geändert.[171] Insbesondere müsse sich der Auflösungskläger nicht auf die Entziehung der Geschäftsführungsbefugnis und Vertretungsmacht bei einem pflichtwidrig handelnden Gesellschafter-Geschäftsführer verweisen lassen, wenn die anderen Gesellschafter einen mangelhaft handelnden Geschäftsführer nicht aus dem Amt entfernten.[172]

Mit ähnlicher Argumentation spricht sich bei fundamentalen Gesellschafterzerwürfnissen auch *Geißler* für eine weniger strenge Handhabung des Verhältnismäßigkeitsgrundsatzes im Rahmen der Auflösungsklage aus.[173] Ein Austrittsrecht sei regelmäßig keine Alternative, da dies für den Austretenden zumeist wirtschaftlich nachteilig sei. Bei fundamentalen Gesellschafterzerwürfnissen scheide auch eine Ausschließung einzelner Ge-

---

167 *Westermann*, NJW 1977, 2185, 2187; insoweit zustimmend *Piehler*, DStR 1991, 686, 688.
168 *Scheifele*, BB 1989, 792, 794.
169 *Heidel*, in: Heidel/Schall, § 133 Rn. 23.
170 *Heidel*, in: Heidel/Schall, § 133 Rn. 24; vgl. zum Lösungsrecht als mitgliedschaftliches Grundrecht allgemein auch *Wiedemann*, WM 1992, Beil. 7, 3, 48.
171 *Heidel*, in: Heidel/Schall, § 133 Rn. 23.
172 *Heidel*, in: Heidel/Schall, § 133 Rn. 24.
173 *Geißler*, GmbHR 2012, 1049ff., insb. 1052f. (zu § 61 GmbHG).

sellschafter aus, weil die Berechtigung der Ausschließungsklage an den gegenseitigen Vorwürfen scheitere.[174] Schließlich könne eine Klageabweisung nicht auf unspezifische Hinweise gestützt werden, dass der Kläger die festgefahrene Situation ebenso durch seinen Austritt oder etwa eine Ausschließungsklage zu bereinigen in der Lage sei. Vielmehr sei dann exakt darzulegen, dass und aus welchen Gründen der die Auflösungsklage in die Subsidiarität drängende Rechtsbehelf höchstwahrscheinlich Erfolg haben werde.[175] Insbesondere könne der Kläger nicht auf einen weiteren Prozess mit unsicherem Ausgang oder auf ein Ausscheiden ohne Klärung der ihm zustehenden Abfindungshöhe verwiesen werden. Vielmehr sei den Beteiligten mit einer zügigen Liquidation oftmals besser gedient als mit weiteren Versuchen der Zusammenarbeit.[176]

*Heidel* wendet sich schließlich gegen die vom Bundesgerichtshof befürwortete Anwendung des ultima-ratio-Prinzips auf das (aus seiner Sicht generell zu bejahende) außerordentliche Austrittsrecht der Gesellschafter.[177] Bei Vorliegen eines wichtigen Grundes gebe es keine Berechtigung, dem austrittswilligen Gesellschafter alternative Gestaltungsmaßnahmen nach dem Gutdünken der anderen Gesellschafter aufzudrängen. Ein vorrangiger Prozess auf Mitwirkung zu Vertragsänderungen gegen die Mitgesellschafter »würde das durch den wichtigen Grund gebotene sofortige Ausscheiden unnötig in die Länge ziehen«[178]. Daher brauche sich der ausscheidenswillige Gesellschafter auch nicht auf eine Veräußerung seiner Anteile an einen Dritten verweisen lassen. Zwar dürfe der zum Austritt entschlossene Gesellschafter konkrete oder leicht erreichbare Übernahmeangebote, deren Annahme ihm den Verkehrswert seines Anteils sichern würde, nicht ohne Grund ausschlagen; weitere Bemühungen wie insb. die gezielte Suche nach einem Käufer schulde er jedoch nicht, da dies Sache der fortsetzungswilligen Mitgesellschafter sei.[179] Das Recht zum Ausscheiden aus wichtigem Grund sei außerdem ein mitgliedschaftliches Grundrecht, so dass der ausscheidungswillige Gesellschafter seinen Mit-

---

174 *Geißler*, GmbHR 2012, 1049, 1053.
175 *Geißler*, GmbHR 2012, 1049, 1054.
176 Vgl. *Geißler*, GmbHR 2012, 1049, 1054.
177 *Heidel*, in: Heidel/Schall, § 133 Rn. 12.
178 *Heidel*, in: Heidel/Schall, § 133 Rn. 12.
179 *Heidel*, in: Heidel/Schall, § 133 Rn. 12.

## B. Die Ansicht der Literatur zum Verhältnismäßigkeitsgrundsatz

gesellschaftern auch nicht Gelegenheit zur einvernehmlichen Auflösung geben müsse und erst danach kündigen dürfe.[180]

Im Ergebnis differenziert *Heidel* nach Individual- und Kollektivrechten. Bei der Ausschließungsklage werde in die Mitgliedschaft des auszuschließenden Gesellschafters eingegriffen. Daher sei das ultima-ratio-Prinzip für die Ausschließungsklage beizubehalten.[181] Demgegenüber blieben beim stattgebenden Urteil nach § 133 HGB alle Gesellschafter Mitglieder der aufgelösten Gesellschaft und könnten daher die Auseinandersetzung im Rahmen der Auflösung nach §§ 145ff. HGB maßgeblich mitbestimmen.

### c) Replik der herrschenden Meinung und Stellungnahme

Die herrschende Meinung hat sich mit dieser Kritik kaum auseinandergesetzt. *K. Schmidt* konzediert allgemein, dass es beim ultima-ratio-Prinzip nicht darum gehe, durch den Verhältnismäßigkeitsgrundsatz die Ausschließungsregelung des § 140 HGB unpraktikabel zu machen und einem unerträglich gewordenen Mitgesellschafter formale Verteidigungspositionen zur Verfügung zu stellen.[182] Ohne eine inhaltliche Konkretisierung des Verhältnismäßigkeitsgrundsatzes besteht jedoch die Gefahr, dass die pauschale Anwendung des ultima-ratio-Prinzips genau auf einen solchen Formalismus hinausläuft.

Die Argumentation von *Westermann* und *Scheifele* zur Ausschließungsklage und diejenige von *Heidel* und *Geißler* zur Auflösungsklage bzw. zum außerordentlichen Austrittsrecht entsprechen sich in ihrer Stoßrichtung im Wesentlichen. Durch eine pauschale Anwendung des ultima-ratio-Prinzips verlieren sowohl die Ausschließungs- als auch die Auflösungsklage ihre elementare Funktion als ein den Gesellschaftern zur Verfügung stehendes Instrument zur Beendigung einer nicht mehr zumutbaren gesellschafterlichen Verbundenheit. Selbiges gilt für die Verwehrung des außerordentlichen Austritts aus einer unzumutbaren Gesellschaft. Ferner fehlt dem Verhältnismäßigkeitsgrundsatz wegen der mangelnden Konkretisierung der Maßstäbe, die für die »Letztrangigkeit« von Ausschließung

---

180 *Heidel*, in: Heidel/Schall, § 133 Rn. 13.
181 *Heidel*, in: Heidel/Schall, § 133 Rn. 24. Den Eingriff in die Mitgliedschaft als tragendes Argument des Verhältnismäßigkeitsgrundsatzes betont auch *Grunewald*, Ausschluss, S. 80.
182 *K. Schmidt*, in: MüKo HGB, § 140 Rn. 28.

und Auflösung gelten, die rechtsstaatlich gebotene Vorhersehbarkeit. Beide Kritikpunkte werden im Rahmen der Entwicklung eines eigenen Prüfungsmaßstabs für den Verhältnismäßigkeitsgrundsatz aufgegriffen.[183]

Nicht zu überzeugen vermag hingegen die Differenzierung *Heidels* nach Individual- und Kollektivrechten. Der mit der Ausschließung möglicherweise verbundene Eingriff in die Mitgliedschaft des Beklagten ist für sich nicht ausreichend, um das ultima-ratio-Prinzip im Rahmen der Ausschließungsklage zu rechtfertigen. Denn der Ausschließungsbeklagte hat regelmäßig durch sein Verhalten oder sonstige in seiner Person liegende Gründe Anlass zur Erhebung einer gegen ihn gerichteten Ausschließungsklage gegeben, so dass im Grundsatz ein »wichtiger Grund« für seine Ausschließung vorliegt. Im Rahmen der Prüfung des Verhältnismäßigkeitsgrundsatzes ist in diesem Fall der Eingriff in seine mitgliedschaftliche Stellung gegenüber dem Interesse des Mitgesellschafters an einer Fortführung der Gesellschaft ohne den unzumutbar gewordenen Ausschließungsbeklagten abzuwägen. Eine solche Abwägung ist regelmäßig der Kern einer Verhältnismäßigkeitsprüfung. A priori sollte bei einer solchen Prüfung weder dem Eingriff in die Mitgliedschaft des Ausschließungsbeklagten noch dem ebenfalls subjektiven Recht des Ausschließungsklägers auf Fortführung der Gesellschaft ohne den Beklagten der Vorrang eingeräumt werden. Ein solcher Vorrang ist jedoch durch den Rückgriff auf das ultima-ratio-Prinzip indiziert.

---

183 Vgl. hierzu ausführlich im 4. Teil unter Abschnitt B.III.

## C. Zusammenfassende Stellungnahme zu Rechtsprechung und Literatur

Die Richtigkeit einer Verhältnismäßigkeitsprüfung vor einer Zuerkennung eines Ausschließungs- oder Auflösungsbegehrens ist im Grundsatz nicht zu bestreiten. Wenn weniger einschneidende Maßnahmen zur Verfügung stehen, die zur nachhaltigen Lösung der gesellschafterlichen Störung führen, sollten diese vor einer Ausschließung oder Auflösung ergriffen werden. Andernfalls besteht die Gefahr, dass der Kläger bei einer gesellschafterlichen Störung zu einer Gestaltungsklage greift, die in unnötig einschneidender Weise zu einer Verkürzung der gesellschaftlichen Interessen des Mitgesellschafters führt. Dies folgt zudem aus der Funktion der handelsrechtlichen Gestaltungsklagen: Sie geben den Gesellschaftern ein gerichtlich durchsetzbares Gestaltungsrecht zur Lösung einer Störung im Gesellschaftsverhältnis. Eine Bereicherung eines Gesellschafters oder die Bestrafung des anderen Gesellschafters ist mit den handelsrechtlichen Gestaltungsklagen hingegen nicht bezweckt.[184]

Von der Rechtsprechung wurde der Verhältnismäßigkeitsgrundsatz zunächst in der speziellen Konstellation von Ausschließungsklagen auf der Grundlage nicht-verhaltensbezogener wichtiger Gründe entwickelt. Vergleicht man die erstmalige Etablierung des Verhältnismäßigkeitsgrundsatzes durch das Reichsgericht für die Ausschließungsklagen mit seiner erstmaligen Anwendung durch den Bundesgerichtshof für die Auflösungsklage, fällt jeweils die spezielle Situation des den Klagen zugrunde liegenden Tatbestands auf. In den vom Reichsgericht entschiedenen Fällen ist prima facie eine Zuerkennung des Ausschließungsbegehrens intuitiv ungerecht, weil der den Beklagten zur Last gelegte wichtige Grund (Geisteskrankheit, Zugehörigkeit zum Judentum) jeweils unverschuldet war. In dem vom Bundesgerichtshof zu beurteilenden Fall scheint eine Auflösung wegen der ungleichen wirtschaftlichen Konsequenzen für die Parteien gefühlsmäßig ebenfalls falsch. Obwohl möglicherweise isoliert betrachtet ein »wichtiger Grund« für die begehrten Maßnahmen bestand, wäre die Zuerkennung des Gestaltungsbegehrens aufgrund der speziellen Situation schwierig zu rechtfertigen gewesen.

Mit dem »Kniff« des Rückgriffs auf den Verhältnismäßigkeitsgrundsatz konnte das Reichsgericht jeweils offen lassen, ob die Entmündigung aufgrund einer Geisteskrankheit oder die Zugehörigkeit zum Judentum wich-

---

184 Vgl. auch *Roth*, in: Baumbach/Hopt, § 140 Rn. 5.

tige Gründe für eine Ausschließung sind. Statt der Beantwortung dieser moralisch heiklen Fragen beurteilte das Gericht stattdessen die einfacher zu handhabende These, dass die Ausschließung in concreto (jedenfalls) unverhältnismäßig sei. Die darauf gegebene Antwort unter Rekurs auf die einschneidenden Wirkungen der Maßnahme wirkt auf den ersten Blick auch intuitiv plausibel und nachvollziehbar. Prozessual entspricht diese Vorgehensweise ferner § 313 Abs. 3 ZPO, wonach nach Lesart der herrschenden Meinung zwischen mehreren negativen Merkmalen grundsätzlich das auszuwählen ist, welches am leichtesten abgehandelt werden kann.[185]

Vor einem unreflektierten Rückgriff auf das ultima-ratio-Prinzip im Fall eines komplexen Gesellschafterstreits ist jedoch zu warnen: Nach den Erkenntnissen der Verhaltensökonomie tendieren Menschen dazu, schwierige Fragestellungen durch intuitiv einfacher nachvollziehbare Heuristiken zu ersetzen.[186] Dieses psychologische Phänomen führt häufig zu irrationalen Entscheidungen (»Verhaltensanomalien«), vor denen auch Gerichte nicht gefeit sind.[187] Denkbar ist, dass das Reichsgericht die Frage nach der Rassenzugehörigkeit oder der Geisteskrankheit als »wichtiger Grund« nicht beantworten wollte, gleichzeitig ihm aber jedenfalls die »Bestrafung« der unverschuldet verklagten Personen gefühlsmäßig unverhältnismäßig erschien. Ohne die Richtigkeit der beiden Urteile im Rahmen der vorliegenden Arbeit im Einzelfall in Frage stellen zu wollen, besteht allgemein die Gefahr den ultima-ratio-Grundsatz als einfache Heuristik ohne eine differenzierte Verhältnismäßigkeitsprüfung zu instrumentalisieren. Diese Tendenz ist in der Rechtsprechung teilweise zu beobachten. Angeführt werden kann die bereits zitierte Entscheidung des Oberlandesgerichts Rostock, in der bereits im Obersatz die beantragte Ausschließung unter pauschalem Verweis auf das ultima-ratio-Prinzip[188] und folglich unter Umgehung konsistenter Beurteilungskriterien für die Verhältnismäßigkeit abgelehnt wird.

---

185 Vgl. statt aller nur *Elzer*, in: BeckOK ZPO, § 313 Rn. 121.
186 Vgl. *Kahneman*, Thinking, Fast and Slow, S. 97ff.
187 Vgl. *Kahneman*, Thinking, Fast and Slow, S. 97ff.; allgemein zu Verhaltensanomalien bei der richterlichen Entscheidungsfindung *Steinbeck/Lachenmaier*, NJW 2014, 2086ff.
188 OLG Rostock, Urteil vom 27.6.2012, AZ: 1 U 59/11, GmbHR 2013, 752 insb. unter Ziff. II.3.b).

Das ultima-ratio-Prinzip ist darüber hinaus insgesamt aufgrund seiner »schillernden Kasuistik«[189] kein brauchbares Kriterium bei der Beurteilung des Verhältnismäßigkeitsgrundsatzes. Die Analyse der Rechtsprechung hat gezeigt, dass die Abweisung von Ausschließung und Auflösung mit dem Argument ihrer Letztrangigkeit zu pauschal erfolgt. Wegen des nahezu ausschließlichen Rückgriffs auf das ultima-ratio-Prinzip fehlt es dem Verhältnismäßigkeitsgrundsatz an der gebotenen Kontur, was zwangsläufig zu einer gewissen Willkür der Entscheidungen führt. Die Ungeeignetheit des ultima-ratio-Prinzips tritt bei der Widersprüchlichkeit der diametral entgegengesetzten Argumentation von Bundesgerichtshof und Oberlandesgericht Stuttgart einerseits (Auflösung für die Gesellschafter einschneidender als die Ausschließung) und Reichsgericht andererseits (Ausschließung bzw. Übernahme für den betroffenen Gesellschafter einschneidender als die Auflösung) besonders deutlich zu Tage. Ohne einen Vergleich der jeweils im konkreten Fall eintretenden Folgen von Ausschließung und Auflösung nach einem vorgegebenen Kriterium sind letztlich beide Argumentationsmuster inhaltsleere Behauptungen. Das ultima-ratio-Prinzip ohne tiefere Begründung der zugrunde liegenden Kriterien führt daher eher zur Verschleierung der Verhältnismäßigkeitsprüfung als zu einer nachvollziehbaren Lösung des den Gerichten überantworteten Gesellschafterkonflikts. Im Ergebnis wird – wie von *Westermann*, *Scheifele*, *Geißler* und teilweise *Heidel* bereits herausgestellt – durch einen unbesehenen Rückgriff auf das ultima-ratio-Prinzip im Prozess den Gesellschaftern, die die Situation als untragbar empfinden, die Möglichkeit zur effektiven Reaktion genommen. Die dadurch erreichte »Zementierung« der gesellschafterlichen Strukturen ist besonders dann bedenklich, wenn die gesellschafterliche Verbundenheit nicht Gegenstand einer autonomen Entscheidung der Gesellschafter war. Häufig besteht der Gesellschafterkreis insbesondere in Familienunternehmen ab der zweiten Generation nur deshalb aus mehreren Gesellschaftern, weil die Nachfolge entweder gar nicht geplant war oder sie einem falsch verstandenen väterlichen »Gerechtigkeitsdenken« entsprang.[190] In der Kautelarpraxis ist die Aufteilung einer Gesellschaft daher durchaus häufig eine nicht nur theoretische Option.[191]

---

189 *Kilian*, WM 2006, 1567, 1568.
190 Vgl. zur nochmals verschärften Situation bei Patchwork-Familien neuerdings *Westermann*, NZG 2015, 649ff.
191 Prominente Beispiele sind die oft gepriesene Trennung des Lebensmitteldiscounters „Aldi" 1961 in „Aldi Süd" und „Aldi Nord" oder die Aufspaltung von „Bahl-

*3. Teil: Verhältnismäßigkeitsgrundsatz und ultima-ratio-Prinzip in Rspr. und Lit.*

Wegen der scheinbaren Einfachheit des ultima-ratio-Prinzips fehlt es den meisten Urteilen bezüglich der Beurteilung des Verhältnismäßigkeitsgrundsatzes an Argumentationstiefe. Regelmäßig werden vielmehr nur jeweils die Alternativen benannt und die Letztrangigkeit der beantragten Gestaltung postuliert. Teilweise gehen die Gerichte auch abstrakt auf die Rechtsfolgen der beantragten Gestaltung sowie ihrer im Raum stehenden Alternativen ein. Eine rechnerische Bezifferung, welche ökonomischen Auswirkungen die jeweiligen Alternativen für die Gesellschafter oder die Gesellschaft konkret haben, fehlt hingegen fast durchgängig. Eine Ausnahme bilden jeweils die angeführten Urteile des Bundesgerichtshofs aus dem Jahr 1985 sowie des Oberlandesgerichts München aus dem Jahr 2005.[192] In diesen Entscheidungen werden die Folgen der im Raum stehenden Gestaltungsmaßnahmen zur Lösung der gesellschafterlichen Störung im Einzelnen wirtschaftlich bewertet und einander gegenübergestellt.

Der aus dem öffentlichen Recht geläufige Dreischritt[193] im Rahmen der Prüfung der Verhältnismäßigkeit nach Geeignetheit, Erforderlichkeit und Angemessenheit weist den Vorteil der gedanklichen Strukturierung und Präzisierung auf. Gleichwohl wendet ihn die Rechtsprechung bei der Prüfung im Rahmen der handelsrechtlichen Gestaltungsklagen zumindest nicht explizit an, sondern zieht sich insb. für Auflösungs- und Ausschließungsklagen nahezu ausschließlich auf das ultima-ratio-Prinzip zurück.[194] Das ist insoweit etwas erstaunlich, als der Bundesgerichtshof im Gesellschaftsrecht insbesondere bei der Überprüfung von Gesellschafterbeschlüssen durchaus differenziertere Maßstäbe anlegt.[195] Mehrheitsentscheidungen bei Gesellschaftsvertragsänderungen werden z.B. danach überprüft, »ob der Eingriff im Interesse der Gesellschaft geboten und dem betroffenen Gesellschafter unter Berücksichtigung seiner eigenen schutz-

---

      sen" im Jahr 1999 in jeweils ein Unternehmen für Süßgebäck („Bahlsen") und eines für Salzgebäck („Lorenz").
192  Vgl. hierzu bereits im 3. Teil unter Abschnitt A.II.3.
193  Vgl. statt aller nur *Di Fabio*, in: Maunz/Dürig, Art. 2 Rn. 41, sowie *Grzeszick*, in: Maunz/Dürig, Art. 20 VII. Rn. 107 ff. jeweils m.w.N. zu dieser „entscheidenden materiellen Vorgabe im Bereich des verfassungsrechtlichen Rechtsstaatsprinzips".
194  Weniger streng *Stubbe*, Verhältnismäßigkeit, S. 32.
195  Eingehend *Stubbe*, Verhältnismäßigkeit, S. 31f.

werten Belange zumutbar ist«[196]. Dies wird teilweise als dreistufiger Prüfungsmaßstab oder zumindest als Teil der Verhältnismäßigkeitsprüfung aus dem öffentlichen Recht interpretiert.[197] Eine solche differenzierte Prüfung ist für den Verhältnismäßigkeitsgrundsatz der handelsrechtlichen Gestaltungsklagen unter Verwendung konsistenter Beurteilungskriterien ebenfalls zu entwickeln.

Denn auch das Schrifttum hat bislang kein übergeordnetes Prinzip bei der Prüfung des Verhältnismäßigkeitsgrundsatzes hervorgebracht. Vielmehr begnügen sich die meisten Autoren damit, die Rechtsprechung zusammengefasst darzustellen und die verschiedenen »Formeln« zum Verhältnismäßigkeitsgrundsatz mit Unterschieden im Detail zu interpretieren. Die dadurch entstandene Verwirrung wird insbesondere im Verhältnis zwischen Auflösungs- und Ausschließungsklage deutlich. Ohne die Unterschiede konkret zu benennen schwankt die bisherige Literatur, welche der beiden Klagearten im Ergebnis die »unbedingte« ultima ratio sein soll.[198] Die wissenschaftliche Durchdringung des Verhältnismäßigkeitsgrundsatzes ist daher auch über achtzig Jahre nach den ersten Entscheidungen hierzu relativ gering.

---

196 BGH, Urteil vom 21.10.2014, AZ: II ZR 84/13, BGHZ 203, 77ff., 96; BGH, Urteil vom 4.7.2005, AZ: II ZR 354/03, ZIP 2005, 1455, 1456; BGH, Urteil vom 10.10.1994, AZ: II ZR 18/94, ZIP 1994, 1942, 1943 f.
197 *Stubbe*, Verhältnismäßigkeit, S. 31.
198 Vgl. zu diesem Befund auch *Hess*, Handelsrechtsreform, S. 90.

# 4. Teil: Entwicklung einer konsistenten Prüfung des Verhältnismäßigkeitsgrundsatzes

Die Analyse im vorangehenden Abschnitt zeigte Lücken im materiellrechtlichen Prüfungsprogramm handelsrechtlicher Gestaltungsklagen auf. Zu einer strukturierten Prüfung des Verhältnismäßigkeitsgrundsatzes fehlen handhabbare Kriterien. Zudem führt das von der herrschenden Meinung befürwortete ultima-ratio-Prinzip zu einer zu pauschalen Ablehnung von Ausschließungs- und Auflösungsklagen.

Der folgende Abschnitt zielt darauf ab, einen Beitrag zu einer konsistenten Prüfung des Verhältnismäßigkeitsgrundsatzes insbesondere der Ausschließungs- und Auflösungsklagen zu entwickeln. Hierzu wird in einem ersten Schritt der Verhältnismäßigkeitsgrundsatz im Prüfungsprogramm der handelsrechtlichen Gestaltungsklagen dogmatisch neu positioniert (nachfolgend unter Abschnitt A.). Ausgehend von der dogmatischen Einbettung des Verhältnismäßigkeitsgrundsatzes in das Prüfungsprogramm werden die vorgeschlagenen Kriterien für die Prüfung des Verhältnismäßigkeitsgrundsatzes vorgestellt (nachfolgend unter Abschnitt B.). Darauf folgen prozessuale Fragen der vorgeschlagenen Sichtweise (nachfolgend unter Abschnitt C.), bevor abschließend mögliche Nachteile des entwickelten Modells diskutiert werden (nachfolgend unter Abschnitt D.).

## A. Der Verhältnismäßigkeitsgrundsatz im Prüfungsprogramm handelsrechtlicher Gestaltungsklagen

Im Folgenden wird zunächst die dogmatische Herleitung des Verhältnismäßigkeitsgrundsatzes eingehend untersucht (nachfolgend unter Abschnitt I.). Daran anknüpfend wird der Verhältnismäßigkeitsgrundsatz in das Prüfungsprogramm handelsrechtlicher Gestaltungsklagen eingebettet. (nachfolgend unter Abschnitt II.). Der letzte Abschnitt fasst das entwickelte Prüfungsprogramm zusammen (nachfolgend unter Abschnitt III.).

*4. Teil: Entwicklung einer konsistenten Prüfung des Verhältnismäßigkeitsgrundsatzes*

I. Untersuchung der dogmatischen Fundierung des Verhältnismäßigkeitsgrundsatzes

1. Der Verhältnismäßigkeitsgrundsatz auf Basis gesellschaftlicher Treuepflichten

Sofern der Verhältnismäßigkeitsgrundsatz bei handelsrechtlichen Gestaltungsklagen dogmatisch überhaupt begründet wird, leiten ihn Rechtsprechung und herrschende Literatur pauschal aus der (mitgliedschaftlichen[199]) Treuepflicht ab.[200] Dieses rechtsformübergreifende Verbandsprinzip führt nach herrschender Meinung zu Verhaltenspflichten gegenüber der Gesellschaft und gegenüber den Mitgesellschaftern, die vor allem die aktive Förderung des Gesellschaftszwecks und eine wechselseitige Rücksichtnahme beinhalten.[201]

Die dogmatische Herleitung des Verhältnismäßigkeitsgrundsatzes aus den mitgliedschaftlichen Treuepflichten ist in der Literatur nur vereinzelt auf Kritik gestoßen (nachfolgend unter a) und b)). Die Treuepflichtdogmatik führt darüber hinaus zu Schwierigkeiten und Inkonsistenzen bei der Ableitung von Kriterien für die Beurteilung des Verhältnismäßigkeitsgrundsatzes (nachfolgend unter c) und d)). Die materielle Kontrolle von Mehrheitsbeschlüssen in Personengesellschaften ist nach heute herrschender Meinung im Kern ebenfalls eine Verhältnismäßigkeitsprüfung. Da diese Beschlussmängelkontrolle ebenfalls auf Treuepflichten der Gesellschafter basiert, ist zu untersuchen, ob der Verhältnismäßigkeitsgrundsatz bei handelsrechtlichen Gestaltungsklagen dogmatisch abweichend von dieser

---

199 Vgl. zur Einteilung der Treuepflichten in mitgliedschaftliche, organschaftliche und mehrheits- oder einflussbezogene *Wiedemann*, WM 1992, Beil. 7, 3, 17.

200 RG, Urteil vom 5.5.1941, AZ: II 21/41, HRR 1941, 777; RG, Urteil vom 13.8.1942, II 67/41, RGZ 169, 330, 335f.; BGH, Urteil vom 17.2.1955, AZ: II ZR 316/53, BGHZ 16, 317, 322; vgl. auch *C. Schäfer*, in: GroßkommHGB, § 133 Rn. 13; *Piehler/Schulte*, in: Mü. Hdb. GesR. Bd. 1, § 10 Rn. 63; *Grunewald*, Ausschluss, S. 79; *Kilian*, in: Henssler/Strohn, § 737 BGB Rn. 5; vgl. allgemein zur Begründung des Verhältnismäßigkeitsgrundsatzes im Gesellschaftsrecht auf der Basis von Treupflichten auch *Stubbe*, Verhältnismäßigkeit, S. 33ff.

201 Einen guten Überblick zu dogmatischer Verankerung, Entwicklung und Stand der Treuepflichtenlehre mit weiteren Nachweisen aus Rechtsprechung und Literatur bieten die Kommentierungen bei *Westermann*, in: Westermann/Wertenbruch, Hdb. Personengesellschaften, Rn. 155, sowie *Born*, in: E/B/J/S, § 109 Rn. 20ff.

Beschlussmängelkontrolle begründet werden kann (nachfolgend unter e)). Schließlich werden die gefundenen Ergebnisse zusammengefasst (nachfolgend unter f)).

a) Verwirkung bzw. unzulässige Rechtsausübung als Argumente gegen die Treuepflichtdogmatik?

*Scheifele* hat gegen die herrschende Dogmatik eingewandt, dass Treuepflichten den Verhältnismäßigkeitsgrundsatz nur in der Fallgruppe nicht verhaltensbezogener bzw. unverschuldeter wichtiger Gründe begründen könnten.[202] Andernfalls habe der Gesellschafter durch seine rechtlich zu missbilligenden Handlungen selbst Anlass für eine Ausschließungsklage gegen ihn bzw. für eine Auflösungsklage gegeben. Die Berufung auf gesellschafterliche Treuepflichten sei ihm daher bei verhaltensbezogenen wichtigen Gründen nach § 242 BGB wegen Verwirkung oder unzulässiger Rechtsausübung verwehrt. Folglich fehle es dem Verhältnismäßigkeitsgrundsatz in den meisten Fällen an einer dogmatischen Begründung.[203]

Gegen diese Ansicht spricht, dass nicht jede rechtlich missbilligte Handlung eines Gesellschafters zur vollständigen Verwehrung von Treuepflichten gegenüber den Mitgesellschaftern führen muss. Vielmehr ist auch im Rahmen der Treuepflichtdogmatik ein abgestuftes Schutzkonzept je nach Intensität der vorwerfbaren Handlungen des Gesellschafters denkbar, so dass auch in eskalierten Gesellschafterkonflikten Treuepflichten untereinander zumindest in abgeschwächter, »verhältnismäßiger« Form fortbestehen. Andernfalls besteht die Gefahr, dass der Kläger »überreagiert« und bei jeder Störung im Gesellschaftsverhältnis zu einer Gestaltungsklage greift, die in unnötig einschneidender Weise zu einer Verkürzung der gesellschafterlichen Interessen des Mitgesellschafters führt. Eine Bereicherung eines Gesellschafters oder die Bestrafung des anderen über die Lösung der Störung im Gesellschaftsverhältnis hinaus ist jedoch vom Normzweck der handelsrechtlichen Gestaltungsklagen nicht umfasst.[204] Folglich bleibt auch bei verhaltensbezogenen Gründen grundsätzlich Raum für die Anwendbarkeit des Verhältnismäßigkeitsgrundsatzes.

---

202 *Scheifele*, BB 1989, 792, 794.
203 *Scheifele*, BB 1989, 792, 795.
204 Vgl. *Roth*, in: Baumbach/Hopt, § 140 Rn. 5.

### b) Begründungsdefizit der Treuepflichtdogmatik im Verhältnis zwischen Ausschließung und Auflösung?

Schwierigkeiten durch die dogmatische Begründung des Verhältnismäßigkeitsgrundsatzes auf Basis gesellschaftlicher Treuepflichten könnten in der konsistenten Begründung und Anwendung des Verhältnismäßigkeitsgrundsatzes zwischen Ausschließungs- und Auflösungsklage bestehen. *Stauf* betont in diesem Zusammenhang die auf der Treuepflicht fußende Förderpflicht der Gesellschafter zur Erreichung des Gesellschaftszwecks, die die Unterlassung gesellschaftsgefährdender Maßnahmen beinhalte.[205] Auf Grundlage dieser Prämisse folgert *Stauf*, dass der mittels Treuepflichten begründete Verhältnismäßigkeitsgrundsatz bei einer Wahl zwischen Ausschließung und Auflösung stets die Aufrechterhaltung des Gesellschaftsverhältnisses bezwecken müsse.[206] Daher stünde der Verhältnismäßigkeitsgrundsatz denklogisch einer Auflösung der Gesellschaft entgegen und sei folglich im Verhältnis zwischen Auflösung und Ausschließung von vornherein nicht anwendbar.[207]

Eine solche enge Interpretation der mitgliedschaftlichen Treuepflichten ist jedoch nicht zwingend. Vielmehr umfassen die gesellschafterlichen Treuepflichten auch das Bedürfnis der Gesellschafter an einer Erreichung ihrer subjektiven Ziele.[208] Diese subjektiven Ziele müssen jedoch in einer Krisensituation nicht zwangsläufig stets die Aufrechterhaltung der Gesellschaft bedeuten. Der ursprüngliche Gesellschaftszweck ist durch die Störung im Gesellschaftsverhältnis ohnehin bereits gefährdet, so dass die Gesellschafter zur Behebung der Störung treuepflichtkonform auch die Liquidation anstreben können sollten. Die Treuepflichtenbindung ist in dieser Konstellation dann auf die Verhältnismäßigkeit der angestrebten Auflösung reduziert. Mit einem solchen Treuepflichtenverständnis kann in eskalierten Gesellschafterkonflikten das Verdikt der Verpflichtung zur För-

---

205 *Stauf*, Wichtiger Grund (1980), S. 67; vgl. allgemein zu aus der Treuepflicht abgeleiteten Unterlassungsgeboten *Westermann*, in: Westermann/Wertenbruch, Hdb. Personengesellschaften, Rn. 157; *Born*, in: E/B/J/S, § 109 Rn. 20.
206 *Stauf*, Wichtiger Grund (1980), S. 67.
207 *Stauf*, Wichtiger Grund (1980), S. 67. In der Literatur wird daraus teilweise auch der Vorrang der Auflösung vor der Ausschließung abgeleitet, vgl. *Hess*, Handelsrechtsreform, S. 100.
208 Diesen Aspekt betont allgemein auch *Westermann*, in: Westermann/Wertenbruch, Hdb. Personengesellschaften, Rn. 155a.

derung des Gesellschaftszwecks zumindest abzuschwächen sein, so dass der Antrag auf Auflösung der Gesellschaft im Verhältnis zur Ausschließung nicht per se treuepflichtwidrig erscheint.

c) Ungeeignetheit der Treuepflichtendogmatik zur Ermittlung subsumtionsfähiger Kriterien

Ein schwerwiegender Nachteil der herrschenden Dogmatik ist die Konturenlosigkeit des Treuepflichtenbegriffs[209]: »Umfang und Geltungsbereich der Treupflicht im Personengesellschaftsrecht sind sehr weit gespannt«[210]. Als Rechtsprinzip und deutungsoffene Generalklausel ist diese per se nicht subsumtionsfähig.[211] Die Janusköpfigkeit des Treuepflichtenbegriffs kann ausgehend vom Prüfungsprogramm handelsrechtlicher Gestaltungsklagen illustriert werden. Treuepflichten sollen nach der herkömmlichen Dogmatik nicht nur beim Verhältnismäßigkeitsgrundsatz virulent sein. Vielmehr werden sie auch bei der Prüfung des Merkmals »wichtiger Grund« wie z.B. bei einem Verstoß gegen das als Ausfluss der Treuepflicht in § 112 HGB verankerte Wettbewerbsverbot herangezogen.[212] In diesen Fällen ist die Treuepflicht nach herrschender Ansicht folglich sowohl im Rahmen der Abwägung der Unzumutbarkeit beim Merkmal »wichtiger Grund« als auch auf der Ebene der Verhältnismäßigkeit zu berücksichtigen.[213] Der Verstoß gegen die Treuepflicht kann also »wichtiger Grund« für die Auflösung der Gesellschaft, die Ausschließung oder die Entziehung der Geschäftsführungsbefugnis und Vertretungsmacht eines Gesellschafters sein und gleichzeitig wegen Verstoßes gegen den Verhältnismäßigkeitsgrundsatz zur Abweisung der entsprechenden handelsrechtlichen Gestaltungsklagen führen. Damit weist dasselbe Verbandsprinzip bei der Prüfung der Gestaltungsklagen in diametral entge-

---

209 Vgl. *Wiedemann*, WM 1992, Beil. 7, 3, 20.
210 *Westermann*, in: Westermann/Wertenbruch, Hdb. Personengesellschaften, Rn. 156b.
211 *Wiedemann*, WM 1992, Beil. 7, 3, 17.
212 BGH, Urteil vom 5.12.1983, AZ: II ZR 242/82, BGHZ 89, 162; *Langhein*, in: MüKo HGB, § 112 Rn. 1; allgemein zu möglichen Ausschließungs- und Auflösungsfolgen bei Verletzung von Treuepflichten *Born*, in: E/B/J/S, § 109 Rn. 25.
213 Abweichend *Stubbe*, Verhältnismäßigkeit, S. 119f., die die Prüfung des wichtigen Grundes als dritte Stufe der übergeordneten Verhältnismäßigkeitsprüfung ansieht.

gengesetzte Richtungen. Rein formal ist vorstehende Polarität möglich, da der schillernde Treuepflichtenbegriff im Gesellschaftsrecht regelmäßig in verschiedene Richtungen ausstrahlt. Aus dieser Konturenlosigkeit erklären sich jedoch gleichzeitig die bisherigen Schwierigkeiten in der Rechtsprechung und Literatur, über das ultima-ratio-Prinzip hinaus Kriterien zur objektiven und nachvollziehbaren Prüfung des Verhältnismäßigkeitsgrundsatzes abzuleiten.

Begriffsdogmatisch kommt ein weiterer Nachteil hinzu: Die Worte »Treuepflicht« und »Treuepflichtverletzung« sind ungeeignet zur Konkretisierung von Kriterien für den Verhältnismäßigkeitsgrundsatz, da »Treue« von seiner Herkunft »Festigkeit« sowie »Sicherheit« bedeutet und folglich einem eher »gleitenden« Kriterium wie dem der Verhältnismäßigkeit nicht gerecht wird.[214] »Verhältnismäßigkeit« bedeutet »etwas in Beziehung setzen«. Alternative Gestaltungsmaßnahmen sollten daher nach einem nachvollziehbaren, rationalen Maßstab verglichen werden können.[215] Aus dem kategorialen Begriff der Treuepflicht folgt demgegenüber fast zwangsläufig das schablonenhafte ultima-ratio-Prinzip der herrschenden Meinung. Hieraus differenzierte, »verhältnismäßige« Kriterien abzuleiten ist folglich bereits vom Ansatz her kaum geeignet. Vor diesem Hintergrund ist wenig verwunderlich, dass aus der Treuepflichtenlehre über 80 Jahre nach Etablierung des Verhältnismäßigkeitsgrundsatzes in der Rechtsprechung keine nachvollziehbaren Maßstäbe entwickelt wurden.

d) Inkonsistenz der Treupflichtendogmatik mit der Rechtsprechung zu Zustimmungspflichten zu Vertragsänderungen

Aus der mitgliedschaftlichen Treuepflicht folgern Rechtsprechung und herrschende Literatur einen Anspruch von Gesellschaftern untereinander auf Zustimmung zu Änderungen des Gesellschaftsvertrags.[216] Dies gilt jedoch nur »in besonders gelagerten Ausnahmefällen, [...] wenn dem schüt-

---

214 Ausführlich zum Treuebegriff in diesem Zusammenhang, wenngleich mit anderer Akzentuierung *Stauf*, Wichtiger Grund (1980), S. 63-66.
215 Ähnlich *Hubmann*, FS Schnorr von Carolsfeld, S. 173ff.; weniger optimistisch („Schaffung eines einheitlichen Maßstabes [...] kaum möglich") *Stubbe*, Verhältnismäßigkeit, S. 45.
216 Vgl. den Überblick bei *Westermann*, in: Westermann/Wertenbruch, Hdb. Personengesellschaften, Rn. 533ff.; *Wertenbruch*, in: E/B/J/S, § 105 Rn. 103 ff.

zenswerte Belange des einzelnen Gesellschafters nicht entgegenstehen«[217]. Die Treuepflicht hat also lediglich eine »Korrekturfunktion«[218] bei der Begründung von Ansprüchen auf Zustimmung zu gesellschaftsrechtlichen Anpassungsmaßnahmen der Gesellschafter untereinander.

Eine Ablehnung gesellschaftsrechtlicher Anpassungsmaßnahmen im Gestaltungsprozess kann hingegen wegen des ebenfalls aus der Treuepflicht abgeleiteten ultima-ratio-Prinzips zur Unbegründetheit von Auflösungs- oder Ausschließungsklagen führen.[219] Liegt eine gesellschafterliche Störung vor, die grundsätzlich einen »wichtigen Grund« zur Ausschließung eines Gesellschafters oder zur Auflösung der Gesellschaft begründet, führt die Erhebung einer entsprechenden Gestaltungsklage für den Kläger unter Umständen zur »Aufdrängung« einer gesellschaftsrechtlichen Anpassungsmaßnahme. Will der Kläger den Prozess nicht verlieren, folgt daraus im Ergebnis ein gewisser Zwang zur Zustimmung zu gesellschaftsrechtlichen Anpassungsmaßnahmen.[220] Die Begründung des Verhältnismäßigkeitsgrundsatzes in der Form des ultima-ratio-Prinzips auf der Basis von Treuepflichten birgt daher die Gefahr von Inkonsistenzen: Auf der einen Seite soll die Treuepflicht nur *in Ausnahmefällen* zu Zustimmungspflichten der Gesellschafter zu Vertragsänderungen führen. Auf der anderen Seite löst die *regelmäßige Abweisung* der Ausschließungs- oder Auflösungsklagen aufgrund des ultima-ratio-Prinzips einen faktischen Zwang auf die Gesellschafter aus, sich im Gestaltungsprozess vorgeschlagenen gesellschaftsrechtlichen Anpassungsmaßnahmen seitens der gegnerischen Partei nicht zu verwehren.

Ein divergierender Maßstab für die beiden Konstellationen wäre dann nicht zu beanstanden, wenn die Fallgruppen widerspruchsfrei aufeinander abgestimmt wären. Die Problematik wurde jedoch bislang von der herr-

---

217 Zuletzt BGH, Urteil vom 9.6.2015, AZ: II ZR 420/13, ZIP 2015, 1626, 1628 sowie zuvor BGH, Urteil vom 19.10.2009, AZ: II ZR 240/08, BGHZ 183, 1 („Sanieren oder Ausscheiden").
218 *Wiedemann*, WM 1992, Beil. 7, 3, 20; instruktiv *Westermann*, in: Westermann/Wertenbruch, Hdb. Personengesellschaften, Rn. 533: „Nothilfe-Konzept".
219 Vgl. hierzu im 2. Teil unter Abschnitt D. sowie noch ausführlich unten unter Abschnitt C.
220 Mit ähnlicher Argumentation zwar nicht gegen die Treuepflichtdogmatik, aber für eine offenere inhaltliche Ausgestaltung des Verhältnismäßigkeitsgrundsatzes *Westermann*, in: Westermann/Wertenbruch, Hdb. Personengesellschaften, Rn. 1094b.

schenden Meinung soweit ersichtlich nicht untersucht. Überschneidungen und mögliche Ungereimtheiten können z.B. bei der Bewältigung von Gesellschaftskrisen bestehen, da Ansprüche auf Zustimmung zu Änderungen des Gesellschaftsvertrags insbesondere in dieser Konstellation in Betracht kommen.[221] Solche Gesellschaftskrisen wie z.B. ein tiefgreifendes, unheilbares Zerwürfnis unter den Gesellschaftern können je nach Konstellation auch einen wichtigen Grund zur Erhebung einer Gestaltungsklage darstellen. Andererseits besteht in dieser Fallgruppe nach der Rechtsprechung wegen der bloßen »Nothilfefunktion« der Zustimmungspflichten nicht per se ein Anspruch auf Zustimmung zur Anpassung des Gesellschaftsvertrags.[222] Umgekehrt ist wiederum die rechtswidrige Versagung der Zustimmung zu einer notwendigen Vertragsänderung nicht zwangsläufig ein »wichtiger Grund« für die Erhebung einer handelsrechtlichen Gestaltungsklage.[223]

Da vorliegend generell für eine alternative dogmatische Begründung des Verhältnismäßigkeitsgrundsatzes plädiert wird[224], ist die detaillierte Überprüfung der skizzierten Inkonsistenzen nicht Schwerpunkt der Arbeit. Für deren Auflösung können jedoch an dieser Stelle zwei Wege skizziert werden. Entweder werden die Überschneidungen zwischen Verhältnismäßigkeitsgrundsatz und Zustimmungspflichten zu gesellschaftsvertraglichen Anpassungen systematisch untersucht und aufeinander abgestimmt. Soll hierbei die bloße Korrekturfunktion der Treuepflicht bei Ansprüchen auf Zustimmung zu gesellschaftsrechtlichen Anpassungsmaßnahmen beibehalten werden, müsste wohl das ultima-ratio-Prinzip in einigen Konstellationen konsistenterweise aufzuweichen sein. Insgesamt einfacher dürfte hingegen sein, mit der hier vertretenen Ansicht den Verhältnismäßigkeitsgrundsatz für handelsrechtliche Gestaltungsklagen auf eine alternative dogmatische Grundlage zu stellen.

---

221 Vgl. *Westermann*, in: Westermann/Wertenbruch, Hdb. Personengesellschaften, Rn. 533b.
222 In diesem Sinn hat z.B. das OLG Köln im Gaffel-Urteil eine Zustimmungspflicht zur Anpassung der Geschäftsführungsbefugnis und Vertretungsmacht im Gesellschaftsvertrag trotz des zuvor festgestellten tiefgreifenden, unheilbaren Zerwürfnisses zwischen den Gesellschaftern verneint. Vgl. Vgl. OLG Köln, Urteil vom 19.12.2013, AZ: 18 U 218/11 (abrufbar unter juris), Rn. 298ff.
223 Vgl. *Westermann*, in: Westermann/Wertenbruch, Hdb. Personengesellschaften, Rn. 533a.
224 Vgl. noch ausführlich unter Abschnitt A.I.3.

## e) Inkonsistenz der Ablehnung der Treuepflichtdogmatik mit der Rechtsprechung zur Kontrolle von Mehrheitsbeschlüssen?

Schließlich liegt ein Vergleich der Treuepflichtdogmatik im Rahmen des Verhältnismäßigkeitsgrundsatzes bei handelsrechtlichen Gestaltungsklagen mit der Kontrolle von Mehrheitsbeschlüssen im Personengesellschaftsrecht nahe. Nach dem gesetzlichen Leitbild hat die Beschlussfassung der Gesellschafter bei Personenhandelsgesellschaften einstimmig zu erfolgen (vgl. § 119 Abs. 1 HGB). Davon kann der Gesellschaftsvertrag abweichen, wobei die Rechtsprechung Mehrheitsbeschlüsse einer formellen und materiellen Überprüfung unterzieht.[225] In neuerer Zeit haben sich die hierfür in der Rechtsprechung angelegten Maßstäbe insoweit verschoben, als der Bundesgerichtshof Mehrheitsbeschlüsse nicht mehr am »Bestimmtheitsgrundsatz«[226] misst und auch ein möglicher Eingriff in den mitgliedschaftlichen Kernbereich des Minderheitsgesellschafters nicht mehr explizit Prüfungsgegenstand ist.[227] Vielmehr kommt es nach der neueren Rechtsprechung bei Eingriffen in die individuelle (rechtliche und vermögensmäßige) Rechtsstellung des Gesellschafters maßgeblich darauf an, »ob der Eingriff im Interesse der Gesellschaft geboten und dem betroffenen Gesellschafter unter Berücksichtigung seiner eigenen schutzwerten Belange zumutbar ist«[228]. Im Rahmen der vorliegenden Arbeit kann nicht die Diskussion über Begründung und Grenzen der formellen und materiellen Beschlusskontrolle geführt werden.[229] Vorliegend relevant ist

---

225 Vgl. zusammenfassend zur Historie der Maßstäbe bei der Überprüfung von Mehrheitsentscheidungen im Personengesellschaftsrecht *Heckschen/Bachmann*, NZG 2015, 531, 532f.
226 Vgl. bereits BGH, Urteil vom 15.1.2007, AZ: II ZR 245/05, BGHZ 170, 283; BGH, Urteil vom 24.11.2008, AZ: II ZR 116/08, BGHZ 179, 13.
227 BGH, Urteil vom 21.10.2014, AZ: II ZR 84/13, NZG 2014, 1296; hierzu *Westermann*, in: Westermann/Wertenbruch, Hdb. Personengesellschaften, Rn. 517aff.; *Heckschen/Bachmann*, NZG 2015, 531, 533; *Weber*, JA 2015, 147, 148; *Otte-Gräbener*, GWR 2015, 11; *Lind*, LMK 2015, 366316.
228 BGH, Urteil vom 21.10.2014, AZ: II ZR 84/13, NZG 2014, 1296; in diese Richtung bereits BGH, Urteil vom 15.1.2007, AZ: II ZR 245/05, BGHZ 170, 283 Rn. 10.
229 Das Schrifttum hat die neuere Rechtsprechung überwiegend begrüßt. Vgl. *Heckschen/Bachmann*, NZG 2015, 531, 536 m.w.N.; *Wertenbruch*, DB 2014, 2875; *Ulmer*, ZIP 2015, 657; *C. Schäfer*, NZG 2014, 1401; kritisch zur Abkehr von der Kernbereichslehre wegen der Unschärfe der Treuepflichtdogmatik aber *Priester*, EWiR 2015, 71; eine schärfere Konturierung fordert auch *Westermann*,

*4. Teil: Entwicklung einer konsistenten Prüfung des Verhältnismäßigkeitsgrundsatzes*

jedoch, dass der Bundesgerichtshof die materielle Beschlusskontrolle neuerdings explizit aus den Treuepflichten der Mehrheitsgesellschafter herleitet.[230] Inhaltlich läuft die richterliche Beschlusskontrolle über die Einhaltung der sogenannten »beweglichen Schranken der Mehrheitsherrschaft«[231] zudem ebenfalls auf eine Verhältnismäßigkeitsprüfung hinaus.[232]

Unterstellt man die Richtigkeit dieser Rechtsprechung, könnte eine Abkehr von der Treuepflichtdogmatik im Rahmen handelsrechtlicher Gestaltungsklagen inkonsistent zum neueren Schutzkonzept des Bundesgerichtshofs bei der materiellen Beschlusskontrolle sein. Die §§ 117, 127, 133 und 140 HGB sind nämlich nach herrschender Meinung im Grundsatz dispositiv, so dass der Gesellschaftsvertrag einer Personenhandelsgesellschaft unter anderem vorsehen kann, dass ein Beschluss der (Mehrheits-)Gesellschafter zum Eintritt der Gestaltungswirkung ausreicht.[233] Die Minderheit kann dann mit einer Feststellungsklage die Unwirksamkeit eines darauf beruhenden Ausschließungs- bzw. Auflösungsbeschlusses geltend machen.[234] Dieser Beschluss wird daraufhin vom Gericht auf seine »Verhältnismäßigkeit« im Sinne vorstehender Formel überprüft, wobei Grundlage dieser Prüfung nach der Rechtsprechung die mitgliedschaftli-

---

in: Westermann/Wertenbruch, Hdb. Personengesellschaften, Rn. 519. Allgemein kritisch *Altmeppen*, NJW 2015, 2065ff.
230 Vgl. BGH, Urteil vom 21.10.2014, AZ: II ZR 84/13, NZG 2014, 1296; BGH, Urteil vom 24.11.2008, AZ: II ZR 116/08, BGHZ 179, 13; *Heckschen/Bachmann*, NZG 2015, 531, 534; zu alternativen Begründungen *Enzinger*, in: MüKo HGB, § 119 Rn. 83 m.w.N.; eingehend zur Treuepflichtdogmatik in diesem Zusammenhang auch *C. Schäfer*, in: MüKo BGB, § 709 Rn. 93a.
231 *Westermann*, Vertragsfreiheit, S. 34; *Weber*, JA 2015, 147, 148; *Enzinger*, in: MüKo HGB, § 119 Rn. 83.
232 *Weber*, JA 2015, 147, 148; eingehend zu möglichen Kriterien *Heckschen/Bachmann*, NZG 2015, 531, 535; zuvor bereits *Enzinger*, in: MüKo HGB, § 119 Rn. 82ff.; *C. Schäfer*, in: MüKo BGB, § 709 Rn. 100f.; *Westermann*, 50 Jahre BGH, Bd. II, S. 245, 265.
233 Allg. Meinung; vgl. BGH, Beschl. vom 21.6.2011, AZ: II ZR 262/09, ZIP 2011, 1508, 1509; BGH, Urteil vom 3.2.1997, AZ: II ZR 71/96, NJW-RR 1997, 925; BGH, Urteil vom 5.6.1989, AZ: II ZR 227/88, BGHZ 107, 351, 356; BGH, Urteil vom 13.7.1981, II ZR 56/80, BGHZ 81, 263, 265f; *Lehmann-Richter*, in: BeckOK HGB, § 140 Rn. 45; *Lorz*, in: E/B/J/S, § 133 Rn. 46 und § 140 Rn. 45; *K. Schmidt*, in: MüKo HGB, § 133 Rn. 66 und § 140 Rn. 91 m.w.N.; *Roth*, in: Baumbach/Hopt, § 133 Rn. 19.
234 Vgl. zu den diesbezüglichen Einzelheiten und Konsequenzen *Lorz*, in: E/B/J/S, § 133 Rn. 46 und § 140 Rn. 45; *Matz/Müllner*, WM 2009, 683.

*A. Der Verhältnismäßigkeitsgrds. im Prüfungsprogr. handelsrechtl. Gestaltungsklagen*

che Treuepflicht der Gesellschafter ist. Da sich die beiden Fallgruppen scheinbar nur durch die Übertragung der Gestaltungskompetenz vom Gericht auf die Mehrheitsgesellschafter unterscheiden, könnte also prima facie eine dogmatische Gleichbehandlung angezeigt sein.

Indes ist ein Gleichlauf der Begründung des Verhältnismäßigkeitsprinzips im Rahmen der materiellen Beschlussmängelkontrolle und der handelsrechtlichen Gestaltungsklagen nicht zwingend. Entscheidender Unterschied bei Gesellschafterbeschlüssen einerseits und den handelsrechtlichen Gestaltungsklagen andererseits ist nämlich die gesetzlich vorgesehene Kompetenzverlagerung der Gestaltungszuerkennung auf das erkennende Gericht.[235] Dieses hat gegenüber den Gesellschaftern keine mitgliedschaftlichen Treuepflichten. Vielmehr ist das erkennende Gericht eine staatliche Autorität, die vom Gesetzgeber bei der Lösung der gesellschafterlichen Streitigkeit »zwischengeschaltet«[236] worden ist. Während privatautonome Mehrheitsentscheidungen anhand von aus der Treuepflicht abgeleiteten Verhältnismäßigkeitsmaßstäben zu beurteilen sind, ist das erkennende Gericht bei handelsrechtlichen Gestaltungsklagen nicht unmittelbar an die Treuepflichten der Gesellschafter gebunden, sondern hat als zwischengeschaltete Überprüfungsinstanz die Beurteilung der Verhältnismäßigkeit nach objektiven, konsistenten und nachvollziehbaren Maßstäben zu treffen.[237]

---

235 Hierzu noch ausführlich Abschnitt B.II.1.b).
236 Die an dieser Stelle bewusst untechnische Formulierung zur Stellung des Gerichts bedarf der näheren rechtstypologischen Konkretisierung. Vgl. hierzu noch ausführlich unter Abschnitt A.I.3.c).
237 Mit vorstehender Differenzierung strukturell vergleichbar ist die herrschende Ansicht zur mittelbaren (Dritt-)Wirkung von Grundrechten (hierzu grundlegend BVerfG, Urteil vom 15.1.1958, AZ: 1 BvR 400/51, BVerfGE 7, 198; vgl. auch *Epping/Lenz/Leydecker*, Grundrechte, Rn. 329ff.; *Guckelberger*, JuS 2003, 1151ff.). Demnach hat der Zivilrichter Streitigkeiten von Privatpersonen unter anderem aufgrund des Schutzes der Parteiautonomie nur anhand des subjektiven Schutznormcharakters von Grundrechten („Ausstrahlungswirkung") zu bewerten (vgl. *Epping/Lenz/Leydecker*, Grundrechte, Rn. 344ff.; *Guckelberger*, JuS 2003, 1151, 1155). Demgegenüber binden die Grundrechte gemäß Art. 1 Abs. 3 GG Gesetzgebung, vollziehende Gewalt und Rechtsprechung bei Maßnahmen gegenüber dem Bürger als unmittelbar geltendes Recht. Schutzintensität und dogmatische Herleitung des Grundrechtsschutzes sind in beiden Konstellationen also verschieden. Ähnlich verhält es sich mit handelsrechtlichen Gestaltungsklagen: Während das erkennende Gericht ohne gesellschaftsvertragliche Abweichung

Schließlich lässt sich wie in der Fallgruppe etwaiger Zustimmungspflichten zu Vertragsänderungen[238] auch umgekehrt die Inkonsistenz des Schutzkonzepts der herrschenden Meinung auf der Basis von Treuepflichten begründen. Korrekturen der privatautonomen Entscheidungen der Gesellschaftermehrheit (auch auf Ausschließung oder Auflösung) bleiben nämlich auch nach der neueren Rechtsprechung des Bundesgerichtshofs auf Ausnahmefälle beschränkt.[239] Bei handelsrechtlichen Gestaltungsklagen bewirkt das ultima-ratio-Prinzip der herrschenden Meinung jedoch, dass eine Ausschließung oder eine Auflösung nur in seltenen Ausnahmefällen anerkannt wird. Das Regel-Ausnahme-Verhältnis ist daher umgekehrt, je nachdem, ob das erkennende Gericht die Mehrheitsentscheidung der Gesellschafter beurteilt oder selbst über die verhältnismäßige Gestaltung entscheidet. Diesem Widerspruch kann insbesondere mit einer dogmatischen Neupositionierung des Verhältnismäßigkeitsgrundsatzes begegnet werden.

f) Zwischenergebnis

Die Treuepflichtdogmatik zur Begründung des Verhältnismäßigkeitsgrundsatzes ist abzulehnen.[240] Wegen der Untauglichkeit der Entwicklung von Kriterien auf Basis der gesellschafterlichen Treuepflicht und der Inkonsistenz der Treuepflichtdogmatik mit etwaigen Zustimmungspflichten zu Vertragsänderungen wird im Folgenden der Gesetzestext nach einer alternativen dogmatischen Fundierung des Verhältnismäßigkeitsgrundsatzes speziell im Rahmen handelsrechtlicher Gestaltungsklagen untersucht. Dem steht die neuere, ebenfalls auf gesellschaftlichen Treuepflichten fußende Rechtsprechung zur materiellen Beschlusskontrolle von Mehrheitsentscheidungen nicht entgegen, da die Fallgruppen wegen der Zwi-

---

unmittelbar die Gestaltung ausspricht, hat es bei Beschlüssen von Mehrheitsgesellschaftern lediglich eine Wächterfunktion.
238 Vgl. soeben unter Abschnitt A.I.1.d).
239 So explizit auch nach der Rechtsprechungsänderung *Heckschen/Bachmann*, NZG 2015, 531, 537; vgl. auch *Enzinger*, in: MüKo HGB, § 119 Rn. 84 („Missbrauchskonstellationen").
240 Im Ergebnis gleiche Ansicht bei *Stubbe*, Verhältnismäßigkeit, S. 119, die den Verhältnismäßigkeitsgrundsatz als „allgemeinen Rechtsgrundsatz" des Privatrechts begreift. Hierzu sogleich unter Abschnitt A.I.2.

schenschaltung des erkennenden Gerichts bei der Beurteilung der beabsichtigten Gestaltung nicht vergleichbar sind.

## 2. Verhältnismäßigkeit als allgemeiner Rechtsgrundsatz

Eine einheitliche dogmatische Herleitung des Verhältnismäßigkeitsprinzips im Zivilrecht existiert bislang nicht.[241] Für *Roth* und *Schubert* ist Verhältnismäßigkeit allgemein Ausfluss von § 242 BGB.[242] Die Ausübung eines Rechts in zivilrechtlichen Sonderbeziehungen[243] sei demnach unzulässig, wenn sie der Gegenseite unverhältnismäßig große Nachteile zufüge und andere, weniger schwerwiegende Maßnahmen möglich wären, die den Interessen des Berechtigten ebenso gut Rechnung tragen würden oder ihm zumindest zumutbar wären.[244] *Stubbe* folgt diesem Verständnis grundsätzlich und sieht im Verhältnismäßigkeitsgrundsatz ein allgemeines zivilrechtliches Prinzip, das auch im Gesellschaftsrecht Anwendung finde.[245] Der Streitstand über die Anerkennung eines solchen allgemeinen Grundsatzes der Verhältnismäßigkeit zwischen Privatrechtssubjekten ist bereits an anderer Stelle ausführlich dargestellt worden.[246] Kritisch an einem gewissermaßen über dem gesamten Zivilrecht schwebenden Verhältnismäßigkeitsgrundsatz ist neben der unklaren dogmatischen Grundlage die konturenlose Beschränkung der Privatautonomie. Jedenfalls könnte ein solcher pauschaler Grundsatz den Rechtshandlungen der Gesellschafter von Personenhandelsgesellschaften sowie der Privatautonomie im Zivilrecht allgemein allenfalls nur rudimentäre Grenzen setzen.

Für den Verhältnismäßigkeitsgrundsatz speziell bei den handelsrechtlichen Gestaltungsklagen berücksichtigt ein solches allgemeines Prinzip zudem das Trias zwischen Kläger, Beklagtem und erkennendem Gericht

---

241 *Stubbe*, Verhältnismäßigkeit, S. 33.
242 *Roth/Schubert*, in: MüKo BGB, § 242 Rn. 417.
243 Vgl. zu dieser Voraussetzung *Zöllner*, FS 100 Jahre GmbHG, S. 85, 92; Kritisch *Stubbe*, Verhältnismäßigkeit, S. 51. Vorliegend spielt das Kriterium keine Rolle, da die Gesellschafter stets in einer solchen Sonderrechtsbeziehung stehen dürften.
244 *Roth/Schubert*, in: MüKo BGB, § 242 Rn. 417.
245 *Stubbe*, Verhältnismäßigkeit, S. 37 und S. 63ff.
246 Vgl. mit einer umfassenden Auseinandersetzung zum Für und Wider eines allgemeinen Verhältnismäßigkeitsgrundsatzes im Privatrecht *Stubbe*, Verhältnismäßigkeit, S. 65-73.

nicht hinreichend. Systematisch soll der so verstandene zivilrechtliche Verhältnismäßigkeitsgrundsatz nämlich als Begrenzung der autonomen Entscheidungen von Privatrechtssubjekten fungieren.[247] Die Gesellschafter üben jedoch bei den handelsrechtlichen Gestaltungsklagen das Gestaltungsrecht nicht vollständig autonom aus, da das erkennende Gericht als Kontrollinstanz der Gestaltungsentscheidung »zwischengeschaltet« ist.[248] Hierbei hat das Gericht als objektive Entscheidungsinstanz die Interessen der Gesellschafter neutral zu bewerten und sein Urteil auf Basis eines justiziablen Abwägungsmaßstabs zu erlassen. Ein Rückgriff auf die Verhältnismäßigkeit als allgemeinen Rechtsgrundsatz könnte in diesem Zusammenhang allenfalls eine Behelfslösung sein, wenn im nächsten Abschnitt keine spezielle dogmatische Begründung für den Verhältnismäßigkeitsgrundsatz bei handelsrechtlichen Gestaltungsklagen gefunden würde.

3. Entwicklung einer eigenständigen dogmatischen Begründung

a) Der Wortlaut der §§ 117, 127, 133 und 140 HGB als Ausgangspunkt einer dogmatischen Neupositionierung des Verhältnismäßigkeitsgrundsatzes

Ausgangspunkt für eine von der herrschenden Meinung abweichende dogmatische Begründung des Verhältnismäßigkeitsgrundsatzes ist der Wortlaut der §§ 117, 127, 133 und 140 HGB. Bei Vorliegen eines wichtigen Grundes »kann« das Gericht die Geschäftsführungsbefugnis und Vertretungsmacht entziehen, es kann auflösen oder stattdessen die Ausschließung aussprechen. Dem Gericht scheint folglich expressis verbis bei seiner Entscheidungsfindung ein (richterlicher) Ermessensspielraum zuzustehen, sofern die gesellschafterliche Störung die Schwelle der Unzumutbarkeit überschreitet und ein »wichtiger Grund« gegeben ist. In einer umfassenden Analyse zivilrechtlicher Normen hat *Stickelbrock* jedoch aufgezeigt, dass die gesetzliche Ausdrucksweise für die Einräumung von Er-

---

247 Hierzu und zur diesbezüglichen Kritik *Stubbe*, Verhältnismäßigkeit, S. 73ff. sowie speziell für das Gesellschaftsrecht S. 83ff.; vgl. allgemein zu Schranken der Vertragsfreiheit auch *Westermann*, Vertragsfreiheit, S. 34ff.
248 Vgl. zur Rechtsposition des Gestaltungsklägers gegenüber dem erkennenden Gericht noch ausführlich unter Abschnitt A.I.3.d).

messen vielfach ungenau ist.[249] Häufig ist im Zivilrecht eine »Kann-Bestimmung« nur im Sinne einer Zuständigkeitskompetenz oder der Gewährung einer Rechtsmacht zu verstehen, wohingegen der Gesetzesbefehl trotzdem zwingend ist (sogenannte »uneigentliche Kann-Vorschrift«).[250] Die »Kann-Bestimmungen« könnten daher auch als bloße Kompetenznormen auszulegen sein.

Ohne eine explizite Auseinandersetzung mit dem Wortlaut lehnt die derzeit wohl einhellige Auffassung im Rahmen der handelsrechtlichen Gestaltungsklagen ein richterliches Ermessen bei der Entscheidungsfindung über die handelsrechtlichen Gestaltungsklagen ab.[251] Der Wortlaut sei insoweit »missverständlich«[252]. Vielmehr müsse bei Vorliegen der Voraussetzungen das erstrebte Gestaltungsbegehren zugesprochen werden.[253] Für diese Ansicht könnte allgemein sprechen, dass Gestaltung und Ermessen zwei verschiedene Begriffe sind, so dass nicht jede Gestaltungsklage eine Ermessensentscheidung beinhaltet.[254] Argumentiert wird zudem, dass es bei zivilrechtlichen Gestaltungsklagen regelmäßig um die Aufhebung eines bestehenden Rechtsverhältnisses mit Wirkung für die Vergangenheit oder die Zukunft gehe, die der Richter nicht nach seinem Ermessen erlassen könne; vielmehr sei die richterliche Gestaltungsentscheidung eine gebundene, die bei Vorliegen der tatbestandlich normierten Voraussetzungen ergehen müsse.[255]

Die Trennung zwischen Gestaltung und einem möglichen Ermessen im Rahmen dieser Gestaltung ist stringent und zu befürworten. Dass der

---

249 *Stickelbrock*, Ermessen, S. 315ff. und S. 328ff; vgl. auch *Schmidt-Lorenz*, Ermessen, S. 54ff.
250 *Schuhmann*, Ermessen, S. 19, sowie insbesondere *Stickelbrock*, Ermessen, S. 318: „Gerade bei den Kann-Vorschriften gehen daher die Auffassungen über den Charakter der Norm als Ermessensermächtigung oder als bloße Zuständigkeitszuweisung oftmals auseinander."
251 Aus der Rechtsprechung ausdrücklich RG, Urteil vom 23.11.1928, AZ.: II 221/28, RGZ 122, 312, 314; vgl. auch *Wertenbruch*, in: Westermann/Wertenbruch, Hdb. Personengesellschaften, Rn. 1659; *C. Schäfer*, in: GroßkommHGB, § 133 Rn. 62; *Roth*, in: Baumbach/Hopt, § 133 Rn. 16 und § 140 Rn. 23; *Kamanabrou*, in: Oetker, § 140 Rn. 36; *Jickeli*, in: MüKo HGB, § 117 Rn. 2; *Mayen*, in: E/B/J/S, § 117 Rn. 24; im Ergebnis auch *Schlosser*, Gestaltungsklagen, S. 291.
252 *Lorz*, in: E/B/J/S, § 140 Rn. 34.
253 *Roth*, in: Baumbach/Hopt, § 133 Rn. 16; *Heidel*, in: Heidel/Schall, § 140 Rn. 43; *Geißler*, GmbHR 2012, 1049, 1050.
254 *Stickelbrock*, Ermessen, S. 307f.; vgl. auch *Schlosser*, Gestaltungsklagen, S. 80.
255 Vgl. *Stickelbrock*, Ermessen, S. 307f.

Richter eine zivilrechtliche Entscheidung über die Aufhebung eines bestehenden Rechtsverhältnisses nicht nach seinem Ermessen erlassen kann, ist aber ohne Begründung bei näherer Betrachtung eine bloße petitio principii. Und auch die These, dass die richterliche Gestaltungsentscheidung im Rahmen der handelsrechtlichen Gestaltungsklagen eine gebundene Entscheidung ist, muss erst noch genauer untersucht werden. Eine solche »Argumentation« ließe sich auch umdrehen: Wäre die Entscheidung über die Zuerkennung des Gestaltungsbegehrens bei Vorliegen der Voraussetzungen einer Auflösung, einer Ausschließung etc. aufgrund der Schwere der gesellschafterlichen Störung eine gebundene, bedürfte es letztlich keiner Verhältnismäßigkeitsprüfung mehr. Aufgrund ihrer Zirkelschlüssigkeit führen vorstehende Überlegungen im Ergebnis nicht weiter, da sie den materiellen Kern des Problems eher verdunkeln. Im Folgenden ist daher eine eingehende Analyse der handelsrechtlichen Gestaltungsklagen vorzunehmen. Zur Beurteilung des Ermessenscharakters ist der Normgehalt der Vorschriften eingehend zu untersuchen.

b) Die historische Entwicklung zum Ermessen betreffend die §§ 117, 127, 133 und 140 HGB

In den Vorläufernormen zu den handelsrechtlichen Gestaltungsklagen war das richterliche Ermessen noch ausdrücklich im Wortlaut angelegt, wenngleich es sich bei exakter Lesart auf das Merkmal »wichtiger Grund« bezog.[256] Dementsprechend wurde im Gesetzgebungsverfahren zu Art. 125 Abs. 2 ADHGB festgehalten, es sei erforderlich, die noch heute in den §§ 117, 127, 133 und 140 HGB verwendete Formulierung »kann« statt »ist« zu verwenden, um »alles dem richterlichen Ermessen zu überlassen«[257].

Nach der ursprünglichen Gesetzesintention liegt daher nahe, auf der Tatbestandsseite das Merkmal »wichtiger Grund« als deutungsoffenen unbestimmten Rechtsbegriff zu interpretieren und bei Bejahung der tatbestandlichen Voraussetzungen dem Gericht auf der Rechtsfolgenseite Er-

---

256 So lautete Art. 125 Abs. 2 ADHGB; „Die Beurt(h)eilung, ob solche Gründe vorhanden sind, bleibt im Falle des Widerspruchs dem Ermessen des Richters überlassen."
257 Zitiert nach *Stauf*, Wichtiger Grund (1980), S. 8 (Fn. 38).

*A. Der Verhältnismäßigkeitsgrds. im Prüfungsprogr. handelsrechtl. Gestaltungsklagen*

messen zu gewähren.[258] In diesem Sinne urteilte zunächst auch das Reichsgericht[259]: Es sei nicht ersichtlich, weshalb der Gesetzgeber, wenn er dem Richter kein solches Ermessen habe einräumen wollen, das Wort »kann« gewählt hätte, während es höchst einfach gewesen wäre, eine gewollte Bindung des Richters klar zum Ausdruck zu bringen.[260] Erst danach ersetzte das Reichsgericht das richterliche Ermessen durch das Merkmal der »Billigkeit«.[261]

Der Gesetzeswortlaut sieht eine solche richterliche »Billigkeitskorrektur« nicht vor. Bis heute ist ungeklärt, ob die Prüfung der Billigkeit Teil des »wichtigen Grundes« oder ungeschriebenes Tatbestandsmerkmal ist.[262] Interpretiert man Billigkeit als objektiven Bestandteil des »wichtigen Grundes«, ist dieses Merkmal aufgrund der diesbezüglich ohnehin wertungsoffenen Prüfung überflüssig.[263] Subjektive Bewertungsmaßstäbe sollten hingegen insbesondere auf Tatbestandsebene außen vor bleiben, da die Entscheidung, ob ein »wichtiger Grund« vorliegt, eine rein objektiv zu beantwortende Rechtsfrage ist.[264] Auch auf der Rechtsfolgenebene sind objektive, freilich im Einzelnen noch zu entwickelnde Ermessensparameter einer subjektiven und folglich mit der Gefahr der Willkür behafteten Billigkeitsbewertung vorzuziehen.[265] Die Einführung des Merkmals der

---

258 Im Ausgangspunkt diesem wörtlichen Verständnis ebenfalls folgend *Stauf*, Wichtiger Grund (1979), S. 116f. Eine solche Trennung zwischen Tatbestand (mit Beurteilungsspielraum) und Rechtsfolge (mit Ermessensentscheidung) im Zivilrecht grundsätzlich ablehnend z.B. *Esser*, in: von Caemmerer (Hrsg.), Ermessensfreiheit und Billigkeitsspielraum, S. 11ff, insb. S. 14 unten.
259 Vgl. zur Historie in diesem Zusammenhang ausführlich *Rittner*, in: von Caemmerer (Hrsg.), Ermessensfreiheit und Billigkeitsspielraum, S. 33f.; *Stauf*, Wichtiger Grund (1980), S. 8.
260 RG, Urteil vom 21.9.1922, AZ.: II 75/22, RGZ 105, 376, 378; wie die heute herrschende Meinung (kein Ermessen) jedoch bereits *Weipert*, in: RG-Kommentar HGB, § 140 Rn. 10 sowie zum ADHGB *von Hahn,* ADHGB, Art. 128 § 5.
261 RG, Urteil vom 23.11.1928, AZ.: II 221/28, RGZ 122, 312, 314; *Schlosser* geht demgegenüber allgemein davon aus, dass zivilrichterliche Ermessensausübung eine Entscheidung nach „Billigkeit" sei, vgl. *Schlosser*, Gestaltungsklagen, S. 78.
262 Vgl. *Stauf*, Wichtiger Grund (1980), S. 69.
263 Die in der Kommentarliteratur z.B. bei *K. Schmidt*, in: MüKo HGB, § 140 Rn. 29ff. unter dem Stichwort „Vorbehalt der Billigkeit" angeführten objektiven Gesichtspunkte können daher problemlos in die Prüfung des Merkmals „wichtiger Grund" integriert werden.
264 Vgl. *Stauf*, Wichtiger Grund (1980), S. 69.
265 Vgl. *Stauf*, Wichtiger Grund (1980), S. 70.

*4. Teil: Entwicklung einer konsistenten Prüfung des Verhältnismäßigkeitsgrundsatzes*

Billigkeit war folglich von vornherein dogmatisch verfehlt[266]. Wegen dieses Fehlgriffs der Ersetzung richterlichen Ermessens durch das Merkmal der Billigkeit ist zur ursprünglich vom Reichsgericht vorgenommenen Gesetzesinterpretation zurückzukehren. Im Ergebnis spricht die historische Entwicklung daher für die Anerkennung richterlichen Ermessens bei der Beurteilung des Verhältnismäßigkeitsgrundsatzes handelsrechtlicher Gestaltungsklagen.

c) Untersuchung des Ermessensgehalts handelsrechtlicher Gestaltungsklagen auf Basis der Entscheidungssituation des erkennenden Gerichts

Im Folgenden werden handelsrechtliche Gestaltungsklagen anhand der vom Gesetzgeber dem erkennenden Gericht überantworteten Entscheidungssituation auf ihren Ermessensspielraum hin überprüft. Diese Untersuchung fußt auf dem klassischen Ermessensverständnis der herrschenden Meinung. Danach liegt typischerweise eine Ermessensnorm vor, wenn gesetzliche Vorschriften Dispositionen des Gerichts ermöglichen, bei denen die richterliche Entscheidung eine Wahl unter verschiedenen gleichermaßen rechtmäßigen Alternativen zulässt.[267]

Die Entscheidungssituation des erkennenden Gerichts kann materiell wie folgt umrissen werden: Das Gericht hat die Rechtsbeziehungen der streitenden Parteien bei Begründetheit ihrer (primär) gestellten Anträge zu verändern, um eine aufgetretene Störung im Gesellschaftsverhältnis zu beseitigen. Kommen mehrere alternative Gestaltungsmaßnahmen in Betracht, sind zur Ermittlung der Schwere des jeweiligen Eingriffs die Rechtsfolgen in einer wertenden Betrachtung gegenüberzustellen.[268] Kern dieser Verhältnismäßigkeitsprüfung ist der Vergleich zwischen der (pri-

---

266 Vgl. *Stauf*, Wichtiger Grund (1980), S. 68f.
267 *Stickelbrock*, Ermessen, S. 245 und 292; *Schuhmann*, Ermessen, S. 16; *Schmidt-Lorenz*, Ermessen, S. 8 m.w.N.; trotz eines unterschiedlichen Ermessensverständnisses im Ergebnis auch *Esser*, in: von Caemmerer (Hrsg.), Ermessensfreiheit und Billigkeitsspielraum, S. 15. Ein Überblick abweichender Definitionen des Ermessensbegriffs findet sich bei *Schuhmann*, Ermessen, S. 11f., und *Schmidt-Lorenz*, Ermessen, S. 15ff.; vgl. auch *Schlosser*, Gestaltungsklagen, S. 75ff.
268 Ähnlich *Rinsche*, Verhältnis, S. 30 und 45; im Ausgangspunkt bereits *von Hahn*, ADHGB, Art. 128 § 5; vgl. auch *Staub*, ADHGB, Art. 128 § 3.

mär) beantragten Gestaltung und dem möglichen Bestehen milderer, weniger einschneidender Maßnahmen.

Ein Ermessensspielraum wäre nach dem klassischen Ermessensbegriff abzulehnen, wenn in der soeben skizzierten Entscheidungssituation nur eine einzige rechtmäßige Variante zu erwarten wäre. Wie bereits dargelegt, hat das Gericht bei Prüfung der Verhältnismäßigkeit der beantragten Gestaltung auch die von den Parteien dem Prozess beigebrachten gesellschaftsvertraglichen Alternativen einzubeziehen.[269] Insbesondere unter Berücksichtigung dieser gesellschaftsvertraglichen Alternativen bestehen theoretisch unzählige[270] und auch praktisch regelmäßig mehrere Alternativen zur Beseitigung der gesellschafterlichen Störung.[271] Die Gesellschaftsverträge können zur Lösung der Störung im Gesellschaftsverhältnis angepasst, Anteile verkauft oder auf Treuhänder übertragen, die Geschäftsführung vergrößert oder verkleinert, die nachfolgende Generation mit einbezogen werden etc. Es ist bereits Gegenstand einer Ermessensentscheidung, welche dieser Gestaltungsmaßnahmen ein Gericht gegebenenfalls im Rahmen eines eigenen Vergleichsvorschlags unterbreitet oder aber im Rahmen der Verhältnismäßigkeitsprüfung in seine Überlegungen mit einbezieht. Die These nur einer einzig rechtmäßigen Gestaltungsvariante würde der vielschichtigen Lebenswirklichkeit eskalierter Gesellschafterkonflikte nicht gerecht.

Vor allem in den Fällen, in denen das Gericht einen eigenen Vergleichsvorschlag unterbreitet, spielen bei der Beurteilung von Alternativen zur Lösung bisweilen hochkomplexer gesellschaftlicher Störungen auch Zweckmäßigkeitsüberlegungen eine Rolle. Zweckmäßigkeitsüberlegungen sind typischerweise Gegenstand von Ermessensentscheidungen.[272] Angesichts der Komplexität der Störung in den gesellschafterlichen Beziehungen und ihrer Lösungsmöglichkeiten wird ein Gericht selten mit Gewissheit sagen können, dass nur eine einzig allein mögliche alternative Gestaltungsmaßnahme die »verhältnismäßige« ist. Die richterliche Entscheidung kann daher im Rahmen der handelsrechtlichen Gestaltungsklagen kaum je

---

269 Vgl. oben im 2. Teil unter Abschnitt D. sowie zu den prozessualen Besonderheiten unten Abschnitt C.II.2.
270 *Grunewald*, Ausschluss, S. 85.
271 Instruktiv auch *Westermann/Pöllath*, Abberufung und Ausschließung, S. 122: „Die Gestaltungsfreiheit, die die Gerichte erstreben, ist erheblich."
272 Vgl. zum diesbezüglichen Ermessensbegriff im Verwaltungsrecht nur *Aschke*, in: BeckOK VwVfG, § 40 Rn. 46.

»richtig« oder »falsch« sein, ohne dass das richterliche Urteilsvermögen durch ein solches Postulat über Gebühr strapaziert wird bzw. eine vom Gericht kaum zu schließende Erwartungslücke entsteht.

Ferner hängt die vom Gericht zu beurteilende Entscheidungssituation ex ante häufig von einer Prognose ab. Mit prognostischen Überlegungen einhergehende Unsicherheiten der Tatsachengrundlage waren für den Gesetzgeber im Rahmen zivilprozessualer Normen häufig entscheidend für die Formulierung von Ermessensvorschriften.[273] Diese Überlegungen lassen sich auf handelsrechtliche Gestaltungsklagen übertragen. Welche Alternative sich ex post als »verhältnismäßig« herausstellt, ist selten vorhersehbar. Ob die Abberufung des Geschäftsführers oder die Ausschließung letztlich zu einer Verbesserung der gesellschafterlichen Situation und damit auch zu einer Prosperität der gesellschafterlichen Beziehungen und der Gesellschaft selbst führen, hängt von vielen exogenen Faktoren ab, so dass das Gericht dies in der Regel nicht ohne einen gewissen Spielraum zu beurteilen vermag. Die herrschende Meinung abstrahiert von diesen praktischen Gegebenheiten zu stark. Die Reduktion auf das nur scheinbar klare ultima-ratio-Prinzip und die damit zusammenhängende Verneinung von Ermessen bei der Entscheidungsfindung suggerieren eine Einfachheit bei der Urteilsfindung, die im Bereich eskalierter und folglich juristisch, wirtschaftlich und psychologisch komplex zu lösender Gesellschafterkonflikte selten vorliegen dürfte.

Die Richtigkeit der Interpretation handelsrechtlicher Gestaltungsklagen als richterliche Ermessensnormen wird schließlich durch einen Vergleich mit verwaltungsrechtlichen Ermessensentscheidungen bestätigt.[274] Gerade der »Verhältnismäßigkeitsgrundsatz« oder das »Übermaßverbot« sind regelmäßig der Kern und die Grenze der Ermessensentscheidungen im Verwaltungsrecht.[275] Das erkennende Gericht befindet sich bei der Beurteilung handelsrechtlicher Gestaltungsklagen in einer ähnlichen Situation wie

---

273 Vgl. *Stickelbrock*, Ermessen, S. 286ff., die jedoch strikt zwischen Prognoseerfordernis und Ermessenseinräumung trennt und folglich allein aus dem Prognosecharakter einer streitentscheidenden Norm kein Ermessen ableitet.
274 Vgl. allgemein zu Parallelen und Unterschieden verwaltungsrechtlicher und richterlicher Ermessensentscheidungen *Stickelbrock*, Ermessen, S. 242ff.; *Schlosser*, Gestaltungsklagen, S. 78.
275 Vgl. allgemein *Aschke*, in: BeckOK VwVfG, § 40 Rn. 46ff.; *Grzeszick*, in: Maunz/Dürig, Art. 20 Rn. 107 ff; *Voßkuhle*, JuS 2007, S. 429.

eine zur Entscheidung im Verwaltungsrecht berufene Behörde.[276] Im Verwaltungsrecht hat die Behörde im Bereich von Ermessensnormen unter Wahrung der Verhältnismäßigkeit die Wahl zwischen verschiedenen Handlungsoptionen. Zur Lösung der gesellschafterlichen Störung bestehen ebenfalls regelmäßig mehrere denkbare Alternativen. Unter Wahrung der Verhältnismäßigkeit ist sodann eine verwaltungsbehördliche bzw. gerichtliche Entscheidung zu fällen.

Schließlich zwingt auch die prozessuale Bindung des Gerichts an die Parteianträge nach § 308 ZPO[277] nicht zu einer materiell gebundenen Beurteilung über die Verhältnismäßigkeit der Gestaltungsalternativen. Das materielle Bestehen eines Ermessensspielraums ist vielmehr von der rein prozessualen Bindung an die Zuerkennung des explizit beantragten Begehrens sorgfältig zu unterscheiden. Damit spricht die dem Gericht vom Gesetzgeber überantwortete Entscheidungssituation für die Zubilligung eines (materiellen) richterlichen Ermessenspielraums auf der Rechtsfolgenseite.

d) Die Rechtsposition des Gestaltungsklägers und richterliches Ermessen

Zu untersuchen ist abschließend das Zusammenspiel zwischen einem richterlichen Ermessensspielraum und der Rechtsposition des Gestaltungsklägers gegenüber dem erkennenden Gericht. Falls der Gestaltungskläger einen gebundenen Anspruch auf die Zuerkennung seines Gestaltungsantrags auf der Basis einer objektiven Rechtmäßigkeitsprüfung hätte, könnte dies einer Ermessensentscheidung des Gerichts entgegenstehen.

aa) Meinungsstand

Die Rechtsposition des Gestaltungsklägers gegenüber dem erkennenden Gericht ist umstritten. Nach Ansicht der herrschenden Meinung werden mit den handelsrechtlichen Gestaltungsklagen (allein) private Rechte gegenüber dem Beklagten (sogenannte »Gestaltungsklagerechte«) geltend

---

276 Vgl. zu dieser Parallele, wenngleich mit anderer Akzentuierung *Schlosser*, Gestaltungsklagen, S. 78.
277 Vgl. hierzu noch ausführlich unter Abschnitt C.

*4. Teil: Entwicklung einer konsistenten Prüfung des Verhältnismäßigkeitsgrundsatzes*

gemacht.[278] Nur deren Ausübung sei durch Klageerhebung in Verbindung mit einem stattgebenden Urteil formalisiert[279] und der Eintritt der Rechtswirkung der Gestaltungserklärung durch die richterliche Kontrolle »gestreckt«[280]. Dabei werde die privatautonome Entscheidung des Klägers auf Ausübung eines materiellen Gestaltungsrechts allein auf seine Rechtmäßigkeit hin überprüft.[281] Demgegenüber geht die Lehre vom publizistischen Gestaltungsanspruch davon aus, dass der Kläger einen gegenüber dem Gericht bestehenden öffentlichen Anspruch hat.[282] Dieser wird teilweise aus einem über den allgemeinen Justizgewährungsanspruch hinausgehenden Rechtsschutzanspruch auf einen der objektiven Rechtslage entsprechenden günstigen Rechtsschutz abgeleitet.[283] Nach herrschender Meinung setzt sich diese Lehre mit der Dispositionsmaxime und dem Verhandlungsgrundsatz des geltenden Prozessrechts in Widerspruch.[284] Nur wenn der Beklagte dem Gestaltungsbegehren des Klägers nicht nachkomme, erlasse das Gericht ein Gestaltungsurteil. Versuche diesen Widerspruch durch eine Modifikation des öffentlichen Anspruchs je nach zivilprozessualer Konstellation aufzulösen führten im Ergebnis zur Überflüssigkeit des öffentlichen Anspruchs, weil dieser dann vom für alle Klagearten geltenden allgemeinen Justizgewährungsanspruch nicht mehr unterschieden werden könne.[285] Außerdem hätte der Gesetzgeber die (handelsrechtlichen) Gestaltungsklagen auch als auf die Abgabe einer Willenserklärung gerichtete Leistungsklage kodifizieren können.[286] Folglich entsprächen die handelsrechtlichen Gestaltungsklagen funktionell den Leis-

---

278 Vgl. *Becker-Eberhard*, in: MüKo ZPO, Vor § 235 Rn. 28; *Reichold*, in: Thomas/Putzo, ZPO, Vorbem § 253 Rn. 5; grundlegend *Bötticher*, FS Dölle, S. 41ff.; ihm folgend *Staab*, Gestaltungsklage, S. 67ff.; kritisch *Dölle*, FS Bötticher, S. 99.
279 Vgl. *Becker-Eberhard*, in: MüKo ZPO, Vor § 235 Rn. 28.
280 Vgl. *Staab*, Gestaltungsklage, S. 68f.
281 Vgl. *Staab*, Gestaltungsklage, S. 68f.
282 Vgl. *Schlosser*, Gestaltungsklagen, S. 366ff.
283 Der Justizgewährungsanspruch ist verfassungsrechtlich nach herrschender Meinung Teil des in Art. 20 Abs. 3 GG verankerten RechtsstaatsprinzipS. Vgl. allgemein *Musielak*, in: Musielak/Voit, Einleitung Rn. 7.
284 Ausführlich *Staab*, Gestaltungsklage, S. 56.
285 Vgl. *Staab*, Gestaltungsklage, S. 62ff.
286 Vgl. zur These der instrumentalen Divergenz und der funktionalen Identität *Bötticher*, FS Dölle, S. 41; *Staab*, Gestaltungsklage, S. 73.

tungsklagen, so dass aus den Gestaltungsklagen kein weitergehendes subjektives Recht abgeleitet werden könne.[287]

bb) Stellungnahme und Schlussfolgerungen

Der Ausgangspunkt der herrschenden Meinung ist insofern richtig, als die zivilrechtlichen Rechtsbeziehungen allein zwischen den Parteien bestehen. Im Trias zwischen Kläger, Beklagtem und Gericht geht es folglich auch im Rahmen der handelsrechtlichen Gestaltungsklagen vorrangig um die private Rechtsbeziehung der streitenden Parteien.

Das den handelsrechtlichen Gestaltungsklagen immanente private Gestaltungsrecht wird jedoch nicht durch bloße Gestaltungserklärung, sondern durch die gerichtliche Zuerkennung verwirklicht. Hierbei sind die Perspektive sowie der Umfang der richterlichen Entscheidungsgewalt bei den handelsrechtlichen Gestaltungsklagen im Vergleich zu den üblichen Leistungs- oder Feststellungsklagen erweitert. Die vom Gericht vorzunehmende Kontrolle geht nämlich über eine bloße Rechtmäßigkeitsprüfung von privatautonomen Willenserklärungen oder Entscheidungen der Gesellschaftermehrheit hinaus.[288] Anders als eine Gestaltung durch Mehrheitsbeschluss kann das Gestaltungsrecht vor Gericht auch ein Minderheitsgesellschafter geltend machen. Wäre der gerichtliche Kontrollmaßstab wie in den Fallgruppen der Zustimmungspflicht zu gesellschaftsvertraglichen Änderungen oder der Kontrolle von Mehrheitsentscheidungen auf der Basis von Treuepflichten beschränkt, wäre derjenige, der das zugrunde liegende private Gestaltungsrecht zuerst ausübt, in nicht zu rechtfertigender Weise bevorzugt. Im Vergleich mit anderen Klagearten ist folglich zu berücksichtigen, dass die Beurteilung der Begründetheit der handelsrechtlichen Gestaltungsklagen aufgrund des Verhältnismäßigkeitsgrundsatzes von der gerichtlichen Bewertung der alternativen Gestaltungsmaßnahmen abhängt.[289] Inwieweit diese zur nachhaltigen Beseitigung der Störung im Gesellschaftsverhältnis geeignet, erforderlich und angemessen sind, bedarf einer prognostischen Bewertung, die nicht allein

---

287 Vgl. *Staab*, Gestaltungsklage, S. 66f.
288 Vgl. bereits oben unter Abschnitt A.I.1.d) und e).
289 Ähnlich *Schlosser*, Gestaltungsklagen, S. 71, der daraus aber die Existenz eines öffentlich-rechtlichen Anspruchs ableitet.

Recht-, sondern auch Zweckmäßigkeitsüberlegungen beinhaltet.[290] Dieser Vergleich alternativer Gestaltungsmaßnahmen mit der Ausschließung oder der Auflösung geht über die »normale« Rechtmäßigkeitsprüfung eines reinen Leistungs- oder Feststellungsbegehrens hinaus. Der hierbei vom Gericht erforderte Bewertungsvorgang unterscheidet die handelsrechtlichen Gestaltungsklagen also von gebundenen Entscheidungen.[291] Auch die von der herrschenden Meinung angeführte Möglichkeit einer zu den handelsrechtlichen Gestaltungsklagen äquivalenten Gesetzesregelung auf Erlass eines Leistungsurteils führt nicht zwingend zur Richtigkeit der These einer »reinen« Rechtmäßigkeitsprüfung. Systematisch lässt sich die Argumentation auch umdrehen: Der Gesetzgeber hat die ursprüngliche Konstruktion von Feststellungsklagen nach Art. 125, 128 ADHB[292] explizit zugunsten einer Gestaltungsklage aufgegeben.[293]

Die Rechtsposition des Gestaltungsklägers ist daher zwischen der rein privaten Rechtsbeziehung zum Gestaltungsbeklagten und der für die Lösung der gesellschafterlichen Störung berufenen gerichtlichen Beurteilungsinstanz anzusiedeln. Kennzeichen für das Verhältnis der Parteien zum Gericht ist die Bewertung des Gerichts über die Recht- und Zweckmäßigkeit der (primär) beantragten Gestaltungsmaßnahme zur Lösung der gesellschafterlichen Störung. Diese Bewertung enthält im Gegensatz zu den ansonsten rein auf ihre Rechtmäßigkeit zu beurteilenden privatautonomen Entscheidungen der Gesellschafter bei Vorliegen eines wichtigen Grundes auf Rechtsfolgenebene ein zusätzliches wertendes Ermessenselement, das im Verhältnismäßigkeitsgrundsatz zum Ausdruck kommt. Ein spezieller publizistischer Anspruch, der auf eine ermessensfehlerfreie Entscheidung gerichtet wäre, ist jedoch allein durch diese Besonderheit nicht angezeigt. Die Rechtsposition des Gestaltungsklägers ist vielmehr mit den aufgeführten Argumenten der herrschenden Meinung auch vom allgemeinen Justizgewährungsanspruch gedeckt.

---

290 Vgl. soeben bereits unter Abschnitt A.I.1.c).
291 Andere Ansicht bei *Staab*, Gestaltungsklage, S. 66, jedoch ohne eine explizite Auseinandersetzung mit dem Verhältnismäßigkeitsgrundsatz.
292 Vgl. noch unten unter Abschnitt B.II.1.b).
293 Vgl. bereits unter Abschnitt A.I.3.a).

*A. Der Verhältnismäßigkeitsgrds. im Prüfungsprogr. handelsrechtl. Gestaltungsklagen*

e) Zwischenergebnis

Wortlaut, Historie sowie die Entscheidungssituation des erkennenden Gerichts sprechen für die Zubilligung eines materiellen richterlichen Ermessensspielraums. Dieser Ermessensspielraum ist zugleich die dogmatische Verankerung des Verhältnismäßigkeitsgrundsatzes im Rahmen der handelsrechtlichen Gestaltungsklagen. Die Rechtsposition des Gestaltungsklägers steht einer solchen Sichtweise nicht entgegen, da jedenfalls kein gebundener Anspruch gegenüber dem erkennenden Gericht besteht.

II. Entwicklung eines konsistenten Prüfungsprogramms unter der Prämisse richterlichen Ermessens bei der Entscheidungsfindung

1. Allgemeines Prüfungsprogramm handelsrechtlicher Gestaltungsklagen

Unter der Prämisse eines richterlichen Ermessensspielraums auf Rechtsfolgenebene[294] folgt das Prüfungsprogramm handelsrechtlicher Gestaltungsklagen unmittelbar dem Wortlaut der §§ 117, 127, 133, 140 HGB.

Auf der Tatbestandsebene hat das erkennende Gericht anhand einer Prüfung des deutungsoffenen Begriffs »wichtiger Grund« jeweils zu untersuchen, ob die gesellschafterliche Störung zur Unzumutbarkeit des der jeweils beantragten Gestaltung zugrunde liegenden Zustandes führt.[295] Dem Merkmal »wichtiger Grund« ist zwar wegen seines in Teilen prognostischen Charakters[296] ebenfalls eine gewisse Einschätzungsprärogative des Gerichts immanent. Allerdings kann im Gegensatz zum Vergleich der Rechtsfolgen mehrerer alternativer Gestaltungsmaßnahmen nur mit »Ja« oder »Nein« beantwortet werden, ob aufgrund der gesellschafterlichen Störung eine weitere Tätigkeit des Beklagten als Geschäftsführer oder Gesellschafter bzw. die gesellschafterliche Verbundenheit insgesamt noch zumutbar ist. Diese Prüfung ist eine auf der Grundlage der Vorkommnisse

---

294 Vgl. soeben ausführlich unter Abschnitt A.I.
295 Vgl. zum insoweit identischen Prüfungsprogramm der herrschenden Meinung bereits im 2. Teil unter Abschnitt B.
296 Vgl. *K. Schmidt*, in: MüKo HGB, § 140 Rn. 18.

der Vergangenheit ausgerichtete Zustandsbeurteilung und folglich eine reine Rechtmäßigkeitskontrolle.[297]

Bei der Ermessensausübung auf der Rechtsfolgenebene ist sodann der im nächsten Abschnitt freilich noch zu konturierende Verhältnismäßigkeitsgrundsatz zu beachten. Neben den bereits dargestellten dogmatischen Schwierigkeiten[298] bringt der neben »wichtiger Grund« und Ermessen (weitere) schillernde Begriff[299] der Billigkeit zur Lösung der richterlichen Gestaltungsaufgabe keinen Erkenntnis- oder Gerechtigkeitsgewinn. Die im Rahmen der Billigkeit vorzunehmenden Abwägungen können problemlos bereits auf Tatbestandsebene bei der Beurteilung des »wichtigen Grundes« und auf Rechtsfolgenebene bei der Verhältnismäßigkeitsprüfung integriert werden. Im Ergebnis entspricht das Prüfungsprogramm damit dem »klassischen Dualismus« von unbestimmtem Rechtsbegriff auf Tatbestands- und Ermessen auf Rechtsfolgenebene.[300]

2. Abweichende Prüfung der Ausschließungsklage nach § 140 HGB?

Zu untersuchen ist, ob das soeben dargestellte allgemeine Prüfungsprogramm für die Ausschließungsklage nach § 140 HGB ohne Modifikationen zu übernehmen ist. Die §§ 117, 127 und 133 HGB sind ihrem Wortlaut nach parallel aufgebaut. Das Gericht kann demnach die begehrte Gestaltung aussprechen, wenn ein »wichtiger Grund« vorliegt. Sprachlich

---

297 Anders sehen dies die Autoren, die den Ermessensbegriff wesentlich weiter fassen und daher die (dem Verwaltungsrecht entlehnte) Trennung zwischen unbestimmtem Rechtsbegriff und Ermessen ablehnen. Nach dieser Ansicht ist zu unterscheiden zwischen „Erkenntnisermessen" auf Tatbestandsebene und „Gestaltungsermessen" auf Rechtsfolgenebene, vgl. *Esser*, in: von Caemmerer (Hrsg.), Ermessensfreiheit und Billigkeitsspielraum, S. 9ff.; ähnlich *Rittner*, im selben Band, S. 26; vgl. auch *Schlosser*, Gestaltungsklagen, S. 77. Für die vorliegende Untersuchung muss nicht zwischen engem und weitem Begriffsverständnis unterschieden werden, weil die Tatbestandsebene ausdrücklich nicht Gegenstand dieser Arbeit ist.
298 Vgl. bereits oben unter Abschnitt A.I.3.b).
299 Instruktiv zum Billigkeitsbegriff allgemein *Rittner*, in: von Caemmerer (Hrsg.), Ermessensfreiheit und Billigkeitsspielraum, S. 24 und S. 50: „Der in allen Farben schillernde Begriff der Billigkeit bleibt jedoch überhaupt am besten aus dem Spiel.".
300 Vgl. *Rittner*, in: von Caemmerer (Hrsg.), Ermessensfreiheit und Billigkeitsspielraum, S. 21.

von den vorgenannten Normen abweichend ist § 140 HGB formuliert. Nach dieser Vorschrift kann vom Gericht die Ausschließung anstatt der Auflösung ausgesprochen werden, wenn in der Person eines Gesellschafters ein Umstand eintritt, der nach § 133 HGB das Recht begründet, die Auflösung der Gesellschaft zu verlangen. Folglich wäre bei wortlautgetreuer Lesart des § 140 HGB erforderlich, dass die Vorrausetzungen des § 133 HGB vorliegen und zusätzlich der wichtige Grund ein gewisses personales Substrat bezüglich des Auszuschließenden aufweist. Demnach müssten also zunächst sämtliche Voraussetzungen einer Auflösung nach § 133 HGB einschließlich der Verhältnismäßigkeit bejaht und erst anschließend geprüft werden, ob darüber hinaus aufgrund des »Umstands in der Person eines Gesellschafters« auch eine Ausschließung in Betracht kommt.

Die herrschende Meinung lehnt eine solche Formaljurisprudenz jedoch zu Recht ab.[301] Demnach wäre nämlich das Bejahen einer Auflösungsklage stets Voraussetzung für eine mögliche Zuerkennung des Ausschließungsbegehrens.[302] Jedoch scheint kaum einsichtig, warum die Auflösung der Gesellschaft vor der Ausschließung eines Gesellschafters privilegiert sein soll, wenn die gesellschafterliche Störung nur einem Gesellschafter anzukreiden ist und die dann vorrangige Auflösung eine wirtschaftlich erfolgreiche Unternehmung gefährden würde.[303] Historisch ist die Verweisung auf § 133 HGB in § 140 HGB zunächst deswegen erfolgt, weil der Gesetzgeber in § 140 HGB gewissermaßen einen Ersatz für die Gesellschaftsauflösung schaffen wollte, wenn diese nur wegen eines einzelnen Gesellschafters erforderlich werden würde.[304] Folglich hat der abweichende Wortlaut des § 140 HGB keine »Sonderbehandlung« im Prüfungsprogramm der Ausschließung zur Folge.

---

301 Vgl. *K. Schmidt*, in: MüKo HGB, § 140 Rn. 13 (m.w.N.); im Ergebnis auch *Westermann*, in: Westermann/Wertenbruch, Hdb. Personengesellschaften, Rn. 1104b (Auflösung und Ausschließung stehen nebeneinander); *Lorz*, in: E/B/J/S, § 140 Rn. 5; *Roth*, in: Baumbach/Hopt, § 140 Rn. 5; *Stauf*, Wichtiger Grund (1979), S. 47; *Hess*, Handelsrechtsreform, S. 120.
302 *Rinsche*, Verhältnis, S. 23f., bezeichnet diese am Wortlaut orientierte Auslegung gar als „unsinnig".
303 Ähnlich *K. Schmidt*, in: MüKo HGB, § 140 Rn. 13; *Lorz*, in: E/B/J/S, § 133 Rn. 12.
304 Vgl. *Rinsche*, Verhältnis, S. 22, unter Berufung auf die Denkschrift zu den Materialien zum Handelsgesetzbuch für das Deutsche Reich (1897), S. 100.

III. Zusammenfassung des entwickelten Prüfungsprogramms und der Einbettung des Verhältnismäßigkeitsgrundsatzes

Der Verhältnismäßigkeitsgrundsatz der handelsrechtlichen Gestaltungsklagen ist Ausfluss eines materiellen richterlichen Ermessensspielraums auf der Rechtsfolgenseite der §§ 117, 127, 133 und 140 HGB. Dies hat gegenüber der bisherigen dogmatischen Fundierung auf der Basis gesellschaftlicher Treuepflichten den Vorteil, dass losgelöst vom konturenlosen Treuepflichtenbegriff im nachfolgenden Abschnitt ein konsistenter Maßstab für den Verhältnismäßigkeitsgrundsatz entwickelt werden kann. Auf Tatbestandsebene ist bei sämtlichen Anträgen nach §§ 117, 127, 133 und 140 HGB jeweils zu untersuchen, ob ein »wichtiger Grund« besteht. Dieser unbestimmte Rechtsbegriff unterliegt einem Beurteilungsspielraum des Gerichts, der jedoch eine reine Rechtmäßigkeitskontrolle ist. Kommen mehrere Gestaltungsmaßnahmen zur Lösung der gesellschafterlichen Störung in Betracht, hat das Gericht auf Rechtsfolgenebene eine Ermessensentscheidung zu treffen. Zu beurteilen ist hierbei jeweils, ob die (primär) beantragte Gestaltungsmaßnahme mit dem Verhältnismäßigkeitsgrundsatz vereinbar ist. Ein zusätzlicher (objektiver oder subjektiver) Billigkeitsvorbehalt ist sowohl auf Tatbestands- als auch auf Rechtsfolgenebene nicht anzuerkennen.

*B. Entwicklung von Kriterien für den Verhältnismäßigkeitsgrundsatz anhand des Normzwecks handelsrechtlicher Gestaltungsklagen*

I. Leitfaden für die Ermittlung der Kriterien

Zur pflichtgemäßen Ermessensbeurteilung unter Wahrung der Verhältnismäßigkeit hat das Gericht zu prüfen, welche Folgen die alternativen Gestaltungsmaßnahmen im Vergleich zum (primär) beantragten Gestaltungsbegehren auf die Gesellschafter zeitigen. Innerhalb des danach verbleibenden Ermessensspielraums ist jedes vom Richter pflichtgemäß gefällte Urteil richtig.[305] Dies bedeutet jedoch nicht ein »freies Ermessen« im Sinne einer »persönlichen Ansicht« des Richters; auch im Bereich des

---

305 Vgl. allgemein *Esser*, in: von Caemmerer (Hrsg.), Ermessensfreiheit und Billigkeitsspielraum, S. 15; *Schmidt-Lorenz*, Ermessen, S. 125 und S. 137.

### B. Entwicklung von Kriterien für den Verhältnismäßigkeitsgrundsatz

Ermessens gibt der Richter ein »objektiv gültiges« Urteil ab.[306] Ermessen zeichnet sich gegenüber der Beliebigkeit allgemein dadurch aus, dass bei einer Entscheidung ein bestimmter Maßstab vorhanden ist.[307] Ohne eine entsprechende Begründung entbehrt die Ermessensentscheidung der rechtlichen Nachprüfbarkeit, was auch für »dogmatisierende Formeln«[308] wie das ultima-ratio-Prinzip gilt. Je mehr Freiheit dem Richter überlassen wird, umso stärker ist die Begründungspflicht und umso wichtiger die nachvollziehbare Angabe der der Entscheidung zu Grunde liegenden Bewertungsmaßstäbe.[309] Das aus Art. 20 Abs. 3 GG abgeleitete Rechtsstaatsprinzip erfordert Bestimmtheit und Erkennbarkeit gerichtlichen Handels, so dass die Ergebnisse der richterlichen Rechtsanwendung in einem gewissen Rahmen einheitlich und vorhersehbar sind.[310] Nur so ist gewährleistet, dass den Urteilen statt einer nur scheinbar klaren Antwort mittels einer einfach deduzierbaren Formel sachliche Prämissen zu Grunde liegen.

Das Gericht hat sein Ermessen regelmäßig dem Willen des Gesetzes entsprechend unter gleichmäßiger Berücksichtigung von Zweck- und Wertgedanken auszuüben.[311] Der Gesetzeszweck von Ermessensnormen bildet folglich die Schranke der Ermessensausübung und zugleich seine Maxime.[312] Daraus folgt eine erste Konkretisierung der Maßstäbe zur Beurteilung des Verhältnismäßigkeitsgrundsatzes. Bei der Beurteilung zweier rechtmäßiger Gestaltungsalternativen ist die für den Einzelfall maßgebliche Wertvorstellung des Gesetzes zu berücksichtigen.[313] Werden diese Wertvorstellungen vom Gericht nicht berücksichtigt, liegen eine richterli-

---

306 *Esser*, in: von Caemmerer (Hrsg.), Ermessensfreiheit und Billigkeitsspielraum, S. 15. Treffend auch *Rinsche*, Verhältnis, S. 30: „Der Richter muss objektiv entscheiden, die Missgunst bzw. Kränkung des betroffenen Gesellschafters darf er sich nicht zu eigen machen."; insoweit zustimmend *Stauf*, Wichtiger Grund (1979), S. 79.
307 Vgl. *Stickelbrock*, Ermessen, S. 13.
308 Vgl. *Esser*, in: von Caemmerer (Hrsg.), Ermessensfreiheit und Billigkeitsspielraum, S. 16.
309 Vgl. *Esser*, in: von Caemmerer (Hrsg.), Ermessensfreiheit und Billigkeitsspielraum, S. 17.
310 Vgl. *Schmidt-Lorenz*, Ermessen, S. 132 und S. 159.
311 Vgl. *Schmidt-Lorenz*, Ermessen, S. 135.
312 Vgl. *Schmidt-Lorenz*, Ermessen, S. 133ff.
313 Vgl. *Schmidt-Lorenz*, Ermessen, S. 135.

*4. Teil: Entwicklung einer konsistenten Prüfung des Verhältnismäßigkeitsgrundsatzes*

che Ermessensüberschreitung oder ein Ermessensfehlgebrauch vor.[314] Zur Bestimmung der ermessensleitenden Kriterien wird daher im Folgenden der Normzweck handelsrechtlicher Gestaltungsklagen näher untersucht.

II. Der Normgehalt handelsrechtlicher Gestaltungsklagen als Maßstab für die Entwicklung ermessensleitender Kriterien

Für die Entwicklung ermessensleitender Kriterien sind die handelsrechtlichen Gestaltungsklagen auf ihren Normgehalt hin zu untersuchen. Ausgehend vom klassischen Normverständnis der herrschenden Meinung (nachfolgend unter 1.) wird in einem zweiten Schritt der Blick erweitert und eine Analyse des Zwecks handelsrechtlicher Gestaltungsklagen unter dem Blickwinkel psychologischer und soziologischer Erkenntnisse vorgenommen (nachfolgend unter 2.).

1. Das klassische Normverständnis handelsrechtlicher Gestaltungsklagen

Bei der Darstellung des herrschenden Normverständnisses handelsrechtlicher Gestaltungsklagen sind zwei Aspekte zu unterscheiden, die bisweilen in der Literatur nicht scharf genug getrennt werden. Zunächst wird die herrschende Sichtweise zum Zweck der jeweils angestrebten Neuordnung der Rechtsbeziehungen, also der eigentlichen Rechtsgestaltung, aufgezeigt (nachfolgend unter a)). Anschließend wird die herrschende Meinung zu der Frage dargestellt, warum die eigentliche Gestaltungsentscheidung qua Gesetz den Gesellschaftern entzogen und auf ein Gericht übertragen worden ist (nachfolgend unter b)).

a) Traditioneller Normzweck der den Gestaltungsklagen zugrunde liegenden Gestaltungsrechte

Nach herrschender Meinung wird der Zweck der den Klagen nach §§ 117, 127, 133 und 140 HGB zugrunde liegenden Gestaltungsrechte für die einzelnen Normen jeweils unterschiedlich beurteilt. So soll das Ausschlie-

---

314 Vgl. *Schmidt-Lorenz*, Ermessen, S. 159ff.

## B. Entwicklung von Kriterien für den Verhältnismäßigkeitsgrundsatz

ßungsrecht der Sicherung des Unternehmensfortbestandes ohne den Störer[315] oder der Verteidigung des Gesellschaftszwecks[316] dienen bzw. den Gesellschaftern die Vermeidung der Vernichtung der im Unternehmen steckenden Werte[317] ermöglichen. Die Ausführungen zum Zweck des Auflösungsrechts fallen in der Literatur recht knapp aus. Zumeist wird lediglich konstatiert, dass die Auflösbarkeit einer Dauerrechtsbeziehung einem allgemeinen Rechtsgrundsatz entspreche[318] und die Vorschrift damit den Individualschutz des die Auflösung verlangenden Gesellschafters beabsichtige[319]. Die Entziehung der Geschäftsführungsbefugnis soll eine angemessene Geschäftsführung ermöglichen[320] bzw. vor schädlich agieren Geschäftsführern schützen[321]. In der Kommentierung zu § 127 HGB wird regelmäßig auf den Zweck des § 117 HGB verwiesen.[322]

In der Literatur fehlt bislang ein übergeordnetes Konzept zum Schutzzweck der handelsrechtlichen Gestaltungsklagen. Dies ist bereits nach dem Wortlaut des § 140 HGB erstaunlich. Die explizite Verweisung auf die Voraussetzungen des § 133 HGB verdeutlicht, dass eine unabhängige Beurteilung des Normzwecks der einzelnen Klagearten zumindest unvollständig ist. Für die Auslegung des allen handelsrechtlichen Gestaltungsklagen immanenten Verhältnismäßigkeitsgrundsatzes lassen sich folglich aus dem Normverständnis der herrschenden Meinung nur schwer Kriterien ableiten. Deshalb ist vor der Bestimmung der ermessensleitenden Kriterien für den Verhältnismäßigkeitsgrundsatz zunächst ein generelles Verständnis der handelsrechtlichen Gestaltungsklagen zu gewinnen[323], auf

---

315 Vgl. BGH, Urteil vom 14. 5. 1952, AZ: II ZR 40/51, BGHZ 6, 113; *C. Schäfer*, in: MüKo BGB, § 737 BGB Rn. 2; *K. Schmidt*, in: MüKo HGB, § 140 Rn. 1; *Hess*, Handelsrechtsreform, S. 126 unter Berufung auf Gesetzesmaterialien.
316 Vgl. *Grunewald*, Ausschluss, S. 14ff.; auf diesen Zweck an Hand der Rechtsprechung eingehend *Stubbe*, Verhältnismäßigkeit, S. 110f.; kritisch *Hess*, Handelsrechtsreform, S. 127.
317 Vgl. BGH, Urteil vom 9.7.1968, AZ: V ZR 80/66, BGHZ 50, 307, 309; *Lorz*, in: E/B/J/S, § 140 Rn. 1.
318 Vgl. *K. Schmidt*, in: MüKo HGB, § 133 Rn. 1; *Lorz*, in: E/B/J/S, § 133 Rn. 1.
319 Vgl. *Klöhn*, in: Henssler/Strohn, § 133 Rn. 1; *C. Schäfer*, in: GroßkommHGB, Rn. 39.
320 Vgl. *Drescher*, in: E/B/J/S, § 117 Rn. 1; *Kindler*, in: Koller u.a., § 117 Rn. 1.
321 Vgl. *Jickeli*, in: MüKo HGB, § 117 Rn. 1.
322 Vgl. *Hillmann*, in: E/B/J/S, § 127 Rn. 1; *Kindler*, in: Koller u.a., § 127 Rn. 1
323 Vgl. nachfolgend unter Abschnitt B.II.2.

*4. Teil: Entwicklung einer konsistenten Prüfung des Verhältnismäßigkeitsgrundsatzes*

dessen Grundlage die Verhältnismäßigkeit der Gestaltungsmaßnahmen entwickelt werden kann.

b) Traditioneller Normzweck der Übertragung der Gestaltungswirkung auf den Richterspruch

Die Gestaltungwirkungen der §§ 117, 127, 133 und 140 HGB treten konstitutiv erst mit materieller Rechtskraft des Richterspruchs ein.[324] Hingegen hatten Urteile auf der Grundlage der Vorläufernormen (Art. 125 und Art. 128 ADHGB) nach der bis zur Änderung herrschenden Meinung prozessual feststellenden und materiell lediglich deklaratorischen Charakter.[325] Alternativen zur gerichtlichen Gestaltungswirkung hätten zum einen in der Beibehaltung eines rein materiellen Gestaltungsrechts auf Auflösung, zum anderen in der Statuierung eines gesetzlichen Anspruchs eines Gesellschafters gegen die übrigen auf Mitwirkung zu einer entsprechenden Änderung des Gesellschaftsvertrags bestanden.[326]

Nach der Denkschrift zu den Materialien zum Handelsgesetzbuch ist bei einer im Wirtschaftsleben stehenden Personenhandelsgesellschaft, die in der Regel ein größeres Unternehmen betreibt, eindeutige Klarheit über ihre Existenz sowie den Bestand ihrer Gesellschafter erforderlich.[327] Das Bedürfnis nach Rechtssicherheit und -klarheit sei in den Handelsgesellschaften angesichts der darin gebundenen erheblichen Vermögenswerte typischerweise deutlich größer als in der Gesellschaft bürgerlichen Rechts nach §§ 705ff. BGB.[328] Dieser Rechtssicherheit stünden die Voraussetzungen des Merkmals »wichtiger Grund« entgegen, das aufgrund seiner Wertungsabhängigkeit stark streitanfällig sei. Traditioneller Normzweck der Ausgestaltung der privaten Gestaltungsrechte als Gestaltungsklagen ist

---

324 Allgemeine Meinung, vgl. *K. Schmidt,* in: MüKo HGB, § 140 Rn. 83; *Baumbach,* in: Baumbach/Hopt, § 140 Rn. 22; *Lorz,* in: E/B/J/S, § 140 Rn. 34; *C. Schäfer,* in: GroßkommHGB, § 133 Rn. 2; *Westermann,* in: Westermann/Wertenbruch, Hdb. Personengesellschaften, Rn. 1108.
325 Vgl. *von Hahn,* ADHGB, Art. 125 § 5; ROHG, Urteil vom 7.1.1874, AZ: II 1138/73, ROHGE 12, 98, 101.
326 *Becker,* ZZP 1984, 314, 317.
327 Zitiert nach *Rinsche,* Verhältnis, S. 18, unter Berufung auf die Denkschrift zu den Materialien zum Handelsgesetzbuch für das Deutsche Reich (1897), S. 98; vgl. auch *Staab,* Gestaltungsklage, S. 81.
328 *C. Schäfer,* in: GroßkommHGB, § 133 Rn. 2.

also die Vermeidung einer formellen oder materiellen Schwebelage über den Bestand von Personenhandelsgesellschaften bzw. die Personen des Gesellschafterkreises.[329] Daraus lassen sich zwar nicht unmittelbar ermessensleitende Kriterien für die Verhältnismäßigkeitsprüfung ableiten. Denn Klarheit über den Bestand der betroffenen Personenhandelsgesellschaft sowie ihrer Gesellschafter wird unabhängig von den zugrunde liegenden Kriterien vor allem durch die konstitutiv wirkende Rechtsgestaltung der gerichtlichen Entscheidung erreicht. Allerdings weisen die Motive für die Ausgestaltung als Gestaltungsklage, namentlich der Verweis auf die Teilnahme der Personenhandelsgesellschaften am Wirtschaftsleben sowie auf die darin gebundenen erheblichen Vermögenswerte, auf die ökonomische Bedeutung der gerichtlichen Entscheidung hin. Der Gesetzgeber hat die Gestaltungsdisposition über den Gesellschafts- und Gesellschafterbestand dem Gericht also insbesondere wegen der wirtschaftlich einschneidenden Wirkungen dieser Maßnahmen überantwortet. Mittelbar kann daraus gefolgert werden, dass wirtschaftliche Gesichtspunkte bei der Entscheidung über die beantragte Gestaltung jedenfalls Berücksichtigung finden sollten.

2. Typologische Einordnung der handelsrechtlichen Gestaltungsklagen auf der Basis psychologischer und soziologischer Erkenntnisse

In einer Fortentwicklung des dargestellten herrschenden Normverständnisses werden die handelsrechtlichen Gestaltungsklagen im Folgenden typologisch eingeordnet. Gegenstand der Untersuchung ist die Frage, in welcher Situation Gesellschafter im Regelfall Klageanträge nach den §§ 117, 127, 133 und 140 HGB dem Gericht zur Entscheidung stellen. Hierbei werden Erkenntnisse aus der Konfliktforschung im Allgemeinen und im Rahmen von Gesellschafterstreitigkeiten bzw. bei inhabergeführten Unternehmen im Speziellen herangezogen. Diese Analyse bildet den Ausgangspunkt zur Ableitung von Maßstäben für den Verhältnismäßigkeitsgrundsatz.

Die Inanspruchnahme gerichtlicher Gestaltungsmacht setzt nach dem Wortlaut der handelsrechtlichen Gestaltungsklagen jeweils einen wichtigen Grund voraus. Die Bejahung eines solchen wichtigen Grundes liegt -

---

329 *Becker*, ZZP 1984, 314, 317; vgl. auch *Wiedemann*, Gesellschaftsrecht II, S. 412f.

*4. Teil: Entwicklung einer konsistenten Prüfung des Verhältnismäßigkeitsgrundsatzes*

unabhängig von Unterschieden in den Anforderungen an das Merkmal zwischen den Klagearten[330] - regelmäßig dann nahe, wenn es entgegen der ursprünglichen gesellschafterlichen Zielsetzung vor Klageerhebung zu einer Störung der Beziehungen im Gesellschafterkreis gekommen ist.

Eine solche Störung der gesellschafterlichen Beziehungen kann unterschiedlich stark ausgeprägt sein (nachfolgend unter a)). Je nach Eskalationsstufe des Konfliktes bemühen die Gesellschafter zur Lösung dieser Störung gerichtlichen Rechtsschutz. In einem weiteren Schritt wird dargestellt, unter welchen Umständen aus dem Spektrum gerichtlichen Rechtschutzes die Klagen nach §§ 117, 127, 133 und 140 HGB gewählt werden (nachfolgend unter b)). Anschließend wird auf Basis der in inhabergeführten Unternehmen anzutreffenden Vielgestaltigkeit privater, unternehmerischer und anteilseignerbezogener Kommunikationssysteme analysiert, welcher Streitgegenstand den vor Gericht ausgetragenen Konflikt typischerweise prägt (nachfolgend unter c)). Daraus lassen sich schließlich Schlussfolgerungen für die Entwicklung von Maßstäben für den Verhältnismäßigkeitsgrundsatz ableiten (nachfolgend unter d)).

a) Psychologische Dynamik von Gesellschafterstreitigkeiten

In der psychologischen Konfliktforschung sind zwei Modelle bei der Beschreibung der Eskalationsdynamik von Streitigkeiten vorherrschend.[331] Nach dem Eskalationsmodell von *Glasl* werden verschiedene Stufen der Konflikteskalation unterschieden.[332] *Rubin, Pruitt* und *Kim* machen bei der Streiteskalation fünf typische qualitative Veränderungen (sogenannte »Transformationen«) aus.[333] Die dargestellten Konfliktmodelle beanspruchen generelle Gültigkeit und beschreiben daher ohne Weiteres auch Gesellschafterstreitigkeiten.

---

330 Vgl. hierzu oben im 2. Teil unter Abschnitt C.I.
331 Vgl. *Montada/Kals*, Mediation, S. 99.
332 *Glasl*, Konfliktmanagement, S. 235ff.
333 *Rubin/Pruitt/Kim*, Social Conflict, S. 69ff.

aa) Das Konfliktmodell nach *Glasl*

Kennzeichnend für eskalierende menschliche Konflikte sind nach Glasl drei Hauptphasen mit weiteren Unterstufen:[334]

In der ersten Hauptphase[335] gehen die Streitparteien[336] noch davon aus, dass eine für beide Seiten vorteilhafte Lösung gefunden werden kann (»Win-Win-Situation«). An die »Verhärtung« mit zuweilen aufeinander prallenden Standpunkten (Stufe 1) schließen sich die Stufen »Debatte und Polemik« (Stufe 2), bei der die Kontrahenten typischerweise zum Schwarz-Weiß-Denken übergehen, und »Taten statt Worte« (Stufe 3) mit zunehmender emotionaler Distanzierung durch Misstrauen und Empathieverlust an.

Die zweite Hauptphase[337] ist davon geprägt, dass die Konfliktparteien subjektiv meinen, dass eine Seite nur noch auf Kosten der anderen etwas gewinnen könne (»Win-Lose-Situation«). Objektiv wäre jedoch noch eine Lösung zum Vorteil beider möglich. Im Stadium »Image und Koalition« (Stufe 4) bilden sich Stereotypen über den anderen Gesellschafter heraus. Gleichzeitig beginnt die Suche nach Anhängern für die eigene Position. Dadurch werden weitere Personen in den Konflikt involviert. Beim »Gesichtsangriff und Gesichtsverlust« (Stufe 5) verlieren die Streitparteien aufgrund der zu beobachtenden gegenseitigen öffentlichen und direkten persönlichen Angriffe regelmäßig ihre moralische Integrität. Schließlich werden dem Gegenüber mittels »Drohstrategien und Erpressung« (Stufe 6) bei Nichtbefolgung der eigenen Ansicht Strafsanktionen sowie die Verursachung eines erheblichen Schadens in Aussicht gestellt.

Mit weiter steigendem Eskalationsgrad glauben die Kombattanten in der dritten Hauptphase[338], dass keine Seite mehr etwas gewinnen könne, sondern beide auf jeden Fall Verluste in Kauf nehmen müssen (»Lose-

---

334 Vgl. *Frohnmayer/Klein-Wiele*, FuS Sonderausgabe 2014, 56, 61; ausführlich *Glasl*, Konfliktmanagement, S. 235ff.; vgl. auch *Glasl*, in: Trenczek/Berning/Lenz, Rn. 18 ff.; *Simon*, Konflikt, S. 86ff.; *Eginhard*, FPR 2009, 24ff.; *Hanschitz*, in: Hdb. Mediation und Konfliktmanagement, S. 71; *Simon*, Familienunternehmen, S. 87.
335 Vgl. ausführlich *Glasl*, Konfliktmanagement, S. 236-258.
336 Die folgenden Ausführungen gehen wie im kontradiktorischen Zivilprozess von jeweils zwei Kontrahenten aus. Dies können selbstverständlich auch sich gegenüberstehende Gesellschaftergruppen oder -stämme sein.
337 Vgl. ausführlich *Glasl*, Konfliktmanagement, S. 259-293.
338 Vgl. ausführlich *Glasl*, Konfliktmanagement, S. 294-302.

Lose-Situation«). Daher versuchen sie zunächst »Begrenzte Vernichtungsschläge« (Stufe 7) mit einer als Gewinn erlebten Schädigung des anderen, obwohl sie selbst Einbußen erleiden. Nach einer Phase der »Zersplitterung und totalen Vernichtung« (Stufe 8), in der sich die bloße Schadenfreude zum Hass steigert und die (materielle, psychische oder physische) Zerstörung des anderen dominiert, folgt schließlich die Bereitschaft zur endgültigen Vernichtung des Gegners: »Gemeinsam in den Abgrund« (Stufe 9) bedeutet, dass hierbei auch die Selbst- oder Drittschädigung bewusst in Kauf genommen wird.

bb) Das Konfliktmodell nach *Rubin, Pruitt* und *Kim*

Nach dem Modell von *Rubin, Pruitt* und *Kim* lassen sich in einem eskalierenden Konfliktgeschehen fünf qualitative Veränderungen (Transformationen) beobachten.[339] Während erstens zu Beginn eines Konflikts eher leichte Beeinflussungstaktiken wie z.B. argumentative Auseinandersetzungen zur Verfolgung der eigenen Interessen eingesetzt werden, dominieren mit steigendem Eskalationsgrad härtere Taktiken wie z.B. die Ergreifung gerichtlichen Rechtsschutzes. Zugleich nimmt zweitens im Verlaufe des Streits die Zahl der relevanten Konfliktinhalte bzw. Streitgegenstände zu; von den Konfliktparteien werden zunehmend mehr Ressourcen und Energie eingesetzt. Drittes Merkmal eines eskalierenden Streitgeschehens ist, ausgehend von einer spezifischen Auseinandersetzung, die Generalisierung der Konfliktinhalte. Zugleich verändert sich viertens die Motivation der Streitenden von der eigenen Interessenvertretung über das Ziel zu gewinnen bis hin zur Schädigung des anderen. An dieser Transformation verdeutlichen sich besonders die Parallelen zum soeben dargestellten Konfliktmodell nach *Glasl*. Schließlich werden fünftens von den Streitenden in den Konflikt immer mehr Beteiligte, zu denen auch Rechtsanwälte oder im weiteren Verlauf das Gericht gehören, hineingezogen.

---

339 Zum Folgenden *Rubin/Pruitt/Kim*, Social Conflict, S. 69ff.; *Montada/Kals*, Mediation, S. 100f.

b) Typische Konfliktlösungsmechanismen bei unterschiedlicher Streiteskalation

aa) Streiteskalation und die Inanspruchnahme gerichtlichen Rechtschutzes

Je nach Konflikteskalationsstufe wenden streitende Gesellschafter in der Regel unterschiedliche Lösungsstrategien an.[340] Bei einer geringen Konflikteskalation vertrauen die Gesellschafter darauf, dass außergerichtliche bzw. vergleichsweise Lösungen möglich sind. In diesem Konfliktstadium sind die Gesellschafter folglich noch bereit, miteinander über die Modalitäten des Ausscheidens oder Möglichkeiten der Fortsetzung der gesellschafterlichen Zusammenarbeit zu verhandeln.[341] Ab einem bestimmten Eskalationsgrad scheiden jedoch einvernehmliche Lösungen zumindest ohne die Einschaltung eines neutralen Dritten aus, weil die streitenden Gesellschafter sich feindselig gegenüberstehen und voneinander nur Negatives erwarten.[342] Regelmäßig beharren die Parteien subjektiv stark auf ihren Positionen, so dass sie an einer einvernehmlichen Lösung gar nicht mehr interessiert sind. Die Blockaden sind in dieser Situation so behindernd, dass die Konfliktparteien überfordert wären, wenn sie nur aus eigenen Kräften Lösungsideen finden sollten.[343] Typischerweise ist ein Machtkampf entbrannt, in dem es nur noch um Über- und Unterordnung geht. In dieser Situation sucht paradoxerweise häufig der vermeintlich Schwächere gerichtlichen Rechtschutz, um die Asymmetrien im Machtgefüge aufzuheben und die Lösung des Konflikts einer dritten Partei in die Hand zu geben.[344] Entsprechend dem Modell von *Rubin, Pritt* und *Kim* werden bei einer höheren Eskalationsstufe auch Gerichtskosten nicht mehr gescheut und weitere Personen in den Gesellschafterstreit involviert. Zugleich sinkt das Schamgefühl gegenüber der Austragung des Konflikts in der Öffentlichkeit. Auf der Grundlage der aufgezeigten psychologischen Prämissen ist die Suche nach gerichtlichem Rechtsschutz also typischerweise dann zu erwarten, wenn bereits ein sehr starker Eskalationsgrad des

---

340 Vgl. ähnlich, wenngleich aus dem Blickwinkel der Empfehlung eines passenden Instrumentariums zur Streitbeilegung bereits *Frohnmayer/Klein-Wiele*, FuS Sonderausgabe 2014, 56, 61f.
341 In diese Richtung bereits *Staab*, Gestaltungsklage, S. 75.
342 Vgl. *Frohnmayer/Klein-Wiele*, FuS Sonderausgabe 2014, 56, 61.
343 Vgl. *Glasl*, in: Trenczek/Berning/Lenz, Rn. 41.
344 Vgl. *Simon*, Konflikt, S. 110; *Simon*, Familienunternehmen, S. 114ff.

*4. Teil: Entwicklung einer konsistenten Prüfung des Verhältnismäßigkeitsgrundsatzes*

Gesellschafterkonflikts besteht.[345] Exemplarisch sei das Beispiel der Kölner Gaffel-Brauerei angeführt, bei der die beiden Becker-Brüder bereits Jahrzehnte vor den ersten Gerichtsverfahren persönlich zerstritten waren.[346]

bb) Speziell zur Erhebung handelsrechtlicher Gestaltungsklagen im Konfliktverlauf

Gegenstand der folgenden Analyse ist, bei welchem Eskalationsgrad des Gesellschafterstreits speziell handelsrechtliche Gestaltungsklagen erhoben werden. Der weitaus größte Teil gerichtlicher Auseinandersetzungen der Gesellschafter von Personenhandelsgesellschaften betrifft Beschlussmängelklagen gegen vermeintlich fehlerhaft oder nicht zustande gekommene Gesellschafterbeschlüsse.[347] Die zweitgrößte Gruppe sind Klagen auf Informations- bzw. Auskunftserteilung, Unterlassung und/ oder Schadensersatz gegen die anderen Gesellschafter bzw. die Gesellschaft selbst.[348] Diesen Klagen ist gemein, dass sie in der Regel[349] nicht direkt darauf abzie-

---

345 Einer solchen Argumentation könnte speziell für handelsrechtliche Gestaltungsklagen entgegenstehen, dass die Störung in den Beziehungen der Gesellschafter nicht unbedingt im Verhalten der Gesellschafter begründet sein muss (vgl. ausführlich oben im 2. Teil unter Abschnitt B. sowie ausführlich *Westermann*, FS Blaurock, S. 527. Ein wichtiger Grund kann kraft des Wortlauts des § 133 Abs. 2 HGB vielmehr auch bestehen, wenn einer der Gesellschafter unverschuldet wie z.B. durch Krankheit oder Geschäftsunfähigkeit seiner ursprünglich vorgesehenen gesellschaftsvertraglichen Rolle nicht mehr gerecht werden und daher seinen gesellschaftsvertraglichen Verpflichtungen nicht mehr nachkommen kann. Vor diesem Hintergrund ließe sich argumentieren, dass im Rahmen solcher unverschuldeter wichtiger Gründe das dargestellte verhaltenspsychologische Konfliktmodell nicht passt. Doch in intakten Gesellschaftsbeziehungen dürften auch bei einer unverschuldeten Störung der gesellschaftlichen Beziehungen Verhandlungen über die künftige Rolle der Gesellschafter zu einer einvernehmlichen Lösung führen, wenn es nicht bereits zu einer gewissen Streiteskalation und in der Folge zur Inanspruchnahme gerichtlichen Rechtsschutzes gekommen ist.
346 Vgl. OLG Köln, Urteil vom 19.12.2013, AZ: 18 U 218/11 (abrufbar unter juris), Rn. 22.
347 Vgl. *Lutz*, Gesellschafterstreit, Rn. 604.
348 Vgl. *Lutz*, Gesellschafterstreit, Rn. 604.
349 Eine gewisse Ausnahme bildet der Fall, dass gesellschaftsvertraglich die Entziehung der Geschäftsführungsbefugnis und Vertretungsmacht, die Ausschließung aus der Gesellschaft bzw. die Auflösung der Gesellschaft per Gesellschafterbe-

len, die gesellschafterliche Liaison unmittelbar zu beenden bzw. den jeweiligen Mitgesellschafter von der ihm übertragenen Leitungsaufgabe zu entbinden. Im Allgemeinen werden diese Klagen daher bei einer geringeren Eskalation der Störungen im Gesellschafterkreis oder als Vorstufe hierzu erhoben. Dieser aufgezeigten Logik folgten wiederum die Rechtsstreitigkeiten im Gesellschafterkreis der Gaffel-Brauerei. Vor der Erhebung der wechselseitigen Ausschließungsklagen wurden bereits Streitigkeiten über die Angemessenheit der Erhöhung der Geschäftsführervergütung, Einsichtsrechte sowie die Beteiligung an anderen Gesellschaften geführt.[350]

Wenn die Parteien auf dem Gerichtsweg versuchen, sich gegenseitig aus ihrer Gesellschafterstellung hinauszudrängen oder die Gesellschaft aufzulösen, liegt also regelmäßig bereits ein extrem hoher Eskalationsgrad vor. Psychologisch wähnt sich in einer solchen Lage jede der Konfliktparteien subjektiv im Recht: Nur ein positives Urteil kann dem Vernichtungsstreben des anderen »gerecht« werden.[351] Eine einvernehmliche weitere Zusammenarbeit der konfligierenden Gesellschafter ist als Ausgang eines solchen Rechtsstreits selten zu erwarten.

c) Gegenstandsbezogene Konfliktanalyse handelsrechtlicher Gestaltungklagen

Im Folgenden wird der den handelsrechtlichen Gestaltungsklagen regelmäßig zugrunde liegende Gesellschafterstreit zusätzlich nach der Art des Konfliktgegenstandes typisiert.

---

schluss zugelassen ist. Dann kann Streitgegenstand einer Beschlussmängelklage auch die Nichtigkeit eines entsprechenden Beschlusses sein. Allerdings ist die Situation mit der Erhebung der handelsrechtlichen Gestaltungsklagen nicht gänzlich vergleichbar. Denn die Feststellungsklage ist lediglich die Reaktion auf einen bereits ergangenen Beschluss. Die Hemmschwelle, die Gestaltungswirkung per (Gestaltungs-)klage zu erreichen, dürfte ungleich höher sein als die bloße Verteidigung hiergegen.

350 Zudem hat Johannes Becker mit einem Bonusantrag kartellrechtliche Ermittlungen gegen seinen Bruder und seinen Neffen in die Wege geleitet. Vgl. zusammenfassend zu den Vorprozessen OLG Köln, Urteil vom 19.12.2013, AZ: 18 U 218/11 (abrufbar unter juris), Rn. 35-38.
351 Vgl. *Simon*, Konflikt, S. 110ff.; *Baus*, Familienstrategie, S. 60.

aa) Unterschiedliche soziale Systeme in personalistisch strukturierten Gesellschaften

Typische Personenhandelsgesellschaften sind dadurch gekennzeichnet, dass die Inhaber neben der unternehmerischen Sphäre auch privat miteinander verbunden sind. In solchen personalistisch strukturierten Gesellschaften (häufig »Familienunternehmen«[352]) bestehen nach Erkenntnissen der modernen Sozialforschung regelmäßig verschiedene soziale Systeme nebeneinander, die sich teilweise überschneiden.[353] In der privaten Sphäre der Gesellschafter und ihren Beziehungen zueinander gelten wechselseitige Anerkennung und Zugehörigkeit als höchstes Gebot; die Kommunikation folgt daher typischerweise einer emotional geprägten »Bindungslogik«[354]. Die Kommunikation im Unternehmen beruht hingegen primär auf einer stark sachlich geprägten »Entscheidungslogik«, in der die geschäftsführenden Gesellschafter darauf abzielen, zukunftsorientierte Unternehmensentscheidungen herbeizuführen.[355] Schließlich kommunizieren die Gesellschafter auf der Ebene des Anteilseigentums in einem formalisierten, typischerweise gesellschaftsvertraglich vorgesehenen Verfahren über ihren jeweiligen eignerbezogenen Rechte- und Pflichtenkreis.[356] Das Kommunikationsverhalten und folglich die Rollen der Gesellschafter variieren also situationsbezogen, wenn sie sich z.B. privat verabreden, in den Geschäftsräumen unternehmerische Entscheidungen besprechen oder in einer Gesellschafterversammlung über die Ausschüttung beschließen.

---

352 In der vorliegenden Arbeit wird der gegenüber „Familienunternehmen" weitere Begriff der personalistisch strukturierten Gesellschaft verwandt. Der Begriff des Familienunternehmens ist nicht einheitlich definiert. Überwiegend werden darunter solche Unternehmen verstanden, bei denen unabhängig von Größe und Rechtsform die mehrheitliche Kontrolle durch eine Familie ausgeübt wird. Vgl. *Möschel*, ZRP 2011, 116.
353 Zur Beschreibung der Systeme werden verschiedene Modelle verwandt. Heute noch weit gebräuchlich ist das klassische „Drei-Kreise-Modell". Danach gibt es die drei sozialen Systeme Familie, Unternehmen und Anteilseigentum, deren Mitgliedschaften sich (teilweise) überschneiden. Vgl. mit vielen weiteren Nachweisen zum gegenwärtigen Forschungsstand insbesondere *von Schlippe/Frank*, Family Relations 2013, 384, 386ff.; *Baus*, Familienstrategie, S. 22f.; *Simon*, Familienunternehmen, S. 19ff.
354 Vgl. *Jansen*, FuS 2015, 194, 195.
355 Vgl. *von Schlippe/Frank*, Family Relations 2013, 384, 394.
356 Vgl. *von Schlippe/Frank*, Family Relations 2013, 384, 394f.

### bb) Einordnung eines mittels handelsrechtlicher Gestaltungsklagen geführten Konflikts

Kontextabhängig befinden sich die Gesellschafter in einem der drei Kommunikationssysteme und messen ihrem Verhalten dadurch jeweils eine andere Bedeutung bei. Im täglichen Umgang können die drei Kommunikationssysteme nicht sauber voneinander getrennt werden[357], was zwei Konsequenzen hat: Zum einen führt der unterschiedliche Blickwinkel, aus dem die einzelnen Gesellschafter heraus agieren, zu kommunikativer Konfusion und in der Folge zu Streit.[358] Zum anderen bestehen bei der Einordnung eines Gesellschafterstreits nach der Art des Konfliktgegenstandes erhebliche Schwierigkeiten.

Die in den Anträgen nach §§ 117, 127, 133, 140 HGB erhobenen Vorwürfe sind vordergründig betrachtet oft sachlicher Natur. Angestellte Mitarbeiter der gemeinsamen Gesellschaft sollen z.B. zur Reinigung des privaten Schwimmbads eingesetzt, Privatentnahmen der Gesellschafter unzulässig oder nicht ordnungsgemäß verbucht, Geschäftsführungspflichten verletzt oder gesellschaftsrechtlich gebotene Informations- und Einsichtsrechte gegenüber den (nicht geschäftsführenden) Mitgesellschaftern zu Unrecht nicht gewährt worden sein.[359] Häufig sind diese Streitgegenstände jedoch nur der »sachliche Aufhänger« eines in Wirklichkeit stark emotional geprägten Konflikts.[360] Bei primär sachlichen Auseinandersetzungen und geringer Eskalation eines Gesellschafterkonfliktes stehen den Gesellschaftern nämlich zumeist noch außergerichtliche Möglichkeiten zur Durchsetzung ihrer Interessen zur Verfügung. Der Erhebung handelsrechtlicher Gestaltungsklagen liegt jedoch bei personalistisch strukturierten Gesellschaften häufig ein tiefgehendes, auch privates Zerwürfnis unter den Gesellschaftern zugrunde. Selbst wenn vordergründig sachliche, eher der unternehmerischen oder anteilseignerbezogenen Sphäre zuzuordnende Vorwürfe im Raum stehen, dominiert das Konfliktverhalten bei zuneh-

---

357 Die Sozialforschung spricht insoweit auch von auftretenden „Paradoxien", *Simon*, Familienunternehmen, S. 19ff.; *Jansen*, FuS 2015, 194, 195.
358 Vgl. *von Schlippe/Frank*, Family Relations 2013, 384, 393.
359 Vgl. zu diesen Vorwürfen bei Gaffel im Einzelnen LG Köln, Urteil vom AZ: 89 O 4/07 (abrufbar unter juris) Rn. 70ff., sowie OLG Köln, Urteil vom 19.12.2013, AZ: 18 U 218/11 (abrufbar unter juris) Rn. 161ff.
360 Vgl. zur Vermischung zwischen Streitthema und Beziehungskonflikt allgemein auch *Montada/Kals*, Mediation, S. 112f.

*4. Teil: Entwicklung einer konsistenten Prüfung des Verhältnismäßigkeitsgrundsatzes*

mender Streiteskalation die emotional geprägte Beziehungslogik.[361] Exemplarisch sei erneut der Streit in der Gaffel-Brauerei angeführt. Auch zwischen den Gebrüdern Becker stellte das Oberlandesgericht Köln ein tiefgreifendes, unheilbares Zerwürfnis fest, das schon Jahrzehnte andauert.[362] Seit Jahren kommunizieren die beiden Brüder nur noch über ihre Anwälte. Wörtlich heißt es in der Urteilsbegründung: »Insgesamt zeigt sich das Bild eines Gesellschafterstreits, ohne dass Ansätze für dessen Beilegung oder gar Verhandlungen zwischen den Gesellschaftern erkennbar sind.«[363]

d) Schlussfolgerungen aus der typologischen Einordnung

aa) Weitere Argumente gegen das ultima-ratio-Prinzip

Die vorstehende Analyse hat ergeben, dass Gesellschafter in personalistisch geprägten Gesellschaften insbesondere Ausschließungs- und Auflösungsklagen in der Regel erst in einem Stadium weit fortgeschrittener Streiteskalation erwägen. Die streitenden Gesellschafter sind dann wegen der hohen Eskalationsstufe regelmäßig nicht mehr zur eigenständigen Lösung ihres Streits in der Lage; Verhandlungen und andere außergerichtliche Streitbeilegungsmechanismen wie Mediationen führen in einer solchen »festgefahrenen« Situation nicht weiter. Die Erhebung handelsrechtlicher Gestaltungsklagen ist demnach für die Gesellschafter subjektiv häufig der letzte Rettungsanker.[364] Damit ist also bereits das von den Gesellschaftern gewählte Mittel die ultima ratio zur Lösung ihres Konflikts, so dass die Auslegung des Verhältnismäßigkeitsgrundsatzes nach der These

---

361 Vgl. *Simon*, Konflikt, S. 90: „Die Gewichtung der Sinndimensionen verändert sich im Verlauf der Eskalation radikal: Die Wichtigkeit der Sachdimension (Inhaltsebene) nimmt ab, die der Sozialdimension (Beziehungsebene) nimmt zu […]."
362 OLG Köln, Urteil vom 19.12.2013, AZ: 18 U 218/11 (abrufbar unter juris) Rn. 271ff.
363 OLG Köln, Urteil vom 19.12.2013, AZ: 18 U 218/11 (abrufbar unter juris), Rn. 250. Ein erster Versuch zur Konfliktlösung bestand im Jahr 1995 darin, die Geschäftsbereiche unter den Brüdern aufzuteilen.
364 Davon geht auch *Staab*, Gestaltungsklage, S. 76 aus, folgert daraus aber die Subsidiarität der Gestaltungsklagen gegenüber rechtsgeschäftlichen Lösungen.

der Letztrangigkeit von Ausschließungs- und Auflösungsklagen argumentativ im Ergebnis ad absurdum führt.

Rechtsstaatlich steht den Gesellschaftern im Gewand der prozessualen Gestaltungsklagen ein materieller (privatrechtlicher) Anspruch auf Rechtsänderung zu.[365] Den Blick auf diesen Kern der Klagen nach §§ 117, 127, 133 und 140 HGB darf die verfahrenstechnische Einkleidung als Gestaltungsklage nicht verstellen. Auch das Recht auf Auflösung der Gesellschaft bzw. Loslösung eines oder mehrerer Gesellschafter gehört zu den »zwingenden und unverzichtbaren Mitgliedsgrundrechten«[366]. Zu erinnern ist ferner an die Aufgabe staatlicher Gerichte als neutrale, am Gesetz orientierte und damit rationale Befriedungsinstitutionen.[367] Eine langfristige Befriedung ist im Stadium eines eskalierten Gesellschafterkonflikts häufig nur dann zu erwarten, wenn die streitenden Gesellschafter der dargestellten menschlich und wirtschaftlich belastenden Situation entkommen können.[368] Zweck der handelsrechtlichen Gestaltungsklagen ist daher zum einen, den Gesellschaftern persönlich die Lösung der gesellschaftsrechtlichen Verbindung zu ermöglichen.[369] Zum anderen sollte den Gesellschaftern die Freisetzung des mit dem vollen unternehmerischen Risiko eingelegten Haftkapitals ermöglicht werden.[370] Die handelsrechtlichen Gestaltungsklagen werden richtigerweise auch als Korrektiv für die erschwerte Veräußerlichkeit der Gesellschafts- bzw. Geschäftsanteile angesehen.[371] Werden die Gesellschafter entgegen dieser Ratio dauerhaft zur weiteren Zusammenarbeit gezwungen, führt das zu einer bedenklichen Beschneidung ihrer Vertragsfreiheit und damit letztlich ihrer wirtschaftlichen Entfaltungsmöglichkeiten. Zusammengefasst kann aus der vorstehenden typologischen Einordnung als übergeordneter Normzweck der handelsrechtlichen Gestaltungsklagen deren Klassifikation als gesetzlich vorgesehener Notmechanismus zur Lösung von Gesellschaftskonflikten abgeleitet werden.

---

365 Vgl. *Becker*, ZZP 1984, 314, 330 (zu § 61 GmbHG). Vgl. zur Rechtsposition des Klägers gegenüber dem Gericht bereits ausführlich oben unter Abschnitt A.I.3.d).
366 *Heidel*, in: Heidel/Schall, § 133 Rn. 1; *Wiedemann*, Gesellschaftsrecht II, S. 274.
367 Vgl. *Hillgruber*, in: Maunz/Dürig, Art. 92 Rn. 8.
368 Vgl. *Geißler*, GmbHR 2012, 1049, 1054.
369 Vgl. *C. Schäfer*, GroßkommHGB, § 133 Rn. 5; *Geißler*, GmbHR 2012, 1049.
370 Vgl. *Becker*, ZZP 1984, 314, 329.
371 Vgl. *Geißler*, GmbHR 2012, 1049, 1054.

Durch das ultima-ratio-Prinzip wird den Gesellschaftern dieser Notmechanismus zur Lösung ihrer gesellschafterlichen Zwangsgemeinschaft in unzulässiger Weise verkürzt. Da sie selbst nicht mehr zu einer wirtschaftlichen Verhandlungslösung in der Lage sind, sollte das Gericht den Gesellschaftern mittels der handelsrechtlichen Gestaltungsklagen einen tragfähigen Ausweg aus ihrer Situation ermöglichen.

Gemessen an dieser Aufgabe haben das Oberlandesgericht Köln und der Bundesgerichtshof im Fall der Kölner Gaffel-Brauerei eine Befriedung des Konflikts versäumt. Durch die Abweisung der Ausschließungs- und Auflösungsanträge unter Berufung auf das »ultima-ratio«-Prinzip sind die beiden verfeindeten Brüder gesellschaftsrechtlich nach wie vor aneinander gebunden. Damit ist der Konflikt kaum einer zukunftsweisenden Lösung zugeführt worden. An diesem Befund ändert insbesondere der im Ergebnis beidseitige Ausschluss der beiden verfeindeten Brüder von der Geschäftsführung und Vertretung der Gesellschaft nichts, nachdem die Bestellung von Heinrich Beckers Sohn als geschäftsführender Minderheitsgesellschafter der OHG von den Gerichten bestätigt worden ist. Gelöst wurde allenfalls die Konfliktsituation in der unternehmerischen Sphäre. Die Störungen in den privaten Beziehungen und auf Anteilseignerebene dürften durch die Urteile auf Basis des ultima-ratio-Prinzips jedoch sogar in die nächste Generation hineinreichen.

bb) Berücksichtigung der verschiedenen Konfliktebenen im Prüfungsprogramm handelsrechtlicher Gestaltungsklagen

Die nach Erkenntnissen der modernen Sozialforschung skizzierten unterschiedlichen Kommunikationssysteme in personalistisch strukturierten Gesellschaften sollten in das Prüfungsprogramm handelsrechtlicher Gestaltungsklagen Einklang finden. Die Störungen im von der Beziehungslogik geprägten Kommunikationssystem auf der persönlichen Ebene sind beim insoweit wertungsoffenen Merkmal »wichtiger Grund« im Rahmen der Frage nach der Zumutbarkeit der weiteren Zusammenarbeit mit der beklagten Partei als Gesellschafter oder Geschäftsführer bzw. der Fortsetzung der Gesellschaft zu berücksichtigen. Dies dürfte im Großen und Ganzen der herrschenden Meinung entsprechen, die im Rahmen der Auflösungsklage auf der einen Seite z.B. die »Entfremdung der Gesellschafter«, »Eigenmächtigkeiten«, den »Verdacht der Unredlichkeit« oder »ungebührliches Verhalten« als verhaltensbezogene wichtige Gründe und auf der anderen Seiten die »Verzeihung« als entgegenstehendes Element anerkennt.[372] Diesem Verständnis folgt die Rechtsprechung auch durch die Bejahung eines wichtigen Grundes bei Vorliegen eines tiefgreifenden und unheilbaren Zerwürfnisses, das das Gedeihen der Gesellschaft und damit die Unternehmenssphäre beeinträchtigt oder damit über kurz oder lang zu rechnen ist.[373] Daneben bezieht die herrschende Meinung richtigerweise sowohl Pflichtenverstöße in der unternehmerischen Sphäre als auch im Rahmen der Rechtsstellung als Anteilseigner in die Zumutbarkeitsprüfung des Merkmals »wichtiger Grund« mit ein.[374]

Allgemein ist das Merkmal »wichtiger Grund« durch die vorzunehmende Gesamtabwägung aller drei Sphären stark wertungsabhängig. Dies ist zur Beurteilung der Vorgänge in der Vergangenheit angesichts der dargestellten Komplexität der gesellschafterlichen Beziehungen auch notwendig. Für die zukunftsbezogene Beurteilung der Verhältnismäßigkeit jedoch sollte sich das Gericht als neutrale Instanz nicht sämtlicher Konfliktebenen bedienen. Vielmehr ist der starken Wertungsabhängigkeit auf Tatbestandsebene im Rahmen des Verhältnismäßigkeitsgrundsatzes auf Rechtsfolgenebene ein stärker sachbezogenes Kriterium entgegenzustellen. Nur dann kann das erkennende Gericht die komplexe Streitsituation einer rational nachvollziehbaren Lösung zuführen, für die die streitenden Gesellschafter wegen des eskalierten Konfliktes nicht mehr selbst bereit sind.

### 3. Ergebnis

Die herrschende Meinung hat bislang kein übergeordnetes Verständnis der handelsrechtlichen Gestaltungsmaßklagen entwickelt. Aus psychologischer Sicht stellen diese die ultima ratio in stark eskalierten Gesellschafterkonflikten dar. Die streitenden Gesellschafter können in einem solchen Stadium keine einvernehmliche Lösung mehr finden, sondern bedürfen

---

372 Vgl. *K. Schmidt*, in: in: MüKo HGB, § 133 Rn. 27ff.
373 BGH, Urteil vom 23.2.1981, AZ: II ZR 229/79, BGHZ 80, 346; BGH, Urteil vom 18.4.1985, AZ: II ZR 274/83, NJW 1985, 1901; OLG Brandenburg, Urteil vom 30.4.2008, AZ: 7 U 194/07, BB 2008, 1868; OLG München, Urteil vom 2.3.2005, AZ: 7 U 4759/04, BB 2005, 685; vgl. ähnlich auch OLG Naumburg, Urteil vom 5.4.2012, 2 U 106/11, DB 2012, 1372.
374 Vgl. zur Kasuistik bereits unter Abschnitt B. im 2. Teil.

*4. Teil: Entwicklung einer konsistenten Prüfung des Verhältnismäßigkeitsgrundsatzes*

einer unabhängigen richterlichen Beurteilungsinstanz zur Lösung ihres Konflikts. Den handelsrechtlichen Gestaltungsklagen ist damit typologisch ihr Zweck als gerichtlicher Notmechanismus zur Lösung eskalierter Gesellschafterkonflikte gemein. Die Beurteilung solcher Gesellschafterstreitigkeiten ist komplex, da die Gesellschafter personalistisch geführter Unternehmen in unterschiedlichen sozialen Systemen miteinander kommunizieren, was häufig zu Missverständnissen und in der Folge zu Streit führt. Die Vielgestaltigkeit dieser Lebenswirklichkeit fließt bei der Beurteilung der Zumutbarkeit der weiteren gesellschafterlichen Zusammenarbeit anhand des Tatbestandsmerkmals »wichtiger Grund« mit ein. Dem gegenüber sollten bei der Ermessensausübung durch den Richter als neutrale Konfliktbewältigungsinstanz sachliche Kriterien angelegt werden.[375]


III. Ersetzung des ultima-ratio-Prinzips für Ausschließungs- und Auflösungsklagen durch eine Prüfung des Verhältnismäßigkeitsgrundsatzes anhand der wirtschaftlichen Folgewirkungen der Gestaltungsmaßnahmen

Im folgenden Abschnitt wird an Stelle des pauschalen ultima-ratio-Prinzips der herrschenden Meinung eine Prüfung des Verhältnismäßigkeitsgrundsatzes anhand wirtschaftlicher Kriterien entwickelt. Nach einer Festlegung der grundsätzlichen gedanklichen Struktur (nachfolgend unter 1.) erfolgt eine dezidierte Darstellung der hierbei entstehenden Problemkreise für Ausschließungs- und Auflösungsklagen (nachfolgend unter 2. und 3.). Die Darstellung der Prüfungspunkte konzentriert sich entsprechend der tatsächlichen Anwendung des ultima-ratio-Prinzips in der Rechtsprechung[376] auf diese beiden Gestaltungsklagen.


1. Festlegung des grundsätzlichen Prüfungsprogramms

Dogmatisch basiert der Verhältnismäßigkeitsgrundsatz auf der gesetzlichen Ermächtigung zur Ausübung richterlichen Ermessens bei der Beur-

---

375 Vgl. hierzu noch ausführlich unter Abschnitt B.III.2.c)aa).
376 Vgl. hierzu im 3. Teil unter Abschnitt A.

teilung handelsrechtlicher Gestaltungsklagen.[377] Nach dem (im öffentlichen Recht) bewährten Prüfungsprogramm sind bei der Verhältnismäßigkeit von Ermessensentscheidungen die Kriterien Geeignetheit zur Erreichung eines legitimen Zwecks, Erforderlichkeit und Angemessenheit zu beachten.[378] Eine solche dreistufige Prüfung ist Rechtsprechung und Schrifttum im Gesellschaftsrecht nicht fremd[379] und hat gegenüber einer pauschalen Formel den Vorteil der gedanklichen Strukturierung. Namentlich *Stubbe* hat den Verhältnismäßigkeitsgrundsatz im Privatrecht eingehend untersucht und – wenngleich mit anderer dogmatischer Begründung[380] – die aus dem öffentlichen Recht geläufige Struktur übernommen.[381] Im Folgenden wird anhand dieses gängigen Prüfungsprogramms die Operationalisierung des Verhältnismäßigkeitsgrundsatzes für die Ausschließungs- und die Auflösungsklage entwickelt.

2. Verhältnismäßigkeitsprüfung bei der Ausschließungsklage nach § 140 HGB

a) Geeignetheit zur Erreichung eines legitimen Zwecks

Zu beurteilen ist auf dieser ersten Prüfungsstufe die sogenannte Zweck-Mittel-Relation. Der Ausschluss eines oder mehrerer Gesellschafter muss zur Erreichung eines legitimen Zwecks geeignet sein. Übergeordneter Zweck der handelsrechtlichen Gestaltungsklagen ist die gerichtliche Beseitigung der aufgetretenen Störung im Gesellschaftsverhältnis.[382] Das Mittel, das zur Verfolgung dieses Zweckes eingesetzt wird, muss ex ante[383] geeignet sein, diesen Zweck zu erreichen oder doch zumindest zu fördern. Ausreichend ist eine erhöhte Wahrscheinlichkeit, dass durch das

---

377 Vgl. ausführlich oben unter Abschnitt A.I.
378 Vgl. statt aller nur *Grzeszick*, in: Maunz/Dürig, Art. 20 VII. Rn. 107.
379 Vgl. oben im 3. Teil unter Abschnitt B.I.2.
380 Vgl. oben unter Abschnitt A.I.2.
381 *Stubbe*, Verhältnismäßigkeit, S. 37 und 56ff.; ähnlich *Wiedemann*, Gesellschaftsrecht II, S. 405, der ein wohl lediglich terminologisch abweichendes Prüfungsprogramm vorschlägt. Danach ist die beantragte Gestaltungsmaßnahme auf ihre Geeignetheit und Erforderlichkeit sowie ihre Zumutbarkeit für den oder die betroffenen Gesellschafter hin zu überprüfen.
382 Vgl. oben unter Abschnitt B.II.2.
383 Diesen Aspekt betont insb. *Stubbe*, Verhältnismäßigkeit, S. 39f.

verwandte Mittel der angestrebte Erfolg zumindest teilweise eintritt.[384] Die Geeignetheit schließt daher lediglich Extremfälle einer Mittelverfehlung aus.[385]

Ist ein »wichtiger Grund« für die Ausschließung gegeben, ist die Geeignetheit der Ausschließung zur Lösung der gesellschafterlichen Störung indiziert. Denn dann hat die tatbestandliche[386] Wertung ergeben, dass den übrigen Gesellschaftern grundsätzlich die weitere Zusammenarbeit mit dem oder den Ausschließungsbeklagten nicht mehr zumutbar ist. Deren Entfernung aus dem Gesellschafterverbund dürfte daher im Allgemeinen auch zur Verbesserung der gesellschafterlichen Störung beitragen. Eine andere Beurteilung kann sich allenfalls bei rein missbräuchlichen Gestaltungsklagen ergeben, die z.B. (ausschließlich) die Bereicherung des Ausschließungsklägers durch die Vorenthaltung des Liquidationsgewinns gegenüber dem Ausschließungsbeklagten zum Ziel haben[387] oder wenn dem Gesellschafter der Wille zur Fortsetzung der Gesellschaft gänzlich fehlt.[388] In aller Regel dürfte jedoch im Falle der Verneinung der Geeignetheit bereits ein »wichtiger Grund« zur Ausschließung fehlen.

Eine Fragestellung, die bislang ohne dogmatische Verankerung bei Klagen nach §§ 127 und 140 HGB diskutiert wird, ist die Zulässigkeit der Entziehung der Vertretungsmacht des (einzigen oder letzten) persönlich haftenden Komplementärs einer Kommanditgesellschaft[389] bzw. dessen

---

384 Vgl. allgemein nur *Grzeszick*, in: Maunz/Dürig, Art. 20 VII. Rn. 112; *Stubbe*, Verhältnismäßigkeit, S. 38.
385 *Stubbe*, Verhältnismäßigkeit, S. 38; *Hirschberg*, Verhältnismäßigkeit, S. 56.
386 Vgl. oben unter Abschnitt A.II.
387 Vgl. *C. Schäfer*, in: GroßkommHGB, § 140 Rn. 19, der in dieser Konstellation jedoch das Vorliegen eines wichtigen Grundes verneint (Verbleib des Ausschließungsbeklagten in der Gesellschaft bis zur Liquidation zumutbar). Stellt der Ausschließungsbeklagte in dieser Konstellation zugleich einen Auflösungsantrag, ist dieser bei einer konsequenten einzelfallbezogenen wirtschaftlichen Rechtsfolgenbetrachtung und Bejahung der Unzumutbarkeit der weiteren Fortsetzung der gesellschaftlichen Beziehungen dann auch die verhältnismäßigere Alternative und folglich bei Fehlen weiterer Alternativen begründet. Eine eigene „Rechtsmissbrauchskategorie", wie *Rinsche*, Verhältnis, S. 60, sie vorschlägt, ist hierfür jedoch nicht erforderlich.
388 Vgl. *Stubbe*, Verhältnismäßigkeit, S. 119.
389 Vgl. *Wertenbruch*, in: Westermann/Wertenbruch, Hdb. Personengesellschaften, Rn. 337a.

Ausschließung bei Vorliegen eines »wichtigen Grundes«.[390] Die damit verbundenen Zweifelsfragen können im Rahmen dieser Arbeit nicht vollumfassend diskutiert werden.[391] Wenn aber die Gesellschaft im Fall der Zuerkennung des Gestaltungsbegehrens nicht mehr wirksam vertreten werden kann und damit auf nicht absehbare Zeit handlungsunfähig ist, ist die Geeignetheit entsprechender Anträge zur Lösung der gesellschafterlichen Störung wegen ihrer rechtlichen Folgewirkungen durchaus zweifelhaft. Dogmatisch lässt sich diese Fallgruppe also zwanglos in die Geeignetheitsprüfung integrieren.

b) Erforderlichkeit der Ausschließung

Die Gestaltungsmaßnahme muss ferner zur Erreichung ihres Zwecks, nämlich der Beseitigung der Störung im Gesellschaftsverhältnis, erforderlich sein. Die Erforderlichkeit beinhaltet verfassungsrechtlich regelmäßig das Gebot, aus den zur Erreichung des Zweckes gleich gut geeigneten Mitteln das mildeste auszuwählen.[392] Prima facie scheinen die in der Rechtsprechung zum ultima-ratio-Prinzip entwickelten Formeln diesem Prüfungspunkt begrifflich zu entsprechen[393], da danach explizit mildere

---

390 Vgl. *Westermann*, in: Westermann/Wertenbruch, Hdb. Personengesellschaften, Rn. 1104f.; *Westermann*, FS Röhricht, S. 655, 665ff.
391 Die Antwort der herrschenden Meinung differenziert: Die Ausschließung mit der Folge des Eintritts der Kommanditgesellschaft ins Liquidationsstadium wird für möglich befunden, wenn bis zur Rechtskraft der Ausschließung für die Übergangsphase eine Lösung gefunden wird, da andernfalls ein sanktionsloser Freiraum des einzigen Komplementärs bestünde. Vgl. BGH, Urteil vom 12.12.1994, AZ: II ZR 206/93, ZIP 1995, 113; BGH, Urteil vom 15.9.1997, AZ: II ZR 97/96, ZIP 1997, 1919;, näher *Westermann*, in: Westermann/Wertenbruch, Hdb. Personengesellschaften, Rn. 1104a. Die Entziehung der Vertretungsmacht wird hingegen als unzulässig erachtet, vgl. BGH, Urteil vom 25.5.1964, AZ: II ZR 42/62, BGHZ 41, 367ff.; BGH, Urteil vom 9.12.1968, AZ: II ZR 33/67, BGHZ 51, 198ff.; *Wertenbruch*, in: Westermann/Wertenbruch, Hdb. Personengesellschaften, Rn. 337a m.w.N. Die Entziehung der Geschäftsführungsbefugnis soll hingegen möglich sein, wobei fraglich ist, welche Rolle insb. eine Komplementär-GmbH nach dem Verlust ihrer Geschäftsführungsbefugnisse noch spielen soll. Zu Recht kritisch hierzu *Westermann*, NJW 1977, 2185, 2187.
392 Vgl. z.B. BVerfG, Urt. vom 14.7.1999, AZ: 1 BvR 2226/94, 1 BvR 2420/95, 1 BvR 2437/95, BVerfGE 100, 313, 375.
393 Zu diesem Schluss kommt ohne eine vertiefte Auseinandersetzung auch *Stubbe*, Verhältnismäßigkeit, S. 118.

Maßnahmen die Begründetheit der Gestaltungsklage zu Fall bringen können.[394]

Allerdings ist zu berücksichtigen, dass die Voraussetzung gleich gut geeigneter Mittel nach klassischer Lesart Alternativen erfordert, die die Erfolgswahrscheinlichkeit eindeutig gleichwertig steigern; nach Ansicht des BVerfG ist das Mittel im verfassungsrechtlichen Sinn nicht gleichwertig, wenn zwar der Adressat der Maßnahme weniger belastet wird, aber Dritte oder die Allgemeinheit stärker belastet werden.[395] Stehen neben der Ausschließung alternative Gestaltungen zur Verfügung, ist auf dieser Prüfungsstufe deren Gleichwertigkeit der neuralgische Punkt. Nach der soeben angeführten verfassungsrechtlichen Rechtsprechung ist die Gleichwertigkeit alternativer Gestaltungen bezüglich der Position des *klagenden Gesellschafters* zu untersuchen. Trotz der durchaus vorhandenen Nähe zu den Formeln der herrschenden Meinung verschieben sich gegenüber dem ultima-ratio-Prinzip der Maßstab und (zunächst) auch die maßgebliche Perspektive weg vom Ausschließungsbeklagten hin zum Kläger.[396] Während die Rechtsprechung vom Standpunkt der Ausschließung als ultima ratio alternative Maßnahmen aus Sicht des klagenden Gesellschafters allenfalls[397] auf ihre »Zumutbarkeit«[398] hin beurteilt, verlangt

---

394 Vgl. ausführlich im 3. Teil unter Abschnitt A.I. Danach ist Gegenstand der Verhältnismäßigkeitsprüfung, ob „die etwa drohenden Nachteile nicht auf anderem Wege beseitigt werden können".
395 BVerfG, Beschl. vom 06.10.1987, AZ: 1 BvR 1086/82, 1 BvR 1468/82, 1 BvR 1623/82, BVerfGE 77, 84, 109; BVerfG, Beschl. vom 14.11.1989, 1 BvL 14/85, 1 BvR 1276/84, BVerfGE 81, 70, 91.
396 Dies verkennt *Stubbe*, Verhältnismäßigkeit, S. 118f., die das ultima-ratio-Prinzip als Teilgrundsatz der Erforderlichkeit sieht. Allerdings geht sie dann inkonsequenterweise abweichend vom ultima-ratio-Prinzip wie hier davon aus, dass im Rahmen der Erforderlichkeit unter „mehreren objektiv geeigneten und zugleich gleichwirksamen Mitteln das aus einer ex ante-Betrachtung heraus mildeste heranzuziehen" ist. Zur Beurteilung der Gleichwertigkeit stellt *Stubbe*, Verhältnismäßigkeit, S. 42, entsprechend dem traditionellen Normverständnis (vgl. oben unter Abschnitt B.II.1.a)) sodann auf die ungestörte Weiterverfolgung des Gesellschaftszwecks und damit nicht unmittelbar auf den klagenden Gesellschafter ab.
397 Nach einer vereinzelten Ansicht sollen die Rechtsfolgen, die sich bei einem Vergleich der einzelnen Alternativen für den Kläger ergeben, gar nicht zu berücksichtigen sein, vgl. *Stauf*, Wichtiger Grund (1979), S. 85. Anders explizit z.B. *Rinsche*, Verhältnis, S. 50.
398 Auf dieses Kriterium stellen insbesondere neuere Urteile ab. Vgl. OLG Sachsen-Anhalt, Urteil vom 5.4.2012, AZ: 2 U 106/11, DB 2012, 1372; OLG Karlsruhe,

»Gleichwertigkeit« nach der obigen Formel eine (rechtliche und wirtschaftliche) Äquivalenz. Nur wenn alternative Maßnahmen aus Sicht des klagenden Gesellschafters in ihren (rechtlichen und ökonomischen) Folgewirkungen gleichwertig sind, kann die Ausschließungsklage an der Stufe der Erforderlichkeit scheitern.

Auf dieser Grundlage ist aus einer (objektivierten) Sicht des klagenden Gesellschafters die Entziehung der Geschäftsführungsbefugnis und Vertretungsmacht des Ausschließungsbeklagten als häufig angeführtes milderes Mittel[399] zu beurteilen. Während der Ausschließungsbeklagte nach der Ausschließung vollständig aus dem Personenverband ausscheidet, stehen ihm nach der Entziehung der Geschäftsführungsbefugnis und Vertretungsmacht weiterhin die übrigen mitgliedschaftlichen Rechte wie Informations-, Vermögens- und Teilhabeansprüche in der Gesellschafterversammlung zu. Daher dürfte die Ausschließung gegenüber der Entziehung der Geschäftsführungsbefugnis und Vertretungsmacht in der Regel nicht am Merkmal der Erforderlichkeit scheitern. Eine Gleichwertigkeit ist in casu erst recht zu verneinen, wenn nach der Entziehung der Geschäftsführungsbefugnis und Vertretungsmacht gegenüber dem Ausschließungsbeklagten seinem Sohn die alleinige Geschäftsführungsbefugnis und Vertretungsmacht zusteht[400] und aufgrund seiner verbleibenden Gesellschafterstellung[401] weiterhin ein (mittelbarer) väterlicher Einfluss zu befürchten ist.

Mögliche gesellschaftsrechtliche Anpassungsmaßnahmen unterliegen ebenfalls dieser Gleichwertigkeitskontrolle. So belässt z.B. die in der

---

Urteil vom 25.6.2008, AZ: 7 U 133/07, NZG 2008, 785; BGH, Urteil vom 18.4.1985, AZ: II ZR 274/83, NJW 1985, 1901; BGH, Urteil vom 12.5.1977, AZ: II ZR 89/75, NJW 1977, 2160, 2162; vgl. zur Ansicht der Literatur auch bereits oben im 3. Teil unter Abschnitt B.I.1. sowie *C. Schäfer*, in: GroßkommHGB, § 133 Rn. 13 und § 140 Rn. 16. Zum Begriff der Zumutbarkeit als Kriterium der Verhältnismäßigkeitsprüfung *aus Sicht des Beklagten* kritisch *Stubbe*, Verhältnismäßigkeit, S. 50f.

399 Vgl. die Nachweise oben im 2. Teil unter Abschnitt C.II. a.E.
400 Unter Zumutbarkeitsgesichtspunkten andere Ansicht OLG Köln, Urteil vom 19.12.2013, AZ: 18 U 218/11 (abrufbar unter juris), Rn. 313-318.
401 Anders kann dies wiederum sein, wenn der Ausschließungsbeklagte seinen Anteil im Wege vorweggenommener Erbfolge auf den Sohn überträgt und zu Lebzeiten das Stimmrecht des Ausschließungsbeklagten ruht. Hierzu BGH, Urteil vom 27.10.1955, AZ: II ZR 310/53, BGHZ 18, 350, 362.

Rechtsprechung bereits angedachte[402] Umwandlung eines Komplementärs in die Rolle eines Kommanditisten dem Ausschließungsbeklagten in der Regel nicht unerhebliche Befugnisse und dürfte damit für den Kläger selten als zur Ausschließung gleichwertig anzusehen sein.[403] Als äquivalente Alternative kommt hingegen z.B. die Übertragung des Anteils des Ausschließungsbeklagten auf einen Treuhänder in Betracht. Voraussetzung ist hierbei jedoch, dass der Treuhänder auch tatsächlich alle mitgliedschaftlichen Befugnisse ausübt und die übrigen Gesellschafter mit der Person des Ausschließungsbeklagten folglich nichts mehr zu tun haben.[404] Die wirtschaftliche Gleichwertigkeit dieser Treuhandlösung besteht, wenn der auf den treuhänderisch verwalteten Anteil entfallende Gewinnanspruch aus Sicht des Ausschließungsklägers dem entspricht, was als Abfindung für die Ausschließung aufgebracht werden müsste.

Bei fehlender Gleichwertigkeit alternativer Gestaltungsmaßnahmen ist die Erforderlichkeit der Ausschließungsklage bereits aus diesem Grund zu bejahen. Im Falle der Äquivalenz alternativer Gestaltungsmaßnahmen aus der Sicht des Ausschließungsklägers ist im Rahmen der Erforderlichkeit weiter ein »Vergleich der Opfer, die die verschiedenen in Betracht kommenden Mittel *dem Betroffenen* auferlegen«[405], vorzunehmen. Ein solcher Vergleich entspricht der im nächsten Abschnitt im Rahmen der Angemessenheit dargestellten einzelfallbezogenen Beurteilung der wirtschaftlichen Folgen für den Ausschließungsbeklagten. Da nach dem hier vertretenen, gegenüber dem Zumutbarkeitskriterium der herrschenden Meinung engeren Verständnis der Gleichwertigkeit zumeist mehrere Gestaltungsmaßnahmen übrig bleiben dürften, werden die maßgeblichen Kriterien für einen solchen Vergleich im nachfolgenden Abschnitt zusammengefasst im Rahmen der Angemessenheit dargestellt.

---

402 Vgl. oben im 2. Teil unter Abschnitt D.
403 Vgl. ähnlich bereits *Westermann*, in: Westermann/Wertenbruch, Hdb. Personengesellschaften, Rn. 1094b.
404 Vgl. ähnlich *Westermann*, in: Westermann/Wertenbruch, Hdb. Personengesellschaften, Rn. 1094b.
405 *Stubbe*, Verhältnismäßigkeit, S. 41 (Hervorhebung durch den Verfasser).

## c) Angemessenheit der Ausschließung

### aa) Prüfungsmaßstab

Die Wirkung der Ausschließung muss in einem angemessenen Verhältnis zu ihrem Ziel, also der Lösung der gesellschafterlichen Störung[406], stehen. Dieses Gebot wird verfassungsrechtlich als Verhältnismäßigkeit im engeren Sinn oder auch als Übermaßverbot bezeichnet.[407] An anderer Stelle wurde für die Ermessensausübung bereits das Erfordernis objektiver Kriterien betont, die zur Nachvollziehbarkeit und Willkürfreiheit der richterlichen Gestaltungsentscheidungen führen.[408] Dies gilt insbesondere für die Prüfung der Angemessenheit, da diese typischerweise die Gefahr einer unkontrollierten Billigkeitsrechtsprechung beinhaltet.[409] Im Stadium eines eskalierten Gesellschafterkonfliktes sind für die Streitparteien zumeist persönliche Animositäten und ein Gewinnstreben um jeden Preis kennzeichnend.[410] Umso wichtiger ist die Anwendung eines rationalen Kriteriums im Rahmen der gerichtlichen Problemlösung.[411] Das erkennende Gericht sollte vor diesem Hintergrund den Parteien zu einer Lösung verhelfen, die sie rational auch selbst treffen würden[412], wenn sie emotional nicht so stark in den Gesellschafterstreit verstrickt wären. Bei der Beurteilung der Angemessenheit sind dabei alle Interessen auszuscheiden, die nicht dem Sinn und Zweck des Gesetzes entsprechen.[413]

### bb) Wirtschaftliche Beurteilung der Rechtsfolgen als Leitmaxime

Perspektive der Angemessenheitsprüfung ist sowohl die Beurteilung der Wirkung auf den Ausschließungsbeklagten[414] als auch auf den Ausschlie-

---

406 Vgl. oben unter Abschnitt B.II.2.
407 Vgl. statt aller nur *Grzeszick*, in: Maunz/Dürig, Art. 20 VII. Rn. 107.
408 Vgl. oben unter Abschnitt B.I. und B.II.
409 Vgl. *Grzeszick*, in: Maunz/Dürig, Art. 20 VII. Rn. 118.
410 Vgl. oben unter Abschnitt B.II.2.
411 Vgl. *Stubbe*, Verhältnismäßigkeit, S. 45ff.
412 Ähnlich allgemein *Hubmann*, AcP 155 (1956), 85, 96f., der jedoch auch emotionale Interessen berücksichtigt sehen will.
413 Vgl. *Hubmann*, AcP 155 (1956), 85, 104.
414 *Rinsche*, Verhältnis, S. 29; im Grundsatz auch *Hess*, Handelsrechtsreform, S. 118f.

ßungskläger.[415] Nach dem ultima-ratio-Prinzip der herrschenden Meinung sollen ohne dezidierte Bewertung abstrakt sämtliche anderen Maßnahmen vorrangig und die Ausschließung damit nur im Ausnahmefall möglich sein.[416] Demgegenüber wird im Folgenden die Angemessenheitsprüfung auf Basis eines konsistenten und nachvollziehbaren Leitbilds entwickelt. Vorgeschlagen wird eine wirtschaftliche Beurteilung der Rechtsfolgen der Ausschließung auf die streitenden Gesellschafter.

Ein solcher wirtschaftlicher Alternativenvergleich liegt auch der neueren Rechtsprechung zu etwaigen Zustimmungspflichten zu Änderungen des Gesellschaftsvertrags zugrunde.[417] Der Bundesgerichtshof prüft nämlich im Rahmen einer Klage auf Zustimmung des Beklagten zum eigenen Ausscheiden explizit die wirtschaftliche Sinnhaftigkeit der dem Beklagten hierzu offerierten Alternative. Letztere war in den entschiedenen Fällen die Zustimmung zur gesellschaftsvertraglichen Anpassung der aufzubringenden finanziellen Mittel und damit im Ergebnis die Teilnahme an einer Kapitalerhöhung. Wenn sich der Beklagte gegen diese gesellschaftsvertragliche Anpassung wehrt, ist für die Beurteilung der Zustimmungspflicht zum eigenen Ausscheiden, ob er »infolge seines Ausscheidens finanziell nicht schlechter gestellt ist als im Falle der Zerschlagung«[418] der Gesellschaft. Nur in diesem Fall ist die Sanierungsfähigkeit der Gesellschaft gegeben und das Ausscheiden des Zustimmungsbeklagten im Fall der Versagung der Zustimmung zur Kapitalerhöhung gerechtfertigt.

Eine wirtschaftliche Bewertung klingt auch in einigen Entscheidungen der Rechtsprechung zum Verhältnismäßigkeitsgrundsatz bei den handelsrechtlichen Gestaltungsklagen an. So hatte bereits das Reichsgericht eine Ausschließungsklage unter anderem wegen einer zu geringen Abfindungszahlung abgewiesen.[419] Mit dem Argument der wirtschaftlichen Benachteiligung des Beklagten verankerte der Bundesgerichtshof den Verhält-

---

415 Vgl. auch OGHZ, Urteil vom 2.2.1950, AZ: I ZS 49/49, OGHZ 3, 203, 208 (zu § 142 HGB a.F.): Übernahme kann zugelassen werden, wenn „sie dem Kläger keine der Sache und der Billigkeit nach ungerechtfertigten Vorteile und dem Beklagten keine ebenso zu kennzeichnenden Nachteile bringt".
416 Vgl. zur herrschenden Meinung oben im 3. Teil.
417 Vgl. oben unter Abschnitt A.I.1.d).
418 BGH, Urteil vom 9.6.2015, AZ: II ZR 420/13, ZIP 2015, 1626, 1627; BGH, Urteil vom 19.10.2009, AZ: II ZR 240/08, BGHZ 183, 1 („Sanieren oder Ausscheiden"). Ausführlich hierzu *Westermann*, NZG 2016, 9ff.
419 RG, Urteil vom 11.12.1934, AZ: II 148/34, RGZ 146, 169, 181.

nismäßigkeitsgrundsatz bei der Auflösungsklage.[420] Auf wirtschaftliche Kriterien stellten schließlich insbesondere Bundesgerichtshof und Oberlandesgericht München in einem Vergleich zwischen den wirtschaftlichen Folgewirkungen bei unterschiedlichen Gestaltungsalternativen ab.[421] Insgesamt bleibt die Linie der Rechtsprechung zum ultima-ratio-Prinzip in ihren Einzelheiten jedoch farbig und unklar.[422]

In der Literatur werden vereinzelt Beurteilungskriterien unter dem Stichwort ultima-ratio-Prinzip angeführt, ohne dieses jedoch konsistent zu plastifizieren.[423] Tendenziell weisen einzelne Ansätze im Schrifttum in die Richtung einer ökonomischen Betrachtungsweise: So wird ein Ausschluss eher für möglich gehalten, wenn der Auszuschließende keinen Abfindungsausschluss hinzunehmen hat bzw. werden besonders ungünstige Abfindungsregelungen gegen die Zulässigkeit der Ausschließung angeführt.[424] Außerdem ziehen namentlich die Autoren, die sich bislang gegen das ultima-ratio-Prinzip gewandt haben, teilweise wirtschaftliche Argumente heran.[425] Auf der anderen Seite sollen nach einem anderen Teil der Literatur z.B. auch die Lebensstellung des Auszuschließenden bzw. die Festigkeit oder Dauer der gesellschafterlichen Verbundenheit zu berücksichtigen sein.[426] Andere differenzieren zwischen »kapitalistischer« und »unternehmerischer« Beteiligungsform und wollen bei letzterer auch »immaterielle« Kriterien berücksichtigen.[427] Teilweise wird das ultima-ratio-Prinzip auch so gedeutet, dass die Schwere des wichtigen Grundes über die Verhältnismäßigkeit der Maßnahme entscheiden soll.[428] Einige Autoren im älteren Schrifttum weisen darauf hin, dass die Ausschließung

---

420 BGH, Urteil vom 29.1.1968, AZ: II ZR 126/66, BB 1968, 352, 353.
421 Vgl. hierzu ausführlich im 3. Teil unter Abschnitt A.II.2.b).
422 Vgl. oben im 3. Teil unter Abschnitt A.
423 Vgl. oben im 3. Teil unter Abschnitt B.
424 Vgl. *Westermann/Pöllath*, Abberung und Ausschließung, S. 122; *C. Schäfer*, in: GroßkommHGB, § 140 Rn. 13 und Rn. 15, der diese Kriterien allerdings allgemein unter dem Merkmal „wichtiger Grund" berücksichtigen will.
425 Vgl. im Einzelnen bereits oben im 3. Teil unter Abschnitt B.II.
426 *K. Schmidt*, in: MüKo HGB, § 133 Rn. 26.
427 *C. Schäfer*, in: GroßkommHGB, § 133 Rn. 13.
428 Vgl. *Lorz*, in: E/B/J/S, § 140 Rn. 8, unter Berufung auf BGH, Urteil vom 28.6.1993, AZ: II ZR 119/92, NJW-RR 1993, 1123, 1125. Nach der Urteilsbegründung war jedoch hierbei allein das Vorliegen der Voraussetzungen des Merkmals „wichtiger Grund" streitig. Insoweit sollte die Schwere der Pflichtverstöße auch nach der hier vertretenen Ansicht auf Tatbestandsebene Berücksichtigung finden.

für den Betroffenen eine »Kränkung«[429], eine »Spitze« bzw. »Strafe«[430] oder allgemein ideell nachteilig sei, weil er nicht mehr in seinem »vertrauten Wirkungsbereich«[431] agieren könne. Vorstehende nichtmonetäre Kriterien sind jedoch jeweils bereits Gegenstand der Prüfung des Merkmals »wichtiger Grund«[432] und sollten schon deshalb auf Rechtsfolgenebene jedenfalls nicht zu stark gewichtet werden.[433] In eine ähnliche Richtung weisen in der Literatur angeführte Konkretisierungsversuche des ultima-ratio-Prinzips im Rahmen der Auflösung unter Rekurs auf allgemeine »wirtschaftliche« Überlegungen: So soll das Florieren des Unternehmens gegen die Auflösung sprechen oder die unrentable oder »kränkelnde« Gesellschaft in der Regel eher auflösbar sein.[434] Teilweise wird auch auf das Wachstum oder das Alter der Gesellschaft abgestellt.[435]

Die bislang in Rechtsprechung und Literatur angeführten ökonomischen Prinzipien geben daher in ihrer Gesamtheit ein eher fragmentarisches Bild ab und folgen keinem einheitlichen Lösungskonzept. Der vor allem in der Literatur zu beobachtende Kriterienpluralismus führt kaum zu einer konsistenten Prüfung und sollte zugunsten einer konsequenten wirtschaftlichen Betrachtungsweise aufgegeben werden.[436] Denn wegen der Verfehlungen im Gesellschafterkreis bleibt im Falle des Vorliegens eines »wichtigen Grundes« die Position des Ausschließungsbeklagten auf Vermögensschutz und damit im Wesentlichen auf den Erhalt einer angemessenen

---

429 *Rinsche*, Verhältnis, S. 45.
430 RG, Urteil vom 18.12.1889, AZ: I 154/89, RGZ 24, 136, 140.
431 *Sandrock*, JR 1969, 323, 325.
432 Vgl. insbesondere oben unter Abschnitt B.II.2.d)bb).
433 Im Ergebnis auch *Hess*, Handelsrechtsreform, S. 117f.
434 *Roth*, in: Baumbach/Hopt, § 133 Rn. 5.
435 Nachweise bei *Heidel*, in: Heidel/Schall, § 133 Rn. 12.
436 Obwohl sich *Stubbe*, Verhältnismäßigkeit, auf S. 46 ebenfalls gegen eine „diffuse Abwägung" ausspricht, schlägt sie als Bewertungsprinzipien die in den Gesetzen zum Ausdruck gekommene „Ordnungs- und Wertestruktur", die „des menschlichen Verhaltens, die besonderen Umstände der Sachlage, die Sachwidrigkeit von Interessen, die Interessenidentität und die Interessenhäufung bzw. Interessenintensität vor" (S. 54). Eine willkürfreie Verhältnismäßigkeitsprüfung scheint auf dieser Basis jedoch kaum möglich. *Stubbe* erkennt dieses Problem und möchte der „Gerechtigkeit" mit einer „Offenlegung" der Bewertungskriterien sowie einer „allmählichen Konkretisierung ausfüllungsbedürftiger Wertungsmaßstäbe durch die Rechtsprechung" zum Erfolg verhelfen, vgl. *Stubbe*, Verhältnismäßigkeit, S. 54 und S. 72f.

## B. Entwicklung von Kriterien für den Verhältnismäßigkeitsgrundsatz

Abfindung begrenzt.[437] Für verhaltensbedingte Ausschließungsgründe ist dies unmittelbar einsichtig: Wer Gesellschafterpflichten in einem solchen Maß verletzt hat, dass die weitere Zusammenarbeit mit ihm dem anderen Gesellschafter nicht mehr zumutbar ist, darf zwar weiterhin eine wirtschaftlich angemessene Kompensation seines finanziellen Engagements erwarten. Eine darüber hinausgehende soziale Einbindung in die gesellschafterliche Sphäre ist hingegen unter Verhältnismäßigkeitsgesichtspunkten allenfalls dann zu rechtfertigen, wenn der Ausschließungsbeklagte durch eine Ausschließung signifikante wirtschaftliche Verluste erleiden würde.

Auch bei nicht-verhaltensbezogenen Ausschließungsgründen ist die Konzentration der Angemessenheitsprüfung auf ökonomische Folgewirkungen konsequent. Die maßgeblichen Fallgruppen nicht-verhaltensbezogener Gründe sind die Unfähigkeit zur Beitrags- und Einlageleistung seitens des Ausschließungsbeklagten sowie dessen Vermögensverhältnisse[438], also letztlich die Unmöglichkeit der Erbringung der gesellschaftsvertraglich geschuldeten Verpflichtungen[439]. Wenn der Gesellschafter aber zur Leistung seiner Beiträge oder zur persönlichen Mitarbeit im Gesellschaftsverband nicht mehr in der Lage ist, reduziert sich sein anzuerkennendes Interesse ebenfalls auf vermögensrechtliche Aspekte.

Eine wirtschaftliche Folgenorientierung zur Ausfüllung gesetzlicher Interpretationsspielräume[440] ist darüber hinaus allgemein in stark ökonomisch geprägten Rechtsgebieten wie dem Handels- und Gesellschaftsrecht angezeigt.[441] Eine ökonomische Auslegung der Angemessenheit impliziert, dass ein Gericht »regelmäßig die Lösung finden [soll], auf die sich rational handelnde und voll informierte Vertragspartner bei Abwesenheit von Transaktionskosten ex ante geeinigt hätten, wenn sie das Problem erkannt und geregelt hätten«[442]. Dann verhilft der Richter den Parteien zu einer rationalen Verhandlungslösung unter Abwesenheit von Transakti-

---

437 Vgl. *Heidel*, in: Heidel/Schall, § 133 Rn. 24.
438 Die Fallgruppe der Ausschließung wegen „persönlicher Eigenschaften" dürfte heute kaum noch anzuerkennen sein. Vgl. *K. Schmidt*, in: MüKo HGB, § 140 Rn. 54ff.
439 Vgl. *Westermann*, in: Westermann/Wertenbruch, Hdb. Personengesellschaften, Rn. 1098ff.
440 Hierzu *Schäfer/Ott*, Ökonomische Analyse, S. 4ff.
441 Vgl. *Eidenmüller*, Effizienz, S. 397ff. und 454ff, insb. S. 458.
442 *Eidenmüller*, Effizienz, S. 456.

onskosten und Verhaltensanomalien. Dies ist vor allem angezeigt, wenn die an einem konkreten Vertragsverhältnis beteiligten Personen in dem zu betrachtenden Rechtsstreit sich üblicherweise, also vor der Eskalation des Konflikts, wie homines oeconomici verhalten.[443] Gesellschafter einer Personenhandelsgesellschaft beurteilen ihre Investitionsentscheidungen regelmäßig auf Basis eines ökonomischen Kalküls und sind daher vor allem aus wirtschaftlichen Gründen gesellschaftsrechtlich verbunden.[444]

Einer wirtschaftlichen Folgenbetrachtung könnte schließlich noch entgegenstehen, dass rational handelnde Gesellschafter stets selbst eine ökonomisch effiziente Lösung im Wege von Verhandlungen erreichen[445] und daher unter normalen Umständen keine wirtschaftlich unvernünftige Klage erheben.[446] Von dieser Prämisse ausgehend wäre die hier vorgeschlagene Sichtweise des Verhältnismäßigkeitsgrundsatzes als wirtschaftliches Korrektiv überflüssig. Wie bereits dargelegt[447], werden handelsrechtliche Gestaltungsklagen jedoch typischerweise im Stadium eines stark eskalierten Gesellschafterkonflikts erhoben, so dass die streitenden Gesellschafter aufgrund ihrer emotionalen Überforderung von selbst kaum noch eine rationale Lösung anstreben und erst recht nicht erreichen. Demgegenüber wird eine wirtschaftliche Folgenbetrachtung des Gerichts der ursprünglichen ökonomischen Intention der Gesellschafter vor der Eskalation des Gesellschafterstreits am ehesten gerecht.

cc) Generelle ökonomische Nachteilhaftigkeit der Ausschließung?

Falls die Ausschließung für den Beklagten in ihren Rechtsfolgen wirtschaftlich generell ungünstig wäre, könnte das ultima-ratio-Prinzip zumindest für die Ausschließungsklage doch noch gerechtfertigt werden. Die wirtschaftliche Nachteilhaftigkeit der Ausschließung wurde lange Zeit

---

443 Vgl. *Eidenmüller*, Effizienz, S. 458.
444 Vgl. allgemein zur (institutionen-)ökonomischen Begründung des Entstehens von Unternehmen z.B. *Neus*, Einf. BWL, S. 124ff.
445 Das Argument ist letztlich Ausfluss des sog. „Coase-Theorem", wonach die expost-Verteilung von Verfügungsrechten auf der Grundlage privatvertraglicher Regelungen bei rational agierenden Individuen stets effizient ist. Vgl. *Coase*, Journal of Law and Economics 1960, Vol. 3, 1; Näher hierzu.; *Neus*, Einf. BWL,, S. 89ff.; *Schäfer/Ott*, Ökonomische Analyse, S., S. 118ff.
446 Vgl. zu dieser Ansicht bereits oben im 3. Teil unter Abschnitt B.II.1.
447 Vgl. oben unter Abschnitt B.II.2.

*B. Entwicklung von Kriterien für den Verhältnismäßigkeitsgrundsatz*

insbesondere im Verhältnis zwischen Ausschließung und Auflösung angenommen. Erste Überlegungen hierzu finden sich bereits in der Rechtsprechung des Reichsoberhandelsgerichts[448]: Danach sei der Auszuschließende nach Art. 131, 132 ADHGB benachteiligt und in einer wesentlich ungünstigeren Lage, als wenn die Auflösung und Liquidation der Gesellschaft stattfänden.[449] Ähnlich argumentierten in der Folge das Reichsgericht, der Oberste Gerichtshof für die Britische Zone und der Bundesgerichtshof.[450] Die Ausführungen der Gerichte sind insbesondere vor dem Hintergrund der zum damaligen Zeitpunkt und Jahrzehnte lang uneingeschränkt für zulässig erachteten Buchwertabfindung für ausgeschlossene Gesellschafter verständlich.[451] Denn in diesem Fall führt die Ausschließung oft zu einem niedrigeren wirtschaftlichen Wert gegenüber demjenigen, den der Auszuschließende beim Verbleib in der Gesellschaft oder gegebenenfalls bei der Auflösung zu erwarten hätte. In der Folge wurde der Gedanke der wirtschaftlichen Nachteilhaftigkeit für die Ausschließungsklage ohne eine nähere Auseinandersetzung mit seinen (wirtschaftlichen) Grundlagen und Prämissen im ultima-ratio-Prinzip übernommen.

Doch auch nachdem die Rechtsprechung rechtliche Restriktionen bei der vertraglichen Abfindungsbeschränkung[452] gezogen hat, finden sich bis heute Stimmen, die die generelle wirtschaftliche Nachteilhaftigkeit der Ausschließung behaupten.[453] Nach *Heidel* folgt daraus entweder die Vorzugswürdigkeit der Auflösung gegenüber der Ausschließung oder eine Korrektur der Abfindungsfolgen, indem die klagenden Gesellschafter dem Ausschließungsbeklagten ein höheres Alternativangebot unterbreiten müssten.[454]

---

448 Ähnlich *Hess*, Handelsrechtsreform, S. 91.
449 ROHG, Urteil vom 7.12.1873, AZ: 686/73, ROHGE 11, 160, 163.
450 Vgl. oben im 3. Teil unter Abschnitt A.I.
451 So explizit z.B. RG, Urteil vom 11.12.1934, AZ: II 148/34, RGZ 146, 169, 181. Vgl. zur geschichtlichen Entwicklung der Zulässigkeit vertraglicher Abfindungsbeschränkungen allgemein *C. Schäfer*, in: MüKo BGB, § 738 Rn. 42.
452 Ausführlich hierzu Westermann/Wertenbruch, Hdb. Personengesellschaften, Rn. 1155ff.
453 Vgl. *Heidel*, in: Heidel/Schall, § 140 Rn. 19, unter Verweis auf *Hueck* mit der Einschränkung, dass dieser Grundsatz „insbesondere auch" für den Fall von ungünstigen Abfindungsklauseln Bedeutung habe. Vgl. aus dem früheren Schrifttum auch *Sandrock*, JR 1969, 323, 325.
454 *Heidel*, in: Heidel/Schall, § 140 Rn. 19.

*4. Teil: Entwicklung einer konsistenten Prüfung des Verhältnismäßigkeitsgrundsatzes*

Namentlich *Rinsche* hat systematisch die regelmäßig qua Gesetzes eintretenden wirtschaftlichen Folgen von Auflösung und Ausschließung miteinander verglichen. Er kommt dabei zu dem Ergebnis, dass ein genereller Vorrang der Auflösung vor der Ausschließung nicht gerechtfertigt ist.[455] In beiden Fällen erhalte der Gesellschafter seine Vermögensgegenstände zurück.[456] Die Haftungsfolgen sowie die finanzielle Kompensation für schwebende Geschäfte seien weitgehend angenähert.[457] Unterschiedliche ökonomische Folgen ergäben sich vor allem hinsichtlich der Berücksichtigung des Firmenwerts[458]: Die Divergenz hänge zum einen davon ab, wie hoch die Diskrepanz zwischen der vertraglich vereinbarten Abfindung zum Verkehrswert der Beteiligung sei.[459] Zum anderen könne der erzielbare Wert im Rahmen der Liquidation in Abhängigkeit davon variieren, ob ein Käufer für die gesamte Unternehmenseinheit gefunden werde oder bei der Liquidation Werte vernichtet würden.[460] Je nach Konstellation sei unter Berücksichtigung der wirtschaftlichen Folgen daher im Einzelfall auch die Ausschließung gegenüber der Auflösung vorzuziehen.[461] Zum selben Ergebnis gelangt *Stauf* in einer Gegenüberstellung der gesetzlichen Rechtsfolgen.[462] Eine wirtschaftliche Nachteilhaftigkeit der Ausschließung sei daher nur im Fall der gesellschaftsvertraglichen Modifikation der Abfindungsfolgen anzunehmen.[463] Im neueren Schrifttum hat schließlich *Hess* in einer umfassenden Untersuchung die Erkenntnisse *Rinsches* und *Staufs* bestätigt.[464] Eine Schlechterstellung des Ausschließungsbeklagten sei nur im Falle einer für ihn wirtschaftlich nachteiligen Abfindungsklausel anzunehmen.[465] Im Übrigen seien die Rechtsfolgen von Ausschließung

---

455 *Rinsche*, Verhältnis, S. 28ff.
456 *Rinsche*, Verhältnis, S. 46.
457 *Rinsche*, Verhältnis, S. 47; vgl. zum Zusammenspiel zwischen der Abfindungsbemessung mittels Ertragswertmethode und dem Anspruch auf Teilhabe an den schwebenden Geschäften nach § 740 BGB *Westermann*, in: Westermann/Wertenbruch, Hdb. Personengesellschaften, Rn. 1146f., und zum Gewinnanspruch im Rahmen der Ausschließung zwischen Klageerhebung und Rechtskraft des Urteils *Altmeppen*, FS Roth, S. 1ff.
458 *Rinsche*, Verhältnis, S. 47f.
459 *Rinsche*, Verhältnis, S. 39ff.
460 *Rinsche*, Verhältnis, S. 31f.
461 *Rinsche*, Verhältnis, S. 76ff., insb. S. 81ff.
462 *Stauf*, Wichtiger Grund (1980), S. 38ff., insb. 48f.
463 Vgl. *Stauf*, Wichtiger Grund (1980), S. 54.
464 *Hess*, Handelsrechtsreform, S. 106ff.
465 *Hess*, Handelsrechtsreform, S. 114.

und Auflösung weitgehend angenähert, weil der Gesetzgeber ursprünglich die Ausschließung als eine partielle Auflösung der Gesellschaft angesehen habe.[466]

Auf diese umfassenden Vorarbeiten von *Rinsche*, *Stauf* und *Hess* wird verwiesen. Ökonomisch kann die mögliche Nachteilhaftigkeit der Ausschließung grundsätzlich nur unter Berücksichtigung aller wirtschaftlich relevanten Umstände des Einzelfalls beurteilt werden. Dies liegt daran, dass bei der Ermittlung der konkreten wirtschaftlichen Auswirkungen zu viele Bewertungsparameter wie insbesondere (wirksame) vertragliche Abfindungsbeschränkungen oder der im Rahmen einer Auflösung erzielbare Liquidationswert zu berücksichtigen sind. Folglich ist die Prämisse der generellen wirtschaftlichen Nachteilhaftigkeit der Ausschließung abzulehnen.

dd) Vorgeschlagenes Modell der einzelfallbezogenen ökonomischen Bewertung der Rechtsfolgen

Im Folgenden wird die vorgeschlagene wirtschaftliche Ausrichtung des Verhältnismäßigkeitsgrundsatzes vorgestellt. Mittels einer ökonomischen Bewertung ist aus der Sicht des Ausschließungsbeklagten im konkreten Einzelfall zu fragen, welche wirtschaftlichen Folgen ihn bei der Ausschließung im Verhältnis zu alternativen Gestaltungsmaßnahmen treffen. Hierzu ist ein ökonomischer Positionenvergleich der verschiedenen Alternativen vorzunehmen.[467] Bei wirtschaftlicher Äquivalenz bestimmter Auswirkungen können diese im Vergleich zweier Gestaltungsalternativen ausgeklammert werden. Ein Beispiel ist die Rückgabe von im Eigentum des Beklagten stehenden Vermögensgegenständen, auf die der Beklagte sowohl bei der Ausschließung als auch bei der Auflösung einen Anspruch hat.

Im Folgenden können nicht alle denkbaren Gestaltungsalternativen im Hinblick auf ihre wirtschaftlichen Auswirkungen erörtert werden. Dies ist schon deshalb unmöglich, weil abstrakt unzählig viele gesellschaftsrecht-

---

466 *Hess*, Handelsrechtsreform, S. 115.
467 Einen solchen einzelfallbezogenen Positionenvergleich nimmt der Bundesgerichtshof auch im Rahmen seiner „Sanieren oder Ausscheiden"-Rechtsprechung vor. Hierzu bereits oben unter Abschnitt B.III.2.c)bb).

*4. Teil: Entwicklung einer konsistenten Prüfung des Verhältnismäßigkeitsgrundsatzes*

liche Anpassungsmaßnahmen bestehen. Die Ausführungen beschränken sich daher auf die wirtschaftliche Bewertung der typischen Ausschließungsfolgen sowie grundsätzliche Überlegungen zur wirtschaftlichen Bewertung gesellschaftsrechtlicher Anpassungsmaßnahmen.

(1) Beurteilung der Folgen für den Ausschließungsbeklagten

Zur Prüfung der Angemessenheit der Ausschließung ist der dem Ausschließungsbeklagten zustehende wirtschaftliche Wert bei Zuerkennung des Gestaltungsbegehrens zu ermitteln (nachfolgend unter (a)). Nach einer Ermittlung des Werts alternativer Gestaltungen (nachfolgend unter (b)) hat das erkennende Gericht die Folgen der Alternativen dezidert zu vergleichen (nachfolgend unter (c)).

(a) Wirtschaftlicher Wert der Ausschließung

Der ökonomische Wert der Ausschließung bemisst sich nach der Berechnung der hierbei nach §§ 105 Abs. 3 HGB, 738 BGB entstehenden Abfindungszahlung (nachfolgend unter (aa)). Hiervon in Abzug zu bringen sind mögliche Ansprüche auf Nachhaftung für Gesellschaftsverbindlichkeiten (nachfolgend unter (bb)). Schließlich sind mögliche Schadensersatzansprüche gegen den Ausschließungsbeklagten auf ihre Bedeutung für den Verhältnismäßigkeitsgrundsatz zu untersuchen (nachfolgend unter (cc)).

(aa) Ökonomische Bewertung des Abfindungsanspruchs

In Ermangelung vertraglicher Vereinbarungen ist bei der Abfindungsbemessung vom Verkehrswert der Beteiligung auszugehen.[468] Dieser ist der auf den Anteil des Ausscheidenden entfallende Teil des Preises, der bei einem Verkauf des Unternehmens auf einem freien Markt unter Abstrakti-

---

[468] BGH, Urteil vom 21.04.1955, AZ: II ZR 227/53, BGHZ 17, 130ff., insb. Rn. 19; BGH, Urteil vom 16.12.1991, AZ: II ZR 58/91, BGHZ 116, 359ff.; *C. Schäfer*, in: MüKo BGB, § 738 Rn. 32 m.w.N.; *Westermann*, in: Westermann/Wertenbruch, Hdb. Personengesellschaften, Rn. 1145.

on von Sondereinflüssen zu erzielen ist.[469] Die Bewertungspraxis stellt mit grundsätzlicher Billigung durch die Rechtsprechung[470] nach wie vor überwiegend auf den Ertragswert auf der Basis betriebswirtschaftlicher Ertragskennzahlen ab.[471] International gebräuchlich und aus wirtschaftswissenschaftlicher Sicht gegenüber dem Ertragswertverfahren vorzuziehen[472] sind Discounted-Cash-Flow-Verfahren[473], nach denen sich der Unternehmenswert auf der Basis einer jährlichen Prognose von Einzahlungen und Auszahlungen unter Abzinsung auf den Bewertungsstichtag errechnet (entweder »Adjusted-Present-Value-Verfahren«[474] oder der »Weighted-Average-Cost-of-Capital-Ansatz«[475]). Der Substanzwert[476] bildet jeweils die Untergrenze.[477] Teilweise werden für kleinere und mittlere Unterneh-

---

469 Vgl. zu den Einzelheiten ausführlich *Westermann*, in: Westermann/Wertenbruch, Hdb. Personengesellschaften, Rn. 1145ff.; *Fleischer*, in: Fleischer/Hüttemann, Rechtshandbuch Unternehmensbewertung, § 18; sowie zu möglichen Bewertungsverfahren allgemein den Überblick bei *Drukarczyk/Schüler*, Unternehmensbewertung, S. 89.
470 Vgl. BVerfG, Urteil vom 26.4.2011, AZ: 1 BvR 2658, NJW 2011, 2497, 2498, Rn. 23: „verfassungsrechtlich unbedenklich"; zur grundsätzlichen Verantwortlichkeit des Tatrichters für die Auswahl der Bewertungsmethode vgl. BGH, Urteil vom 20.6.1986, AZ: V ZR 212/84, NJW-RR 1986, 1270, 1271.
471 Vgl. IDW S 1 i.d.F. 2008: Grundsätze zur Durchführung von Unternehmensbewertungen, Rn. 5 und 29, abgedruckt bei IDW-FN 2008, 271ff.; *C. Schäfer*, in: MüKo BGB, § 738 Rn. *Böcking/Nowak*, in: Fleischer/Hüttemann, Rechtshandbuch Unternehmensbewertung, § 4. Ein umfassender Rechtsprechungsüberblick zu den Bewertungsmethoden findet sich bei *Drukarczyk/Schüler*, Unternehmensbewertung, S. 234ff. Grundlegend zur Bewertung beim Ausscheiden auch *Wagner*, Ausscheiden, insb. S. 67ff.
472 Vgl. *Drukarczyk/Schüler*, Unternehmensbewertung, S. 199ff.
473 Eingehend hierzu *Jonas/Wieland-Blöse*, in: Fleischer/Hüttemann, Rechtshandbuch Unternehmensbewertung, § 9.
474 *Drukarczyk/Schüler*, Unternehmensbewertung, S. 148ff.
475 *Drukarczyk/Schüler*, Unternehmensbewertung, S. 179ff.
476 Dieser ergibt sich aus der Summe der Wiederbeschaffungswerte der Vermögensgegenstände abzüglich der Schulden, vgl. *Fleischer/Schneider*, DStR 2013, 1736 m.w.N.
477 Vgl. *Westermann*, in: Westermann/Wertenbruch, Hdb. Personengesellschaften, Rn. 1145 m.w.N.; *C. Schäfer*, in: MüKo BGB, § 738 Rn. 32. Teilweise wird auch vertreten, dass der Liquidationswert bei der Abfindungsbemessung eine zusätzliche Untergrenze darstelle, vgl. ausführlich zum Meinungsstand *Fleischer/Schneider*, DStR 2013, 1736, 1737ff. Wenn der Liquidationswert eines Anteils höher als der Verkehrswert ist und als Alternative zur Ausschließung die Auflösung in Betracht kommt, dürfte indes die Ausschließung nach der hier vertretenen Meinung einer wirtschaftlichen Rechtsfolgenbetrachtung am Verhältnismäßigkeits-

men[478], nicht handelbare Anteile[479] und große Familienpersonengesellschaften[480] Besonderheiten diskutiert. Uneinigkeit herrscht auch über den Einbezug transaktionsbedingter Steuerwirkungen, die insbesondere durch die Aufdeckung stiller Reserven entstehen.[481]

Im Falle vertraglicher Vereinbarungen sind zunächst die von der Rechtsprechung entwickelten Wirksamkeitsschranken zu beachten.[482] Die Darstellung dieser Schranken würde den Rahmen der vorliegenden Arbeit bei weitem überschreiten. Der wirtschaftliche Wert der Ausschließung ist für die Angemessenheitsprüfung unter Beachtung dieser Restriktionen für die Abfindungsbeschränkung zu ermitteln. Bei Unwirksamkeit der vertraglichen Regelung insb. wegen anfänglich hoher Diskrepanz zwischen Verkehrswert und vertraglich vereinbartem Wert der Abfindung (§ 138 BGB) ist der Verkehrswert der Beteiligung anzusetzen. Ergibt sich nachträglich ein grobes Missverhältnis zwischen Verkehrswert und dem Wert der vertraglich vereinbarten Abfindungszahlung, ist die Abfindung nach der Rechtsprechung im Wege einer ergänzenden Vertragsauslegung zu ermitteln.[483]

---

grundsatz scheitern, so dass die Frage nur dann relevant wird, wenn kein Auflösungsantrag gestellt ist.
478 Vgl. *Fleischer*, in: Fleischer/Hüttemann, Rechtshandbuch Unternehmensbewertung, § 22.
479 Vgl. *Fleischer*, in: Fleischer/Hüttemann, Rechtshandbuch Unternehmensbewertung, § 18 Rn. 17ff.
480 Vgl. in neuerer Zeit insb. *Ulmer*, ZIP 2010, 805, 810.
481 Vgl. zum Für und Wider in diesem Zusammenhang *Jonas/Wieland-Blöse*, in: Fleischer/Hüttemann, Rechtshandbuch Unternehmensbewertung, § 15 Rn. 86ff.; vgl. auch *Fleischer/Schneider*, DStR 2013, 1736, 1737. Für die Einbeziehung von Steuern spricht, dass die streitenden Parteien sie im Wege rationaler Verhandlungen berücksichtigen würden, vgl. *Wagner*, WPg 2007, 929, 937. Dagegen ist nach dem BGH, Urteil vom 18.4.1985, AZ: II ZR 274/83, NJW 1985, 1901, 1902, bei der Auflösungsklage nach § 61 GmbHG „die Aufdeckung und Besteuerung der im Gesellschaftsvermögen vorhanden stillen Reserven die regelmäßige Folge der Auflösung der Gesellschaft. Sie muss daher von den Gesellschaftern hingenommen werden und kann nicht dazu führen, die gesetzliche Regelung des § 61 Abs. 1 GmbHG zu durchbrechen."
482 Hierzu ausführlich *C. Schäfer*, in: MüKo BGB, § 738 Rn. 44ff.; *Westermann*, in: Westermann/Wertenbruch, Hdb. Personengesellschaften, Rn. 1157ff.; in neuerer Zeit *Sigle*, FS Stilz, S. 617ff.
483 BGH, Urteil vom 20.09.1993, AZ: II ZR 104/92, BGHZ 123, 281ff.; BGH, Urteil vom 24.05.1993, AZ: II ZR 36/92, ZIP 1993, 1160ff. Instruktiv auch *C. Schäfer*, in: MüKo BGB, § 738 Rn. 53ff., der jedoch bei einem eindeutig geäußerten Par-

## B. Entwicklung von Kriterien für den Verhältnismäßigkeitsgrundsatz

Im Falle der Wirksamkeit der vertraglichen Abfindung ist der Wert zu beziffern, wie er sich aus der vertraglichen Vereinbarung ergibt. Dadurch wird die Ausschließung gegenüber anderen Gestaltungsmaßnahmen für den Beklagten nachteilhafter, was wiederum zur Unangemessenheit der Ausschließung und folglich zur Abweisung der Ausschließungsklage führen kann. Demgegenüber findet sich in der Literatur die Ansicht, dass die individualvertragliche Herabsetzung der Abfindung im Gesellschaftsvertrag nicht zur Abweisung der Klage nach § 140 HGB und zur Verweisung auf die Klage nach § 133 HGB führen dürfe, da der Beklagte aufgrund seines Einverständnisses mit der gesellschaftsvertraglichen Regelung im Rahmen der Ausschließungsklage nicht schutzwürdig sei.[484] Das Gericht sollte bei der Beurteilung der Angemessenheit jedoch regelmäßig die vertraglich vereinbarten Besonderheiten des Sachverhaltes berücksichtigen.[485] Dies schließt eine gegebenenfalls niedrigere Abfindung im Rahmen der Ausschließung mit ein. Allein das Einverständnis des Ausschließungsbeklagten mit der gesellschaftsvertraglichen Regelung darf bei der Beurteilung der Ausschließungsklage nicht zu einer wirtschaftlich unangemessenen Benachteiligung führen. Wohl allgemeine Meinung ist dies in vergleichbaren Konstellationen: Das Argument des Einverständnisses mit einer gesellschaftsrechtlichen Regelung hilft regelmäßig nicht über Wirksamkeitsschranken privatautonomer Entscheidungen hinweg.[486] Ansonsten wäre nahezu jede richterliche Wirksamkeitskontrolle insbesondere auch im Bereich von Abfindungsklauseln überflüssig.[487] Im Ergebnis bildet der vertraglich vereinbarte Wert vorbehaltlich der seitens der Rechtsprechung entwickelten Wirksamkeitsschranken die Grundlage für den Vergleich mit alternativen Gestaltungsmaßnahmen.

---

teiwillen entgegen dem BGH keine ergänzende Vertragsauslegung, sondern aus methodischen Gründen eine Korrektur über §§ 242, 313 BGB vorschlägt.
484 *Stauf*, Wichtiger Grund (1979), S. 93; *Rinsche*, Verhältnis, S. 56, der auf der nächsten Seite jedoch insoweit inkonsequent die Abweisung der Ausschließungsklage fordert, „wenn die für den Ausgeschlossenen vereinbarte Abfindung derart geringfügig ist, dass sie in gar keinem Verhältnis zu dem wahren Wert der Geschäftsbeteiligung steht".
485 *Hubmann*, AcP 155 (1956), 85, 96f.
486 Vgl. zu Grenzen der Privatautonomie im Gesellschaftsrecht z.B. *Enzinger*, in: MüKo HGB, § 105 Rn. 6ff. sowie allgemein *Paulus/Zenker*, JuS 2001, 1ff. Grundlegend *Westermann*, Vertragsfreiheit, S. 21ff.
487 Vgl. *C. Schäfer*, in: MüKo BGB, § 738 Rn. 53ff.

(bb) Ökonomische Bewertung der Haftungsfolgen im Außenverhältnis

Korrespondierend zum wirtschaftlichen Wert der Ausschließung sind im Außenverhältnis auf der Grundlage von §§ 128, 130 HGB gegebenenfalls in Verbindung mit § 172 HGB Haftungsrisiken in Abzug zu bringen. Diese sind ebenfalls nach den Umständen des Einzelfalls zu bewerten und können für die einzelnen Gestaltungsalternativen variieren.[488] Bei Zuerkennung des Ausschließungsbegehrens ist der Beklagte für die bis zu seinem Ausscheiden begründeten Verbindlichkeiten unter den Voraussetzungen des § 160 HGB (gegebenenfalls in Verbindung mit § 161 Abs. 2 HGB) fünf Jahre nach Eintragung des Ausscheidens im Handelsregister enthaftet. Im Falle seiner Inanspruchnahme stehen dem ausscheidenden Gesellschafter nach wohl allgemeiner Ansicht im Innenverhältnis ein Freistellungs- bzw. ein Ausgleichsanspruch gegen die Gesellschaft und ein (anteiliger und subsidiärer) Anspruch gegen die Gesellschafter zu.[489] Der wirtschaftliche Wert dieses Rückgriffanspruchs hängt maßgeblich von der Prosperität der Gesellschaft nach dem Ausscheiden des Ausschließungsbeklagten ab. Ob sich die Haftungsgefahr im Ergebnis also tatsächlich wirtschaftlich aktualisiert, bemisst sich damit nach einer Fünf-Jahres-Prognose der wirtschaftlichen Leistungsfähigkeit der Gesellschaft. Diese ist anhand der Risikostruktur der Gesellschaft im Einzelfall ökonomisch zu quantifizieren.[490]

---

488 Vgl. *C. Schäfer*, in: GroßkommHGB, § 140 Rn. 26; *Heidel*, in: Heidel/Schall, § 140 Rn. 13.
489 Der Freistellungsanspruch folgt aus § 738 Abs. 1 Satz 2 BGB. Die Herleitung der Zahlungsansprüche ist umstritten. Die wohl überwiegende Ansicht lehnt eine Anwendung von § 110 HGB nach dem Ausscheiden aus der Gesellschaft ab. Während die Rechtsprechung im Verhältnis zur Gesellschaft § 426 Abs. 2 BGB bemüht, zieht die wohl herrschende Literatur im Verhältnis zur Gesellschaft § 738 Abs. 1 Satz 2 BGB heran. Der Anspruch gegen die Mitgesellschafter folgt nach herrschender Meinung aus § 426 Abs. 1 BGB. Vgl. zum Ganzen ausführlich *Piehler/Schulte*, in: Mü. Hdb. GesR. Bd. 1, § 76 Rn. 77-79.
490 Ist eine Kapitalgesellschaft wie insb. eine Komplementär-GmbH Ausschließungsbeklagte, ist deren Haftungsbegrenzung in die Überlegungen mit einzubeziehen.

(cc) Berücksichtigung von Schadensersatzansprüchen im Innenverhältnis?

Fraglich ist schließlich, ob auch mögliche Schadensersatzansprüche der Gesellschaft bzw. der Gesellschafter gegenüber dem Ausschließungsbeklagten in die wirtschaftliche Beurteilung mit einfließen sollten. Richtigerweise reichen jedoch weder die Ausschließung noch die Auflösung als solche zur Begründung einer Schadensersatzpflicht aus.[491] Vielmehr kommt lediglich als Anknüpfungspunkt für eine zum Ersatz führende Pflichtverletzung der Sachverhalt in Betracht, der auch zur Bejahung des wichtigen Grundes geführt hat. Dies können die Verletzung wesentlicher Vertragspflichten wie die Nichtleistung von Einlagen, eine mangelhafte Geschäftsführung oder Treuepflichtverstöße sein. Der mögliche Schadensersatz besteht jedoch dann neben und unabhängig von den Folgen der Gestaltungsmaßnahmen. Daher ist der Schadensersatzanspruch aufgrund seiner wirtschaftlichen Äquivalenz bei den einzelnen Gestaltungsalternativen im Grundsatz unbeachtlich.

Unterschiede könnten sich nach einzelnen Überlegungen in der Literatur allenfalls dann ergeben, wenn der Ausschließungskläger gegenüber dem Beklagten den Schaden, der dadurch entsteht, dass der Beklagte nicht mehr mit seiner Arbeitskraft und seinen sonstigen Kompetenzen zur Verfügung steht, geltend machen könnte.[492] Dementsprechend soll nach einer Auflösungsklage der Liquidationsschaden in einem Schadensersatzprozess gegenüber demjenigen Gesellschafter, welcher schuldhaft Anlass zur Auflösungsklage gegeben hat, ersatzfähig sein.[493] Auch wenn der Auflösungskläger selbst die Auflösung begehrt hätte, sei der Auflösungsschaden mittelbar durch den schuldhaft handelnden Gesellschafter verursacht worden.[494] Denkt man diesen Gedanken konsequent zu Ende, könnte ein nach §§ 117 HGB klagender Gesellschafter nach der Zuerkennung der Entziehung der Geschäftsführungsbefugnis vom früheren Geschäftsführer den Schaden geltend machen, der dadurch entsteht, dass letzterer nicht mehr die Geschicke der Gesellschaft leitet.

---

491 Vgl. *C. Schäfer*, in: GroßkommHGB, § 133 Rn. 44 und § 140 Rn. 34.
492 Bejahend *Rinsche*, Verhältnis, S. 44.
493 Vgl. *Rinsche*, Verhältnis, S. 35; *C. Schäfer*, in: GroßkommHGB, § 133 Rn. 45; *Roth*, in: Baumbach/Hopt, § 133 Rn. 17, unter Verweis auf RG, Urteil vom 9.2.1917, AZ: III 374/16, RGZ 89, 399, 400; BGH, Urteil vom 20.12.1962, AZ: II ZR 79/61, WM 1963, 282, 283.
494 Vgl. *Rinsche*, Verhältnis, S. 35.

*4. Teil: Entwicklung einer konsistenten Prüfung des Verhältnismäßigkeitsgrundsatzes*

Gegen die Ersatzfähigkeit solcher Schäden spricht, dass der Gestaltungskläger mit seiner Klageerhebung den entscheidenden Anlass für die mögliche Schadensposition selbst gesetzt hat. Dieses Verhalten ist daher für die konkrete Schadenshöhe kausal und folglich im Schadensersatzprozess im Rahmen des Mitverschuldens nach § 254 BGB zu berücksichtigen. Die Geltendmachung eines Schadensersatzes, der als Folge eines eigenen Klageantrags eintritt, ist zudem wegen widersprüchlichen Verhaltens nach § 242 BGB unzulässig (protestatio facto contraria non valet). Da die §§ 117, 127, 133 und 140 HGB jeweils der Lösung der gesellschafterlichen Störung dienen, dürfte ein auf dem Gestaltungsurteil fußender Schadensersatz der Gesellschafter untereinander zudem kaum dem Schutzbereich der Normen entsprechen. Denn ansonsten würde die Zuerkennung des Gestaltungsbegehrens fast zwangsläufig einen Schadensersatzprozess provozieren. Die von der Literatur für eine solche Schadensersatzpflicht herangezogenen Urteile[495] betrafen bei Lichte betrachtet spezielle Konstellationen. Dem Urteil des Reichsgerichts ging keine Gestaltungsklage, sondern lediglich eine Kündigung des Gesellschaftsverhältnisses voraus.[496] Der Bundesgerichtshof hatte über einen möglichen Schadensersatz des Auflösungs*beklagten* gegen die Auflösungskläger in der Konstellation einer tiefgreifenden Zerrüttung des Vertrauensverhältnisses zwischen den Parteien zu entscheiden.[497] In beiden Fällen war den Schadensersatzklägern also zuvor kein Gestaltungsbegehren zuerkannt worden.[498]

Schließlich ist für die Beurteilung der Verhältnismäßigkeit unabhängig von vorstehenden Überlegungen ein solcher Schadensersatzanspruch im Innenverhältnis jedenfalls rechtlich von den wirtschaftlichen Folgen der Gestaltungsmaßnahme selbst zu trennen. Die Ersatzfähigkeit der Schäden ist allein in einem separaten Schadensersatzprozess zu beurteilen, »nicht

---

495 Vgl. jeweils den Verweis auf RG, Urteil vom 9.2.1917, AZ: III 374/16, RGZ 89, 399, 400, und BGH, Urteil vom 20.12.1962, AZ: II ZR 79/61, WM 1963, 282, 283 bei *Rinsche*, Verhältnis, S. 35; *C. Schäfer*, in: GroßkommHGB, § 133 Rn. 45; *Roth*, in: Baumbach/Hopt, § 133 Rn. 17.
496 RG, Urteil vom 9.2.1917, AZ: III 374/16, RGZ 89, 399.
497 BGH, Urteil vom 20.12.1962, AZ: II ZR 79/61, WM 1963, 282, 283.
498 Im Fall des BGH, Urteil vom 20.12.1962, AZ: II ZR 79/61, WM 1963, 282, hatte der Schadensersatzkläger zwar zuvor eine Ausschließungsklage gegen die Beklagten erhoben. Diese war aber abgelehnt und dafür die Auflösungsklage der (widerklagenden) Beklagten zuerkannt worden.

aber dadurch, dass in einem solchen Fall die beantragte [Gestaltungsmaßnahme] nicht ausgesprochen werden kann«[499].

(dd) Zwischenergebnis

Die Angemessenheitsprüfung beinhaltet eine Beurteilung der wirtschaftlichen Folgen für den Ausschließungsbeklagten. Diese hängen entscheidend von der ihm zustehenden Abfindung ab. Zu berücksichtigen sind außerdem insbesondere die Haftungsfolgen der Ausschließung im Außenverhältnis. Unbeachtlich ist hingegen ein etwaiger Schadensersatzanspruch der Gesellschaft bzw. der Gesellschafter gegenüber dem Ausschließungsbeklagten im Innenverhältnis.

(b) Wirtschaftlicher Wert alternativer Gestaltungsmaßnahmen

Alternative Gestaltungsmaßnahmen können vor allem die Entziehung der Geschäftsführungsbefugnis und Vertretungsmacht nach §§ 117, 127 HGB sowie gesellschaftsrechtliche Anpassungsmaßnahmen wie z.B. die Umwandlung der vollhaftenden Stellung des Ausschließungsbeklagten in die eines Kommanditisten oder Einschränkungen seiner mitgliedschaftlichen Befugnisse sein.

Zur Beurteilung der Angemessenheit der Ausschließung sind die ökonomischen Auswirkungen dieser alternativen Gestaltungsmaßnahmen für den Ausschließungsbeklagten zu bewerten. Die Bewertung eines Verbleibs in der Gesellschaft ist im Grundsatz entsprechend der Abfindungsermittlung einerseits und dem Nachhaftungsrisiko andererseits vorzunehmen. Allgemein bemisst sich der ökonomische Wert einer Gesellschaftsbeteiligung nach dem Kapitalwert, also der prognostizierten Summe der dem Ausschließungsbeklagten zukünftig aus der Gesellschaft zufließenden Erträge bzw. Nettozahlungsüberschüsse.[500] Im Falle gesellschaftsrechtlicher Anpassungsmaßnahmen sind die dem Gesellschafter zuflie-

---

499 So explizit für die Auflösungsklage auch BGH, Urteil vom 20.12.1962, AZ: II ZR 79/61, WM 1963, 282.
500 Vgl. allgemein zum Kapitalwertkonzept z.B. *Kruschwitz*, Investitionsrechnung, S. 51ff.; *Drukarczyk/Schüler*, Unternehmensbewertung, S. 13ff.

ßenden Nettozahlungsüberschüsse je nach vorgesehener gesellschafterlicher Stellung des Ausschließungsbeklagten zu prognostizieren.

Kommt als Alternative die Entziehung der Geschäftsführungsbefugnis und der Vertretungsmacht in Betracht, sind deren mögliche negative ökonomische Folgen auf den Ausschließungsbeklagten einzubeziehen. Denkbar ist, dass die verbleibenden geschäftsführungsbefugten Gesellschafter zu Lasten der Gesellschaft und damit den anteiligen Gewinnerwartungen des Ausschließungsbeklagten[501] (im Rahmen des rechtlich Zulässigen[502]) ihr Geschäftsführergehalt erhöhen. Ferner könnten diese ihre Stellung als Geschäftsführer zu Lasten des Ausschließungsbeklagten z.B. bei der Aufstellung des Jahresabschlusses als Basis der Gewinn- und Ausschüttungsansprüche der Gesellschafter ausnutzen.[503] Den geschäftsführenden Gesellschaftern können zudem im Gesellschaftsvertrag weitere Befugnisse eingeräumt worden sein, die die Aufwertung ihrer ökonomischen Situation im Vergleich zum Ausschließungsbeklagten bedeuten. Diese Beispiele verdeutlichen, dass in einer wirtschaftlichen Gesamtbewertung die Entziehung der Geschäftsführungsbefugnis und Vertretungsmacht auch aus Sicht des Ausschließungsbeklagten »oft nicht die Interessenlage [trifft], da der betroffene Gesellschafter möglicherweise lieber ganz ausscheiden möchte als tatenlos der Geschäftsführung durch die anderen Partner zusehen zu müssen«[504].

Sofern der Gesellschafter bei der alternativen Gestaltungsmaßnahme Geschäftsführer der Gesellschaft bleiben soll, ist fraglich, ob im Vergleich zur Ausschließung auch dessen Geschäftsführergehalt zu berücksichtigen

---

501 Hierzu *C. Schäfer*, in: MüKo BGB, § 705 Rn. 32ff.
502 Die angeblich treupflichtwidrige Erhöhung der Geschäftsführergehälter war unter anderem einer der Vorwürfe von Johannes Becker in einem der Gaffel-Prozesse, vgl. verneinend LG Köln, Urteil vom 8.7.2011, AZ: 89 O 4/07, Rn. 140 (abrufbar unter juris).
503 Vgl. *Scholz*, in: Westermann/Wertenbruch, Hdb. Personengesellschaften, Rn. 596ff.; Zwar unterliegt die Feststellung des Jahresabschlusses in Ermangelung gesellschaftsvertraglicher Vereinbarungen dem Einstimmigkeitserfordernis, vgl. BGH, Urteil vom 15.1.2007, AZ: II ZR 245/05, BGHZ 170, 283. Werden die Wahlrechte im Rahmen der Aufstellung des Jahresabschlusses jedoch in gesetzlich zulässiger Weise ausgeübt, haben die geschäftsführenden Gesellschafter wegen ihrer alleinigen Aufstellungskompetenz des Jahresabschlusses einen einklagbaren Anspruch auf Feststellung, vgl. *Bauschatz*, NZG 2002, 759ff, insb. 764.
504 *Westermann*, in: Westermann/Wertenbruch, Hdb. Personengesellschaften, Rn. 1094b.

ist. Dies hängt davon ab, inwieweit der Beklagten im Falle der Ausschließung eine äquivalente wirtschaftliche Tätigkeit ausüben kann. Ist ihm diese möglich und auch nicht durch ein nachvertragliches Wettbewerbsverbot untersagt, besteht im Falle des Verbleibs in der Gesellschaft kein Unterschied zum Ausscheiden.[505] Ist die Entziehung der Geschäftsführungsbefugnis und Vertretungsmacht eine alternative Gestaltungsmaßnahme, dürfte sich in der Regel wegen des in beiden Alternativen nicht mehr von der Gesellschaft zu beziehenden Geschäftsführergehalts insoweit keine Diskrepanz ergeben.

Alternative Gestaltungen können auch eine höhere als die gesellschaftsvertragliche Abfindung vorsehen, so dass die Angemessenheit des Ausscheidens des Ausschließungsbeklagten im Verhältnis zum Verbleib eher bejaht werden kann. Soll dem Ausschließungsbeklagten die Stellung eines Kommanditisten eingeräumt werden, sind die hierbei konkret vorgesehenen Ausschüttungsansprüche sowie die verringerte Haftungssumme entsprechend zu kommerzialisieren.

(c) Beurteilung der Angemessenheit auf Basis der wirtschaftlichen Folgen für den Ausschließungsbeklagten

Nach der wirtschaftlichen Bewertung der Ausschließung sowie der alternativen Gestaltungsmaßnahmen kann die Angemessenheit aus der Perspektive des Ausschließungsbeklagten beurteilt werden. Falls ihm die Ausschließung einen ökonomisch gleichwertigen oder möglicherweise sogar höheren finanziellen Gegenwert bietet als die alternativen Gestaltungsmaßnahmen, ist die Angemessenheit und folglich die Verhältnismäßigkeit der Ausschließung insgesamt zu bejahen. Dies ist regelmäßig der Fall, wenn der Auszuschließende eine Abfindung in Höhe des Verkehrswerts seiner Beteiligung erhält. Insbesondere beim Vergleich mit der von der herrschenden Meinung häufig als milder angeführten Entziehung der Geschäftsführungsbefugnis und Vertretungsmacht sollte die Gefahr bedacht werden, dass der Ausschließungsbeklagte in seiner Rolle als Gesellschafter ohne diese Befugnisse wirtschaftlich nachteilige Maßnahmen der verbleibenden Gesellschaftergeschäftsführer zu befürchten hat. Wirtschaftlich betrachtet erhält der Ausschließungsbeklagte daher im Fall der

---

505 Vgl. zur Darlegungs- und Beweislast unten unter Abschnitt C.II.

*4. Teil: Entwicklung einer konsistenten Prüfung des Verhältnismäßigkeitsgrundsatzes*

Verkehrswertabfindung eine äquivalente Kompensation für seine Ausschließung, so dass die Verhältnismäßigkeit unter ökonomischen Gesichtspunkten insgesamt gewahrt bleibt.

(2) Beurteilung der Folgen für den Ausschließungskläger

Sofern alternative Gestaltungsmaßnahmen für den Ausschließungsbeklagten wirtschaftlich vorteilhafter sind, wird häufig die Abweisung der Ausschließungsklage nahe liegen. Zuvor sind jedoch in einem letzten Prüfungsschritt die wirtschaftlichen Auswirkungen solcher alternativer Gestaltungsmaßnahmen für den Ausschließungs*kläger* zu begutachten. Wird dessen Vermögensposition durch die alternativen Gestaltungsmaßnahmen stark belastet, kann die Ausschließung trotz der Vorteilhaftigkeit der alternativen Gestaltungsmaßnahme für den Ausschließungsbeklagten insgesamt dennoch angemessen sein. Das erkennende Gericht hat in einer solchen Situation eine klassische Abwägungsentscheidung zu treffen. Gegenüberzustellen ist der wirtschaftliche Vorteil der alternativen Gestaltungsmaßnahmen im Vergleich zur Ausschließung für den Ausschließungsbeklagten einerseits sowie der korrespondierende wirtschaftliche Nachteil des Ausschließungsklägers andererseits. Wenn die finanziellen Nachteile der alternativen Gestaltungsmaßnahmen für den Ausschließungskläger überwiegen, ist die Ausschließungsklage dennoch verhältnismäßig und damit begründet.

d) Besonderheiten in der zweigliedrigen Personenhandelsgesellschaft?

Denkbar ist, dass die dargestellte Prüfung des Verhältnismäßigkeitsgrundsatzes für die Ausschließung eines Gesellschafters aus einer Zwei-Personen-Gesellschaft zu modifizieren ist. Vergleichbar ist der Fall, dass mehrere Gesellschafter ausgeschlossen werden und nur ein Gesellschafter verbleibt.[506] Diese Konstellation war früher in der sogenannten Übernahmeklage nach § 142 HGB a.F.[507] geregelt. Intuitiv mag die Ausschließung in diesem Fall besonders ungerecht erscheinen, weil im Ergebnis (nur) ein

---

506  Vgl. *Lorz*, in: E/B/J/S, § 140 Rn. 41.
507  Vgl. bereits oben im 3. Teil unter Abschnitt A.I.1.

Gesellschafter die gesamte Unternehmung fortführen darf. Dieser Logik folgend war in der früheren Rechtsprechung die Übernahmeklage in der Stufenfolge der Gestaltungsklagen das (aller-)letzte Mittel.[508] Mit der Handelsrechtsreform 1998 wurde § 142 HGB a.F. gestrichen; seither steht gemäß § 140 Abs. 1 Satz 2 HGB der Ausschließung nicht entgegen, dass nach der Ausschließung nur ein Gesellschafter verbleibt.[509] Dies bedeutet, dass sämtliche Aktiva und Passiva des Gesellschaftsvermögens im Wege der Gesamtrechtsnachfolge auf den allein verbleibenden Ausschließungskläger übergehen und dieser das Unternehmen als unbeschränkt und persönlich haftende Einzelperson fortführt.[510] Die finanziellen Folgen unterscheiden sich aus Sicht des Ausschließungsbeklagten im Grundsatz nicht, so dass eine generelle Differenzierung zwischen § 140 Abs. 1 Satz 1 und Satz 2 HGB nicht angezeigt ist.[511] Unter Umständen besteht für den Ausschließungskläger ein höherer wirtschaftlicher Anreiz zur Klageerhebung[512], da er als Alleingesellschafter gesellschaftsvertragliche Änderungen wie etwa höhere Ausschüttungen ohne Abstimmung im Gesellschafterkreis vornehmen kann. Im Einzelfall können Besonderheiten in der wirtschaftlichen Bewertung der Folgen zu beachten sein. Die Realisierung der Abfindung hängt für den Ausschließungsbeklagten in einer zweigliedrigen Personengesellschaft entscheidend von der Bonität des verbleibenden Gesellschafters ab. Nach der Ausschließung können nämlich auch die Privatgläubiger auf das frühere Gesellschaftsvermögen des verbleibenden Gesellschafters zugreifen.[513] Schließlich werden aus haftungsrechtlicher Sicht Besonderheiten beim Gesamtrechtsübergang diskutiert, wenn der

---

508 Vgl. bereits oben im 3. Teil unter Abschnitt A. sowie *K. Schmidt*, in: MüKo HGB, § 140 Rn. 14 m.w.N.
509 Vgl. zu den hierdurch entstehenden Problemen kritisch *Westermann*, FS Röhricht, S. 655ff.
510 Allgemeine Ansicht. Vgl. BGH, Urteil vom 16.12.1999, AZ: VII ZR 53/97, NZG 2000, 474; *Lorz*, in: E/B/J/S, § 140 Rn. 39 m.w.N.; *K. Schmidt*, in: MüKo HGB, § 140 Rn. 86.
511 *C. Schäfer*, in: GroßkommHGB, § 140 Rn. 21; *Heidel*, in: Heidel/Schall, § 140 Rn. 6 und Rn. 50; im Ergebnis auch *Rinsche*, Verhältnis, S. 69ff. (zu § 142 HGB a.F.). *K. Schmidt*, in: MüKo HGB, § 140 Rn. 14, geht hingegen davon aus, dass die Klageaussichten der Ausschließung aus der Zwei-Personengesellschaft deshalb schlechter seien, weil die Gesellschaftreue des verbleibenden Gesellschafters „rein faktisch" schwieriger nachzuweisen sei. Generell anderer Ansicht *Roth*, in: Baumbach/Hopt, § 140 Rn. 3 („höhere Anforderungen").
512 Vgl. *C. Schäfer*, in: GroßkommHGB, § 140 Rn. 21.
513 Vgl. *Westermann*, FS Röhricht, S. 655, 667.

zuletzt verbleibende Gesellschafter Kommanditist war und sich der Übergang der Aktiva und Passiva ohne sein Zutun vollzieht.[514] Da dieser aber durch die Erhebung der Ausschließungsklage die Fortführung des Unternehmens ohne den Beklagten explizit verlangt hat, kommt eine Haftungsbeschränkung im Ausschließungsprozess nicht in Betracht.

### 3. Verhältnismäßigkeitsprüfung bei der Auflösungsklage nach § 133 HGB

Das soeben im Rahmen der Ausschließungsklage dargestellte Prüfungsprogramm ist entsprechend für die Beurteilung der Verhältnismäßigkeit der Auflösungsklage mit nachstehend aufgeführten Besonderheiten heranzuziehen.

#### a) Geeignetheit zur Erreichung eines legitimen Zwecks

Wie bei der Ausschließungsklage[515] dürfte die Geeignetheit der Auflösungsklage zur Beseitigung der gesellschafterlichen Störung bei Vorliegen eines wichtigen Grundes regelmäßig zu bejahen sein. Denn die Auflösung wird diesem Zweck durch die Beendigung der gemeinsamen gesellschafterlichen Zusammenarbeit im Normalfall gerecht. Ein Missbrauch der Auflösungsklage könnte angedacht werden, wenn der Auflösungskläger die Gesellschaft von vornherein bei Zuerkennung des Klagebegehrens aus der Liquidation erwerben und (alleine) fortführen will, ohne also in Wahrheit die Liquidation der Gesellschaft zu bezwecken. Allerdings steht eine solche Erwerbsabsicht der Geeignetheit bei konsequenter Fokussierung auf ökonomische Folgewirkungen nicht per se entgegen. Im Grundsatz dürfte der bezweckte spätere Erwerb durch einen der Gesellschafter einer bestmöglichen Verwertung des vorhandenen Gesellschaftsvermögens sogar zuträglich sein, weil im Preiswettbewerb um den Kauf der in Liquidation befindlichen Gesellschaft in der Regel ein optimales Liquidationsergebnis gewährleistet ist.[516]

---

514 Vgl. hierzu z.B. *Lorz*, in: E/B/J/S, § 140 Rn. 42.
515 Vgl. oben unter Abschnitt B.III.2.a).
516 Ähnlich *Geißler*, GmbHR 2012, 1049, 1052.

b) Erforderlichkeit der Auflösung

Die Erforderlichkeit der Auflösung ist zu verneinen, wenn dem Auflösungskläger ein im Verhältnis zur Auflösung gleichwertiges Lösungsrecht vom Personenverband zusteht, das den Auflösungsbeklagten in seinen wirtschaftlichen Folgen weniger stark belastet. Als für den Kläger äquivalente Gestaltung kommt vor allem ein außerordentliches Austrittsrecht in Betracht (nachfolgend unter aa)). Zu untersuchen ist ferner die Gleichwertigkeit eines ordentlichen Austrittsrechts (nachfolgend unter bb)). In Betracht kommt schließlich insbesondere die Übertragung des Anteils des Auflösungsklägers auf einen erwerbsbereiten Dritten (nachfolgend unter cc)). In allen drei Fällen wird dem Auflösungskläger wie im Fall der Liquidation die vollständige Trennung vom Gesellschaftsverband ermöglicht, was vorbehaltlich der detaillierten Prüfung zunächst für die Gleichwertigkeit dieser Alternativen zur Auflösung spricht.

aa) Verneinung der Erforderlichkeit der Auflösung aufgrund eines außerordentlichen Austrittsrechts

Ein der Erforderlichkeit der Auflösung entgegenstehendes außerordentliches Austrittsrecht kann qua Gesetz oder auf gesellschaftsvertraglicher Grundlage bestehen.

(1) Außerordentliches Austrittsrecht als gesetzlich zu berücksichtigendes mildere Mittel?

(a) Existenz eines außerordentlichen Austrittsrechts nach § 133 HGB analog

Das Handelsgesetzbuch sieht ein außerordentliches Austrittsrecht für Gesellschafter von Personenhandelsgesellschaften nicht vor. In der Diskussion um das Bestehen eines außerordentlichen Austrittsrechts durch eine entsprechende Anwendung von Gesetzesvorschriften sind drei verschiedene Fragestellungen zu trennen. Mangels einer gesetzlichen Regelung ist erstens zweifelhaft, ob ein solches Recht dem Auflösungskläger rechtlich auch ohne ein entsprechendes Angebot des Mitgesellschafters zusteht. Zweitens ist gegebenenfalls zu fragen, ob dieses nur mittels einer Gestaltungsklage oder allein durch eine entsprechende Erklärung ausgeübt werden kann. Schließlich ist im Falle des Bestehens eines solchen Rechts drittens zu untersuchen, inwieweit dieses ein Gericht im Rahmen der Verhältnismäßigkeitsprüfung einer Auflösungsklage von sich aus als milderes Mittel zu berücksichtigen hat. Diese drei Fragen sind auseinanderzuhalten, wobei an dieser Stelle zunächst[517] die Frage nach einem entsprechenden materiellen Anspruch des Auflösungsklägers und seiner möglichen Durchsetzung diskutiert wird.

Der Bundesgerichtshof hat ein außerordentliches Austrittsrecht bzw. eine »Austrittskündigung aus wichtigem Grund« bei einem fehlerhaften Beitritt zu einer Publikumspersonengesellschaft[518] oder bei Mehrheitsbeschlüssen, die zu wesentlichen Vertragsänderungen einer Publikumspersonengesellschaft führen[519], anerkannt. Dogmatisch beruht diese Rechtsprechung auf einer ergänzenden Auslegung des Gesellschaftsvertrags.[520] Darüber hinausgehend schlägt ein Teil der Literatur praeter legem entweder ein allgemeines außerordentliches Austrittsrecht aus der Personenhandelsgesellschaft[521] oder zumindest eines für Kommanditisten[522] vor.

Gegen ein außerordentliches Austrittsrecht wird die Möglichkeit von Abfindungsbeschränkungen im Fall des Austritts vorgebracht.[523] Allerdings kann dieses Problem bei der Frage der wirtschaftlichen Äquivalenz der alternativen Gestaltungsmaßnahme im Rahmen der Verhältnismäßigkeitsprüfung berücksichtigt werden und steht daher nicht generell der Akzeptanz des Austrittsrechts entgegen. Gewichtiger ist hingegen das Argument einer fehlenden Gesetzesgrundlage für ein solches außerordentliches

---

517 Vgl. zur Berücksichtigung des Austrittsrechts im Prozess unten Abschnitt C.II.
518 BGH, Urteil vom 19.12.1974, AZ: II ZR 27/73, BGHZ 63, 338, 345; zustimmend *Westermann*, in: Westermann/Wertenbruch, Hdb. Personengesellschaften, Rn. 226a.
519 BGH, Urteil vom 12.5.1977, AZ: II ZR 89/75, BGHZ 69, 160, 162; BGH, Urteil vom 13.3.1978, AZ: II ZR 63/77, BGHZ 71, 53, 61.
520 Vgl. zur Reichweite dieser Rechtsprechung *Grunewald*, in: MüKo HGB, § 161 Rn. 141.
521 Vgl. bereits *Röhricht*, FS Kellermann, S. 361, insb. 371ff. Für den Fall grundlegender Umgestaltungen des Gesellschaftsverhältnisses; *K. Schmidt*, in: MüKo HGB, § 132 Rn. 44f.; *Roth*, in: Baumbach/Hopt, § 133 Rn. 1; *Heidel*, in: Heidel/Schall, § 133 Rn. 12; kritisch *C. Schäfer*, in: GroßkommHGB, § 133 Rn. 3.
522 Vgl. *Grunewald*, in: MüKo HGB, § 161 Rn. 37f.
523 Vgl. *C. Schäfer*, in: GroßkommHGB, § 133 Rn. 10.

Austrittsrecht auch nach der Handelsrechtsreform 1998.[524] § 131 Abs. 3 Satz 1 Nr. 3 HGB regelt nur die Rechtsfolgen einer Kündigung, trifft aber keine Aussage darüber, wann einem Gesellschafter ein Kündigungsrecht zusteht.[525] Andererseits ist seither das Ausscheiden eines Gesellschafters die gesetzliche Regelfolge der Geltendmachung des ordentlichen Austrittsrechts (vgl. §§ 131 Abs. 3 Nr. 3, 132 HGB). Wegen der im Vergleich zur ordentlichen Kündigung für den Gesellschafter bei Vorliegen eines »wichtigen Grundes« umso belastenderen Situation sollte jedem Gesellschafter systematisch erst recht ein außerordentliches Austrittsrecht zustehen.[526] Dafür spricht, dass die Ausscheidensmöglichkeit aus einem unzumutbaren Gesellschaftsverband aufgrund des Selbstbestimmungsrechts jedes Gesellschafters eines der unverzichtbaren Mitgliedsrechte ist.[527]

Akzeptiert man ein außerordentliches Austrittsrecht qua Gesetz, wird die Frage nach den Voraussetzungen seiner Geltendmachung virulent. Die Notwendigkeit einer Gestaltungsklage wird teilweise deshalb verneint, da es bezogen auf das Austrittsrecht an dem speziell der Auflösungsklage nach § 133 HGB immanenten Bedürfnis an Rechtssicherheit fehle.[528] Die gerichtliche Klärung des Bestehens eines außerordentlichen Austrittsrechts sei daher mittels einer Feststellungsklage nach § 256 ZPO herbeizuführen.[529] Bei Publikumspersonengesellschaften mag dies sachgerecht sein, weil diese von ihrer organisatorischen Struktur her typischerweise auf die Unabhängigkeit vom Mitgliederbestand angelegt sind. Daher hat die Rechtsprechung in den Urteilen zu Publikumspersonengesellschaf-

---

524 Vgl. *C. Schäfer*, in: GroßkommHGB, § 133 Rn. 4; *Wiedemann*, GS Lüderitz, S. 839, 845; *Lorz*, in: E/B/J/S, § 133 Rn. 9; *Habersack*, Fachtagung Bayer-Stiftung, S. 73, 92.
525 Vgl. *K. Schmidt*, in: MüKo HGB, § 131 Rn. 78; *C. Schäfer*, in: GroßkommHGB, § 131 Rn. 99; *Stodolkowitz*, NZG 2011, 1327, 1328
526 Vgl. *Roth*, in: Baumbach/Hopt, § 133 Rn. 1; *Heidel*, in: Heidel/Schall, § 133 Rn. 12 und Rn. 14; im Ergebnis auch *Westermann*, in: Westermann/Wertenbruch, Hdb. Personengesellschaften, Rn. 1106; *Ulmer*, FS Goette, S. 545, 552f.; ausführlich *Stodolkowitz*, NZG 2011, 1327ff.
527 Vgl. *Heidel*, in: Heidel/Schall, § 133 Rn. 11; *K. Schmidt*, in: MüKo HGB, § 132 Rn. 37; *Stodolkowitz*, NZG 2011, 1327, 1330.
528 Vgl. *Roth*, in: Baumbach/Hopt, § 133 Rn. 1; *Heidel*, in: Heidel/Schall, § 133 Rn. 11.
529 Vgl. *Heidel*, in: Heidel/Schall, § 133 Rn. 18.

ten[530] die Erhebung einer Gestaltungsklage zur Geltendmachung des außerordentlichen Austrittsrechts auch nicht vorausgesetzt. Bei klassischen, personalistisch strukturierten Personenhandelsgesellschaften mit nur wenigen Gesellschaftern ist jedoch das Interesse an Rechtsklarheit über den Mitgliederbestand bei der Geltendmachung eines außerordentlichen Austrittsrechts genauso hoch wie bei der Auflösungsklage.[531] Dass dies auch gesetzgeberische Intention war, verdeutlicht insbesondere ein Blick auf die §§ 117, 127 und 140 HGB. Wenn es dem Gesetzgeber nur um Rechtssicherheit bezüglich des Bestandes der Gesellschaft selbst gegangen wäre, hätte keine Notwendigkeit bestanden, die Ausschließung oder (erst recht) die Entziehung der Geschäftsführungsbefugnis und Vertretungsmacht jeweils als Gestaltungsklage zu normieren. Umgekehrt wäre im Gegensatz zum Austritt auf Basis einer ordentlichen Kündigung und mit Blick auf den deutungsoffenen Tatbestand des »wichtigen Grundes« für personalistische Personenhandelsgesellschaften der Mangel an Rechtssicherheit beachtlich, der entstehen würde, wenn auch das außerordentliche Austrittsrecht allein mit einer Kündigung ausgeübt werden könnte.[532] Diesem Bedenken kann dadurch Rechnung getragen werden, dass das außerordentliche Austrittsrecht (nur) durch eine Austrittsklage nach § 133 HGB analog geltend gemacht werden kann.[533] Dafür spricht schließlich, dass der außerordentliche Austritt in seinen Rechtsfolgen nach § 738 Absatz 1 Satz 2

---

530 Vgl. BGH, Urteil vom 19.12.1974, AZ: II ZR 27/73, BGHZ 63, 338, 345; BGH, Urteil vom 12.5.1977, AZ: II ZR 89/75, BGHZ 69, 160, 162; BGH, Urteil vom 13.3.1978, AZ: II ZR 63/77, BGHZ 71, 53, 61.
531 Andere Ansicht *Stodolkowitz*, NZG 2011, 1327, 1331, der das Interesse der übrigen Gesellschafter an Rechtssicherheit bezüglich des Mitgliederbestandes geringer einschätzt als bezüglich des Fortbestehens der Gesellschaft.
532 Hiergegen *Stodolkowitz*, NZG 2011, 1327, 1330, der die historische Auslegung für unergiebig hält. Allerdings geht *Stodolkowitz* davon aus, dass ein außerordentliches Austrittsrecht nicht bestünde, wenn man von dem Grundsatz ausgehe, dass die Frage des wichtigen Grundes nach dem Willen des Gesetzgebers stets im Wege der Gestaltungsklage geklärt werden soll. Das ist indes nicht zutreffend, weil ein außerordentliches Austrittsrecht unter dieser Prämisse zwar die Erhebung einer Gestaltungsklage erfordert, nicht aber gänzlich verneint werden braucht.
533 Vgl. *Koller*, in: Koller u.a., § 133 Rn. 3.

BGB eine Teilliquidation darstellt und folglich wirtschaftlich mit der Auflösungsklage nach § 133 HGB verwandt ist.[534]

Gegen eine solche Analogie soll wiederum die Binnensystematik des § 131 HGB sprechen, wonach der Gesetzgeber zwischen der Auflösung nach Abs. 1 und dem Ausscheiden nach Abs. 3 differenziert habe und eine gerichtliche Entscheidung nur bei der Auflösung, nicht jedoch bei der Kündigung vorgesehen sei.[535] Die Nichtaufnahme der Austrittsklage in § 131 Abs. 3 HGB durch den Gesetzgeber ist jedoch einzig durch die im Gesetz nicht vorgesehene Klagemöglichkeit begründet. Daraus die analoge Anwendung des § 133 HGB abzulehnen erweist sich daher im Ergebnis als zirkelschlüssig.

Schließlich könnte jedoch einer Austrittsklage nach § 133 HGB analog entgegenstehen, dass Privatpersonen in der Regel keine neuen Aufgaben für Gerichte erzeugen können.[536] Damit bedarf die auf einer Analogie beruhende Erhebung einer Gestaltungsklage zumindest einer gründlichen Prüfung.[537] Eine Ausnahme vom Grundsatz der alleinigen Aufgabenzuweisung an die Gerichte durch den Gesetzgeber ist angezeigt, wenn die Gleichheit der Rechtslage eine Analogie praktisch notwendig und im Sinne der gesetzlichen Regelung naheliegend erscheinen lässt.[538] Eine Regelungslücke kann zunächst darin gesehen werden, dass § 133 HGB die Auflösungsklage regelt, eine auf Ausscheiden eines Gesellschafters gerichtete Gestaltungsklage aber nicht vorsieht.[539] Das praktische Bedürfnis nach einer die übrigen Gesellschafter weniger belastenden Loslösung des Auflösungsklägers vom Verband ist dem klagenden Gesellschafter kaum abzusprechen. Als zur Auflösung zumeist mildere Maßnahme liegt unter Wahrung des Verhältnismäßigkeitsgrundsatzes mangels Gesetzesgrundlage auch kein rechtsstaatlich möglicherweise unzulässiger Eingriff in die

---

534 Vgl. Argument bei *Heidel*, in: Heidel/Schall, § 133 Rn. 10, der eine Klagemöglichkeit nach § 133 HGB analog jedoch im Ergebnis ablehnt und ein außerordentliches Austrittsrecht ohne Klage bejaht.
535 Vgl. *Heidel*, in: Heidel/Schall, § 133 Rn. 10.
536 Vgl. ausführlich zur Vereinbarkeit der analogen Anwendung handelsrechtlicher Gestaltungsklagen mit dem Rechtsstaatsprinzip *Schlosser*, Gestaltungsklagen, S. 279ff.
537 Vgl. *Hueck*, in: Recht im Wandel, S. 287, 288; *Stodolkowitz*, NZG 2011, 1327, 1333; *Reichold*, in: Thomas/Putzo, ZPO, Vorbem § 253 Rn. 7; Analogien bei Gestaltungsklagen gänzlich ablehnend z.B. *Pfeifer*, Gestaltungsklagen, S. 29.
538 Vgl. *Hueck*, in: Recht im Wandel, S. 287, 289 und 292.
539 *Stodolkowitz*, NZG 2011, 1327, 1333.

Rechtsposition des Beklagten vor. Wegen der Nähe zu den Klagen nach § 133 HGB und § 140 HGB ist die Zuerkennung eines solchen Klagerechts mit dem gesetzlich vorgesehenen Instrumentarium zur Lösung tief greifender Gesellschafterkonflikte eng verwandt.[540] Zudem ist mit der Ausschließungsklage analog § 34 GmbHG bereits seit langem[541] die entsprechende Anwendung einer gesellschaftsrechtlichen Gestaltungsklage anerkannt.[542] Außerdem kann die gerichtliche Gestaltungsentscheidung über ein außerordentliches Austrittsrecht privatautonom in zulässiger Weise dadurch erreicht werden, indem die Erhebung der Auflösungsklage gesellschaftsvertraglich zum Ausscheiden nur des Auflösungsklägers und zur Fortsetzung der Gesellschaft unter den übrigen Gesellschaftern führt.[543]

Nach alledem sprechen die besseren Argumente dafür, den Gesellschaftern (einer personalistisch geprägten Personenhandelsgesellschaft) die Geltendmachung eines außerordentlichen Austrittsrechts mittels einer Gestaltungsklage nach § 133 HGB analog zuzubilligen.

(b) Verneinung der Erforderlichkeit der Auflösungsklage aufgrund eines außerordentlichen Austrittsrechts des Auflösungsklägers

Eine Gestaltungsklage auf außerordentlichen Austritt des Auflösungsklägers nach § 133 HGB analog stellt regelmäßig eine alternative Gestaltungsmaßnahme zur Auflösungsklage dar. Ob sie auch wirtschaftlich für den Auflösungskläger äquivalent ist und folglich zur Verneinung der Erforderlichkeit der Auflösung führt, hängt von der für den Austritt zu zahlenden Abfindung im Vergleich mit den wirtschaftlichen Folgen der Liquidation ab. Hierfür ist ein ökonomischer Positionenvergleich aus der Sicht des Auflösungsklägers vorzunehmen. Nur wenn die Abfindungszahlung dem anteiligen Gegenwert im Falle der Liquidation der Gesellschaft zumindest entspricht, kann die Auflösungsklage an der Erforderlichkeit scheitern. Dies wurde im Ergebnis bereits in allgemeinerem Kontext be-

---

540 Andere Ansicht *Stodolkowitz*, NZG 2011, 1327, 1333.
541 Vgl. statt aller nur *Schindler*, in: BeckOK GmbHG, § 34 Rn. 113 m.w.N.
542 *Hueck*, in: Recht im Wandel, S. 287, 295f.; *Becker*, ZZP 1984, 314, 315; vgl. allgemein mit weiteren Beispielen auch *Schlosser*, Gestaltungsklagen, S. 276ff.
543 *Hueck*, in: Recht im Wandel, S. 287, 300; vgl. auch *Schlosser*, Gestaltungsklagen, S. 286ff.; *Heidel*, in: Heidel/Schall, § 140 Rn. 53.

reits von *Geißler* formuliert, wonach die Auflösungsklage unter pauschaler Berufung auf das ultima-ratio-Prinzio nicht durch ein unterhalb des Liquidationserlöses liegendes Angebot an den Auflösungskläger zu Fall gebracht werden sollte.[544]

Im Falle der wirtschaftlichen Äquivalenz bezüglich der ökonomischen Position des Auflösungsklägers ist sodann zu fragen, ob das außerordentliche Austrittsrecht aus Sicht des Auflösungsbeklagten ein milderes Mittel zur Liquidation ist. Hierzu sind die die wirtschaftlichen Auswirkungen auf den Auflösungsbeklagten zu begutachten. Wenn sich dieser wirtschaftlich betrachtet im Fall des Austritts des Auflösungsklägers besser stellt, weil im Unternehmen z.B. bei einer Auflösung der Gesellschaft nicht mehr zu realisierende Geschäftschancen stecken, ist der außerordentliche Austritt des Auflösungsklägers aus seiner Sicht ein milderes Mittel, so dass die Erforderlichkeit einer Auflösung zu verneinen ist.

(2) Gesellschaftsvertragliche Vereinbarung eines außerordentlichen Austrittsrechts

Denkbar ist auch, dass ein außerordentliches Austrittsrecht gesellschaftsvertraglich vorgesehen und die Erforderlichkeit einer Auflösungsklage deshalb zu verneinen ist.

Nach herrschender Meinung kann das Recht auf Erhebung einer Auflösungsklage nach § 133 HGB durch die Vereinbarung eines außerordentlichen Austrittsrechts ersetzt werden.[545] Je nach gesellschaftsvertraglicher Gestaltung ist ein solches Austrittsrecht unter den Voraussetzungen des § 133 HGB oder durch einfache Kündigungserklärung i.S.d. § 131 Abs. 3 Nr. 3 HGB auszuüben. Die Klausel soll jedoch nach wohl herrschender Ansicht in der Literatur unter dem Vorbehalt geltungserhaltender Reduktion stehen.[546] Da dem Gesellschafter eine angemessene, »das zu erwar-

---

544 *Geißler*, GmbHR 2012, 1049, 1052, 1055.
545 Vgl. *K. Schmidt*, in: MüKo HGB, § 133 Rn. 70; *Roth*, in: Baumbach/Hopt, § 133 Rn. 19; *Koller*, in: Koller u.a., § 133 Rn. 4; *C. Schäfer*, in: GroßkommHGB, § 133 Rn. 72; *K. Schmidt*, in: MüKo HGB, § 133 Rn. 70; *Lorz*, in: E/B/J/S, § 133 Rn. 48.
546 Vgl. *Roth*, in: Baumbach/Hopt, § 133 Rn. 19; *Koller*, in: Koller u.a., § 133 Rn. 4; *C. Schäfer*, in: GroßkommHGB, § 133 Rn. 72; *K. Schmidt*, in: MüKo HGB, § 133 Rn. 70; *Lorz*, in: E/B/J/S, § 133 Rn. 48.

tende Liquidationsergebnis jedenfalls nicht unterschreitende Abfindung«[547] zustehen müsse, bleibe das Recht zur Auflösungsklage unberührt, wenn dem Gesellschafter weder die Fortsetzung der Gesellschaft noch ein Austritt aus der Gesellschaft oder eine Ausschließung der Mitgesellschafter zugemutet werden könne.[548]

Diese wirtschaftliche Argumentation der herrschenden Meinung liegt mit der in dieser Arbeit vorgeschlagenen Sichtweise auf den Verhältnismäßigkeitsgrundsatz auf einer Linie. Allerdings überzeugt die Lösung der herrschenden Meinung nur im Ergebnis. Einer gesellschaftsrechtlichen Verdrängung der Auflösungsklage durch das außerordentliche Austrittsrecht steht der insoweit eindeutige Gesetzeswortlaut des § 133 Abs. 3 HGB entgegen. Danach ist eine Vereinbarung, durch welche das Recht des Gesellschafters, die Auflösung der Gesellschaft zu verlangen, ausgeschlossen oder diesen Vorschriften zuwider beschränkt wird, nichtig. Eine das gesetzliche Auflösungsrecht ausschließende Ersetzung durch ein außerordentliches Austrittsrecht ist also qua Gesetz unwirksam. Allein der »Wandel der Normsituation [...] durch die aus dem Gesetzeswortlaut nicht ablesbare Subsidiarität der Auflösungsklage gegenüber Ausschließungs- und Austrittsrechten [...und] den insbesondere in der Handelsrechtsreform von 1998 zum Ausdruck gelangten Vorrang der Unternehmenserhaltung«[549] vermag an dieser gesetzgeberischen Entscheidung nichts zu ändern. Außerdem ist die Lösung der herrschenden Meinung inkonsequent, da die Auflösungsklage »durch die Hintertür« im Wege einer geltungserhaltenden Reduktion im Falle einer zu niedrigen Abfindung doch wieder zugelassen werden soll.

Demgegenüber kann es bei der gesetzlich vorgesehenen Nichtabdingbarkeit des § 133 Abs. 3 HGB verbleiben. Wenn die gesellschaftsvertraglich vorgesehene Möglichkeit der Geltendmachung des außerordentlichen Austrittsrechts dem auf Auflösung klagenden Gesellschafter eine wirtschaftlich äquivalente Lösungsalternative bietet, scheitert die Auflösungsklage nach der vorliegend vorgeschlagenen Sichtweise an ihrer Unverhältnismäßigkeit. Im Ergebnis findet eine Auflösung also dann nicht statt, wenn das außerordentliche Austrittsrecht eine angemessene Abfindung

---

547 *K. Schmidt*, in: MüKo HGB, § 133 Rn. 70; gleiche Ansicht bei *Lorz*, in: E/B/J/S, § 133 Rn. 48; weniger streng wohl *C. Schäfer*, in: GroßkommHGB, § 133 Rn. 72 (Prüfung der Abfindungsbeschränkung über § 133 Abs. 3 HGB).
548 Vgl. *K. Schmidt*, in: MüKo HGB, § 133 Rn. 70.
549 *K. Schmidt*, in: MüKo HGB, § 133 Rn. 63.

vorsieht, und hat Erfolg, wenn die Auflösung wirtschaftlich sinnvoller ist. Dieser rechtlich flexiblere Weg ist näher am Gesetzeswortlaut und entspricht zugleich den Interessen der Gesellschafter an der Erhaltung der in der Gesellschaft gebundenen Vermögenswerte einerseits sowie dem Lösungsinteresse des nicht mehr fortsetzungsbereiten Gesellschafters andererseits.

bb) Verneinung der Erforderlichkeit aufgrund der Möglichkeit zur Ausübung eines ordentlichen Austrittsrechts

Als gleichwertige alternative Gestaltungsmaßnahme zur Erhebung der Auflösungsklage kommt schließlich eine ordentliche Kündigung nach § 132 HGB in Betracht. Diese ist nur für den Schluss eines Geschäftsjahres möglich und muss mindestens sechs Monate vor diesem Zeitpunkt erklärt werden. Häufig finden sich in Gesellschaftsverträgen längere Kündigungsfristen.[550] Das ordentliche Kündigungsrecht kann zudem gesellschaftsvertraglich für eine im Gesellschaftsvertrag bestimmte Dauer in den Grenzen der §§ 138, 723 Abs. 3 BGB ausgeschlossen werden.[551] Die Gleichwertigkeit dieser Alternative im Vergleich zur Auflösungsklage dürfte wegen der soeben skizzierten zahlreichen Modifikationen in der Praxis häufig nicht gegeben sein. »Denn in diesem Fall bedingt die Kündigung eine für den betroffenen Gesellschafter im Vergleich zur Auflösung nachteilige Rechtsfolge, so dass sie ihm keinen äquivalenten Rechtsbehelf bietet. Auf die Möglichkeit zur ordentlichen Kündigung braucht sich der Kläger mit anderen Worten nur dann verweisen zu lassen, wenn er durch die damit verbundene Ausscheidensfolge keine zumutbaren finanziellen Nachteile erleidet.«[552] Wenn jedoch der Kündigende unter Einbeziehung der finanziellen Ansprüche bis zum Wirksamwerden der Kündigung eine zur Auflösung gleichwertige Abfindung erhält, kann die Er-

---

550 Vgl. *Westermann*, in: Westermann/Wertenbruch, Hdb. Personengesellschaften, Rn. 1071.
551 Eingehend *Westermann*, in: Westermann/Wertenbruch, Hdb. Personengesellschaften, Rn. 1077ff.; *Westermann*, Vertragsfreiheit, S. 432ff.; *K. Schmidt*, in: MüKo HGB, § 132 Rn. 30ff.; *C. Schäfer*, in: GroßkommHGB, § 133 Rn. 32ff.
552 *C. Schäfer*, in: GroßkommHGB, § 133 Rn. 10 (zum Merkmal „wichtiger Grund").

forderlichkeit der Auflösung im Einzelfall durchaus wegen dieser Gestaltungsalternative zu verneinen sein.

### cc) Verneinung der Erforderlichkeit wegen der Übertragungsmöglichkeit des Anteils auf einen erwerbsbereiten Dritten

Eine häufige weitere zur Auflösung alternative Gestaltungsmaßnahme ist ferner die Übertragung des Anteils des Auflösungsklägers auf einen erwerbsbereiten Dritten. Wegen der eingeschränkten Handelbarkeit der Anteile von Personenhandelsgesellschaften braucht sich der ausscheidenswillige Gesellschafter auch bei Zustimmung der übrigen Gesellschafter zu einem Gesellschafterwechsel nicht allein auf die abstrakte Möglichkeit einer Veräußerung seiner Anteile an einen Dritten verweisen zu lassen.[553] Auch das Fehlen eigener Bemühungen wie insb. die gezielte Suche nach einem Käufer kann nicht zur Verneinung der Erforderlichkeit der Auflösungsklage führen. Allerdings darf der zum Austritt entschlossene Gesellschafter konkrete oder leicht erreichbare Übernahmeangebote, deren Annahme ihm das gleiche Ergebnis wie im Falle der Liquidation der Gesellschaft sichern würde und die nicht an der Zustimmungspflicht der übrigen Gesellschafter scheitern[554], auch nicht ohne Grund ausschlagen.[555] Vorstehende Überlegungen entsprechen wirtschaftlich den bereits ausführlich dargestellten Entscheidungen des Bundesgerichtshofs sowie des Oberlandesgerichts München, in denen diese die Verhältnismäßigkeit danach beurteilten, ob die Auflösungskläger jeweils die Möglichkeit hatten, ihre Beteiligung zum vollen, nicht hinter dem voraussichtlichen Liquidationserlös zurückbleibenden Wert zu veräußern.[556]

---

553 Vgl. *Röhricht*, FS Kellermann, S. 361, 383f.; ihm folgend *Heidel*, in: Heidel/Schall, § 133 Rn. 12a.
554 Vgl. hierzu eingehend *Westermann*, in: Westermann/Wertenbruch, Hdb. Personengesellschaften, Rn. 1001ff.
555 Vgl. *Heidel*, in: Heidel/Schall, § 133 Rn. 12a.
556 Vgl. ausführlich oben im 3. Teil unter Abschnitt A.II.2.b).

c) Angemessenheit der Auflösung

Sofern dem Auflösungskläger keine gleichwertige alternative Gestaltungsmaßnahme zur Verfügung steht und die Erforderlichkeit der Auflösung mithin zu bejahen ist, ist die Auflösung schließlich auf ihre Angemessenheit hin zu überprüfen. Hierzu ist wiederum ein ökonomischer Positionenvergleich mit den zur Auflösung bestehenden Gestaltungsalternativen vorzunehmen. Dafür sind zunächst die wirtschaftlichen Folgen der Auflösung zu bewerten. Sehr häufig wird in diesem Zusammenhang die generelle Zerschlagung wirtschaftlicher Werte durch die Auflösung postuliert (nachfolgend unter aa)). Bei der Interessenabwägung stellt sich zudem die Frage, ob das Interesse am Fortbestand der Gesellschaft ein eigenständiges, gegebenenfalls ebenfalls wirtschaftlich zu bewertendes Abwägungskriterium im Rahmen der Angemessenheit darstellt (nachfolgend unter bb)). Darauf folgt die Darlegung des Modells der einzelfallbezogenen ökonomischen Bewertung der Rechtsfolgen der Auflösung (nachfolgend unter cc)).

aa) Generelle Zerschlagung wirtschaftlicher Werte durch die Auflösung?

Nach Ansicht der herrschenden Meinung führt die Auflösung regelmäßig zur Zerschlagung ökonomischer Werte.[557] Auch der Gesetzgeber ist im Zuge der Handelsrechtsreform 1998 von dieser Prämisse ausgegangen. Die Auflösung von Personenhandelsgesellschaften aus gesellschafterbezogenen Gründen, insbesondere wegen des Todes eines Gesellschafters, entspreche grundsätzlich nicht den wirtschaftlichen Interessen der Gesellschafter und der Gläubiger, da ein möglicherweise florierendes Unternehmen zerschlagen werde.[558] Die Liquidation des gemeinsamen Vermögens habe im Vergleich zur Veräußerung eines Unternehmens als Ganzes erhebliche Wertverluste für die Beteiligten zur Folge.[559]

Im Fall der Bejahung eines »wichtigen Grundes« liegt dem Auflösungsbegehren des Gestaltungsklägers in der Regel ein eskaliertes Zer-

---

[557] BGH, Urteil vom 18.4.1985, AZ: II ZR 274/83, NJW 1985, 1901.; *C. Schäfer*, in: GroßkommHGB, § 133 Rn. 19; *Lorz*, in: E/B/J/S, § 133 Rn. 8; *Heidel*, in: Heidel/Schall, § 133 Rn. 12; *Stodolkowitz*, NZG 2011, 1327, 1332.
[558] Begr. RegE HRefG, BT-Drs. 13/8444 vom 29.08.1997, S. 42.
[559] Begr. RegE HRefG, BT-Drs. 13/8444 vom 29.08.1997, S. 42.

würfnis der Gesellschafter zu Grunde.[560] Bei einer mit einem solchen Gesellschafterstreit belasteten Gesellschaft ist jedoch die von der herrschenden Meinung geradezu apodiktische Generalisierung der Vernichtung ökonomischer Werte im Rahmen einer Liquidation zumindest zweifelhaft. Nicht nur ausnahmsweise könnten über Jahre schwelende Streitigkeiten auch die wirtschaftlichen Ertragsaussichten der betroffenen Gesellschaft stark belasten. Hinzu kommt, dass der Gesellschafterstreit durch die Antragstellung in der Öffentlichkeit bekannt und dadurch der Ruf der Gesellschaft möglicherweise nachhaltig beschädigt ist. Unter der Prämisse eines im Verhältnis zur Liquidierung der Gesellschaft höheren Fortsetzungswerts sollte zudem in der Liquidation ein erwerbs- und fortsetzungsbereiter Käufer gefunden werden. Ein Regel-Ausnahme-Verhältnis, wonach die Auflösung generell zur Zerschlagung ökonomischer Werte führt, ist folglich bei Vorliegen eines »wichtigen Grundes« zur Auflösung nicht anzuerkennen. Gut begründbar ist gleichsam, dass sich die Gesellschafter in einer solchen Situation nicht aus finanziell-rationalen Erwägungen heraus an die Gesellschaft klammern.[561] Eventuell fürchtet der Auflösungsbeklagte eher den Verlust des persönlichen Machtkampfes mit dem Auflösungskläger und verteidigt sich daher aus vorwiegend persönlichen, emotionalen Gründen gegen eine wirtschaftlich sinnvolle Auflösung der Gesellschaft.

Da beide Ansichten argumentativ plausibel begründbar sind, sollte das erkennende Gericht die Auflösung jedenfalls nicht von vornherein als wirtschaftlich minderwertige Alternative ansehen. Die vielfach postulierte Wertevernichtung durch eine Auflösung bedarf vielmehr einer einzelfallbezogenen Prüfung, bei der die wirtschaftliche Situation der Gesellschaft und die Auswirkungen der Auflösung konkret untersucht werden.

bb) Interesse der Gesellschaft an ihrem Fortbestand als eigenständiges Abwägungskriterium?

Fraglich ist, ob bei der Abwägung im Rahmen der Angemessenheit neben den wirtschaftlichen Auswirkungen *auf die Position der Gesellschafter* auch das Interesse *der Gesellschaft* an ihrer Aufrechterhaltung als eigen-

---

560 Vgl. oben unter Abschnitt B.II.2.b).
561 Vgl. oben unter Abschnitt B.II.2.c).

ständiges Abwägungskriterium zu beachten ist.[562] Der Bundesgerichtshof hat die Abweisung von Auflösungsanträgen bei Publikumspersonengesellschaften und personalistisch geprägten GmbHs unter anderem mit einem der Auflösung entgegenstehenden Gesellschaftsinteresse begründet.[563] Das Oberlandesgericht Köln wies die Auflösung der Gaffel-Brauerei unter anderem deshalb ab, weil sich die »Gefahren für *die Gesellschaft* durch eine Abberufung [von Heinrich Becker] als Geschäftsführer [...] und durch eine Entziehung der entsprechenden Vertretungsmacht für die Zukunft vermeiden«[564] ließen. Auch das Oberlandesgericht Nürnberg hat den Verlust von Arbeitsplätzen als Argument gegen eine Auflösung bemüht.[565] Dagegen ließ der Bundesgerichtshof in einem Urteil zu einer Zweimann-GmbH die Frage nach der Anerkennung eines Erhaltungsinteresses an der Gesellschaft (als Erwerbsquelle) offen, da der Auflösungsbeklagte dieses Interesse jedenfalls durch einen Kauf der wesentlichen Sachmittel der Gesellschaft in der Liquidation ausüben könne.[566]

Die Kategorie eines eigenständigen Erhaltungsinteresses im Rahmen der Verhältnismäßigkeitsprüfung könnte durch Gesetzesänderungen im Zuge der Handelsrechtsreform gestützt worden sein. Seit der Neufassung des § 131 HGB führen mangels abweichender Gesellschafterverträge diverse Tatbestände wie insbesondere die Kündigung eines Gesellschafters oder dessen Tod zum Ausscheiden des betreffenden Gesellschafters und nicht zur Auflösung der Gesellschaft. Hierdurch wurde das frühere Regel-Ausnahme-Verhältnis umgekehrt.[567] Nach einer verbreiteten Auffassung in der Literatur hat der Gesetzgeber durch die Einfügung von § 131 Abs. 3 HGB den Vorrang der Ausschließungs- vor der Auflösungsklage kodifiziert, indem er in der Gesetzesbegründung die gesetzgeberische Wertung

---

562 Diesen Unterschied trennt *Hess*, Handelsrechtsreform, S. 118 unten, nicht sauber. In eine ähnliche Richtung gehen Überlegungen über einen generellen Vorrang von gemeinsamen Interessen über das Einzelinteresse, vgl. *Stubbe*, Verhältnismäßigkeit, S. 48; *Hubmann*, AcP 155 (1956), 85, 107.
563 Vgl. oben im 3. Teil unter Abschnitt A.II.3.
564 OLG Köln, Urteil vom 19.12.2013, AZ: 18 U 218/11 (abrufbar unter juris), Rn. 228 (Hervorhebung durch d. Verfasser).
565 OLG Nürnberg, Urteil vom 27. März 1958, AZ: 3 U 227/54, WM 1958, 710, 715.
566 BGH, Urteil vom 18.4.1985, AZ: II ZR 274/83, NJW 1985, 1901.
567 Vgl. die umfassenden Nachweise zum Hintergrund der Reform bei *Roth*, in: Baumbach/Hopt, § 131 Rn. 1; eingehend auch *Hess*, Handelsrechtsreform, S. 30ff. Kritik bei *K. Schmidt*, in: MüKo HGB, § 131 Rn. 53ff.

eines Interesses am »Fortbestand der Gesellschaft« zum Ausdruck gebracht habe.[568] Vor einer Auflösung der Gesellschaft machten daher die Rechtsfolgenorientierung des »wichtigen Grundes«, das Prinzip der Verhältnismäßigkeit und der Vorrang von Anpassungsmaßnahmen die Prüfung erforderlich, ob ein »wichtiger Grund« ausreiche, um den Gestaltungsantrag zu rechtfertigen.[569] Tatsächlich scheint die Gesetzesbegründung auf ein eigenes Gesellschaftsinteresse hinzudeuten: Demnach soll die Personenidentität hinter die Unternehmenskontinuität zurücktreten, die »als gesetzgeberischer Wertmaßstab auf das Gesellschaftsrecht ausstrahlen und als Auslegungshilfe dienen soll«[570]. Weiter weist die Gesetzesbegründung explizit auch auf die Arbeitnehmer des Unternehmens hin, die durch die Auflösung ihren Tätigkeitsbereich, wenn nicht sogar ihre Existenzgrundlage verlieren würden.[571] Ein Gesellschafter, in dessen Person ein bisher zur Auflösung der Gesellschaft liegendes Ereignis begründet sei, habe ferner in der Regel kein Interesse an der Auflösung der Gesellschaft, da sie ihm wegen der äquivalenten Werthaltigkeit des Abfindungsanspruchs nach Ausscheiden eines Gesellschafters im Vergleich zum Auseinandersetzungsanspruch nach Auflösung der Gesellschaft keine Vorteile bringe.[572]

Aus dieser gesetzlichen Neuregelung für die Fälle des § 131 HGB eine Parallele für das Verhältnis zwischen Auflösungs- und Ausschließungsklage zu ziehen ist jedoch aus mehreren Gründen verfehlt.[573] Die Änderungen in § 131 HGB zielten nicht darauf ab, die Voraussetzungen der Gestaltungsklage nach § 133 HGB zu verändern. Gesetzgeberische Intention der Handelsrechtsreform war vor allem, den wirtschaftlichen Bedürfnissen der Praxis und der Realität der Kautelarjurisprudenz zu entsprechen, die zumeist das seither gesetzlich verankerte Regel-Ausnahme-

---

568 Vgl. *Lorz*, in: E/B/J/S, § 133 Rn. 8; *K. Schmidt*, in: MüKo HGB, § 133 Rn. 7; im Ergebnis auch *Hess*, Handelsrechtsreform, S. 125; einschränkend *Wertenbruch*, in: Westermann/Wertenbruch, Hdb. Personengesellschaften, Rn. 1640d: Vorrang besteht nicht, wenn Ausschließung nur zu „Teilbereinigung der Störung" führt.
569 *K. Schmidt*, in: MüKo HGB, § 133 Rn. 13.
570 Begr. RegE HRefG, BT-Drs. 13/8444 vom 29.08.1997, S. 41.
571 Begr. RegE HRefG, BT-Drs. 13/8444 vom 29.08.1997, S. 42.
572 Begr. RegE HRefG, BT-Drs. 13/8444 vom 29.08.1997, S. 42.
573 Vgl. hingegen *Hess*, Handelsrechtsreform, S. 125, der unter Berufung auf die Gesetzesmaterialien und den Sinn und Zweck der §§ 133, 140 HGB ein eigenständiges Fortbestandsinteresse der Gesellschaft anerkennt und folglich die Auflösung als gegenüber der Ausschließung subsidiär ansieht.

## B. Entwicklung von Kriterien für den Verhältnismäßigkeitsgrundsatz

Verhältnis bereits gesellschaftsvertraglich vorgesehen hatte.[574] Die in der Gesetzesbegründung erwähnten Ereignisse in der Person eines Gesellschafters wie sein Tod oder die Eröffnung des Insolvenzverfahrens über sein Vermögen stehen im Rahmen eines Auflösungsantrags ferner nicht im Vordergrund. Vielmehr dominieren wechselseitige Vorwürfe verbunden mit einem tiefgreifenden, unheilbaren Zerwürfnis der Gesellschafter die entsprechenden Anträge.[575] Eine Ausschließung von Gesellschaftern scheidet in dieser Situation nach herrschender Meinung zumeist wegen der Wechselseitigkeit der Vorwürfe aus[576], so dass das seit der Handelsrechtsreform zur Regel gewordene Ausscheiden eines Gesellschafters per Ausschließungsklage gar nicht durchsetzbar ist. Von einer Zerschlagung wirtschaftlicher Werte kann bei einem zerrütteten Gesellschafterverhältnis schließlich nicht generell ausgegangen werden[577], was das in der Regierungsbegründung enthaltene Argument der Sicherung von Arbeitsplätzen entkräftet.

Ein von den Gesellschafterinteressen zu trennendes öffentliches Interesse an der Erhaltung des Gesellschaftsunternehmens ist im Rahmen von § 133 HGB nicht anzuerkennen.[578] Dem steht schon generell die personalistische Struktur von Personenhandelsgesellschaften entgegen. An dieser grundsätzlichen Ausrichtung an den Interessen der Gesellschafter hat die Handelsrechtsreform von 1998 nichts geändert, auch wenn dadurch die Unternehmenskontinuität besser gewährleistet werden sollte.[579] Dies zeigt sich daran, dass das Gesetz hinsichtlich der personalen Zusammensetzung der Gesellschaft unverändert an den Parteiwillen anknüpft, womit der Bereich des Ausscheidens und der Auflösung weiterhin der Parteiautonomie unterliegt.[580] Ohne die Verschleierung des Bestandsinteresses als eigenständiges Kriterium rückt das eigentliche Gesellschafterinteresse am Fortbestand des Unternehmens in den Mittelpunkt, nämlich die gleichmäßige

---

574 *Roth*, in: Baumbach/Hopt, § 131 Rn. 1
575 Vgl. oben unter Abschnitt B.II.2.
576 Vgl. oben im 2. Teil unter Abschnitt C.I.
577 Vgl. soeben unter Abschnitt B.III.3.c)aa).
578 Vgl. *C. Schäfer*, in: GroßkommHGB, § 133 Rn. 11; *Heidel*, in: Heidel/Schall, § 133 Rn. 40; im Grundsatz auch *Becker*, ZZP 1984, 314, 316.
579 Vgl. *C. Schäfer*, in: GroßkommHGB, § 133 Rn. 12.
580 Vgl. *C. Schäfer*, in: GroßkommHGB, § 133 Rn. 12

wirtschaftliche Zurechnung aller im Unternehmen vereinigten Sachen, Rechte und immateriellen Werte.[581]

Nach alledem ist neben den Interessen der Gesellschafter an der Erhaltung der Gesellschaft als Einnahmequelle eine eigenständige Abwägungskategorie eines Gesellschafts- oder Fortbestandsinteresses abzulehnen. Die Angemessenheit der Auflösungsklage ist folglich allein aus der wirtschaftlichen Perspektive der Gesellschafter heraus zu beurteilen.

### cc) Vorgeschlagenes Modell der einzelfallbezogenen ökonomischen Bewertung der Rechtsfolgen

Wie bei der Ausschließung sind zur Beurteilung der Angemessenheit der Auflösung der Gesellschaft die Folgen für die Gesellschafter ökonomisch zu analysieren.

#### (1) Beurteilung der Folgen für den Auflösungsbeklagten

##### (a) Wirtschaftlicher Wert der Auflösung

Mit Rechtskraft der gerichtlichen Entscheidung findet gemäß § 145 Abs. 1 HGB nach der Auflösung der Gesellschaft grundsätzlich die Liquidation statt. Zwar sind Vereinbarungen zur Liquidation möglich; ohne sie ist jedoch im Rahmen der finanziellen Bewertung der Rechtsfolgen zunächst vom Regelfall auszugehen.

###### (aa) Gesetzlicher Regelfall: Die Liquidation nach §§ 145ff. HGB

Die Abwicklung der durch die Auflösung im Liquidationsstadium befindlichen Gesellschaft erfolgt nach §§ 145ff. HGB. Die Identität der Gesellschaft bleibt zunächst unberührt; auch die Firma bleibt (mit dem Zusatz »in Liquidation«) bestehen (§ 153 HGB).[582] Bei Auflösung der Gesellschaft erlöschen Geschäftsführungsbefugnis und Vertretungsmacht der

---

581 Vgl. *Westermann*, NJW 1977, 2185, 2186.
582 Eingehend *Grziwotz*, DStR 1992, 1365, 1367.

## B. Entwicklung von Kriterien für den Verhältnismäßigkeitsgrundsatz

Gesellschafter, wie sie für die werbende Gesellschaft galten.[583] Organe der Gesellschaft sind jetzt die Liquidatoren. Wer Liquidator ist, richtet sich gemäß § 146 HGB nach dem Gesellschaftsvertrag, einem Beschluss der Gesellschafter oder der Auswahl eines Dritten. Werden keine bestimmten Personen ernannt, so sind alle Gesellschafter Liquidatoren.[584] Die Liquidatoren haben nach § 149 Satz 1 HGB primär die laufenden Geschäfte zu beendigen, die Forderungen einzuziehen, das übrige Vermögen in Geld umzusetzen und die Gläubiger zu befriedigen. Die Art und Weise der Umsetzung in Geld wird bei Fehlen eines Gesellschafterbeschlusses oder einer gesellschaftsvertraglichen Regelung durch die Pflicht der Liquidatoren zur Erwirtschaftung eines optimalen Liquidationsergebnisses bestimmt.[585] Soweit sie nicht durch Vertrag oder Beschluss gebunden sind, entscheiden die Liquidatoren hierüber nach pflichtgemäßem Ermessen.[586] Allerdings sind sie an erteilte Weisungen der Beteiligten gebunden (§ 152 HGB), nicht jedoch an solche eines einzelnen Gesellschafters. Die Verteilung des nach Deckung der Verbindlichkeiten verbleibenden Gesellschaftsvermögens erfolgt gemäß § 155 Abs. 1 HGB nach dem Verhältnis der Kapitalanteile.[587]

Nach diesem gesetzlichen Regelmodell ist der ökonomische Anteilswert der streitenden Parteien ihr Anteil am sogenannten »Liquidationswert«, also dem Barwert der Nettoerlöse, die sich aus der Veräußerung der Vermögensgegenstände abzüglich Schulden und Liquidationskosten ergeben.[588] Für die Ermittlung des Liquidationswerts kommt es auf die (fiktiven) Verwertungserlöse für die einzelnen Vermögensgegenstände an, die

---

583 Vgl. *Wertenbruch*, in: Westermann/Wertenbruch, Hdb. Personengesellschaften, Rn. 1712; *Grziwotz*, DStR 1992, 1365, 1367.
584 Sog. „fortbestehende Selbstorganschaft", vgl. nur *Wertenbruch*, in: Westermann/Wertenbruch, Hdb. Personengesellschaften, Rn. 1711.
585 Vgl. *K. Schmidt*, in: MüKo HGB, § 149 Rn. 35; *Hillmann*, in: E/B/J/S, § 149 Rn. 18; *Habersack*, in: GroßkommHGB, § 149 Rn. 34.
586 Vgl. *K. Schmidt*, in: MüKo HGB, § 149 Rn. 35; *Hillmann*, in: E/B/J/S, § 149 Rn. 18; *Habersack*, in: GroßkommHGB, § 149 Rn. 34; *Grziwotz*, DStR 1992, 1365, 1367.
587 Vgl. zu den Einzelheiten und diesbezüglichen Problemen *Wertenbruch*, in: Westermann/Wertenbruch, Hdb. Personengesellschaften, Rn. 1748ff.; *K. Schmidt*, in: MüKo HGB, § 155 Rn. 40ff.; *Hillmann*, in: E/B/J/S, § 149 Rn. 12ff.; *Grziwotz*, DStR 1992, 1365, 1367.
588 Vgl. *Fleischer/Schneider*, DStR 2013, 1736; IDW S 1 i.d.F. 2008: Grundsätze zur Durchführung von Unternehmensbewertungen, Rn. 141, abgedruckt bei IDW-FN 2008, 271ff.

vor allem durch Zerschlagungsintensität und Zerschlagungsgeschwindigkeit beeinflusst sein können.[589] Zu Grunde zu legen ist das bestmögliche Verwertungskonzept.[590] Von dem so ermittelten Liquidationserlös sind die Verbindlichkeiten der Gesellschaft sowie sämtliche Kosten der Liquidation abzuziehen. Zu den Kosten der Liquidation zählen etwa die Kosten des Abwicklungsvorgangs selbst (z.B. Makler, Wirtschaftsprüfer), Vorfälligkeitsentschädigungen, Abbruch- und Sanierungskosten sowie Sozialplanverpflichtungen.[591] Schließlich sind die Liquidationsüberschüsse auf den Bewertungsstichtag zu diskontieren, wenn die Liquidation ex ante betrachtet längere Zeit dauert.[592]

(bb) Berücksichtigung abweichender Liquidationsvereinbarungen

Das Liquidationsrecht unterliegt im Verhältnis der Gesellschafter untereinander[593] im Grundsatz der Disponibilität der Gesellschafter.[594] Insbesondere können die Gesellschafter nach § 145 Abs. 1 HGB (einstimmig) auch eine »andere Art der Auseinandersetzung« wählen.[595] Diese kann bereits im Gesellschaftsvertrag vorgesehen sein oder durch die Gesellschafter nachträglich vereinbart werden. Möglich ist auch eine Auseinandersetzung unter den Gesellschaftern *ohne Liquidationsverfahren*, z.B. durch Übernahme des Unternehmens durch einen Gesellschafter unter Austritt und Abfindung der anderen Gesellschafter.[596] Davon zu unterscheiden ist eine

---

589 Vgl. *Fleischer/Schneider*, DStR 2013, 1736, 1737.
590 Vgl. BGH, Urteil vom 21.4.1955, AZ: II ZR 227/53, BGHZ 17, 131, 133, 136; BGH, Urteil vom 30.3.1967, AZ: II ZR 141/64, NJW 1967, 1464.
591 *Fleischer/Schneider*, DStR 2013, 1736, 1737.
592 *Fleischer/Schneider*, DStR 2013, 1736, 1737.
593 Im Verhältnis zu Dritten gelten Restriktionen, vgl. § 158 HGB.
594 Vgl. *Wertenbruch*, in: Westermann/Wertenbruch, Hdb. Personengesellschaften, Rn. 1705; *K. Schmidt*, in: MüKo HGB, § 145 Rn. 11f.; *Habersack*, in: GroßkommHGB, § 145 Rn. 3.
595 Vgl. *Lehmann/Richter*, in: BeckOK HGB, § 145 Rn. 11ff.; *K. Schmidt*, in: MüKo HGB, § 145 Rn. 31ff.
596 Vgl. *Lehmann/Richter*, in: BeckOK HGB, § 145 Rn. 19; *K. Schmidt*, in: MüKo HGB, § 145 Rn. 32ff.

*B. Entwicklung von Kriterien für den Verhältnismäßigkeitsgrundsatz*

sogenannte »atypische Liquidation«, bei der *im Liquidationsverfahren* das Unternehmen an einen Gesellschafter oder an Dritte veräußert wird.[597]

Angesichts dieser umfassenden Abweichungsmöglichkeiten vom gesetzlichen Regelungsmodell stellt sich die Frage, auf welcher Grundlage das Gericht die Angemessenheit der Auflösung ökonomisch beurteilt. Hierfür bestehen zwei Möglichkeiten: Vorstellbar wäre, dass das Gericht in einem ersten Schritt die wirtschaftlich »optimale Liquidationsalternative« ermittelt und diese der Bewertung der Verhältnismäßigkeit zugrunde legt. Konsequenter ist jedoch die Bewertung der Liquidationsfolgen wie bei der Berücksichtigung von etwaigen Gesellschaftervereinbarungen im Rahmen der Bemessung der Abfindungshöhe[598] anhand des gesetzlichen oder gesellschaftsvertraglich vereinbarten »Status Quo«. Das vorgefundene Regelungsmodell stellt die bestehende, privatautonom vereinbarte wirtschaftliche Grundlage der gesellschafterlichen Tätigkeit dar. Diese kann den gesetzlichen Regelfall, also die oben bereits beschriebenen Liquidationsfolgen nach den §§ 145ff. HGB, beinhalten oder vertraglich (per Gesellschaftsvertrag, -beschluss oder Vereinbarung) modifiziert sein.[599]

(cc) Ökonomische Bewertung der Haftungsfolgen

Die Außenhaftung im Liquidationsverfahren bestimmt sich nach § 159 HGB. Danach unterliegt die persönliche Gesellschafterhaftung aus den §§ 128, 130 HGB nach Auflösung der Gesellschaft grundsätzlich einer Verjährungsfrist von fünf Jahren.[600] Zu den von § 159 HGB erfassten Gläubigeransprüchen gehören nicht nur vor, sondern auch nach der Auflösung der Gesellschaft im Abwicklungsstadium begründete Gesellschaftsschulden.[601] Inwieweit sich diese persönliche Haftung zu aktualisieren droht, unterliegt wiederum einer einzelfallbezogenen Bewertung und

---

597 Vgl. *Lehmann/Richter*, in: BeckOK HGB, § 145 Rn. 20; *K. Schmidt*, in: MüKo HGB, § 145 Rn. 38ff.
598 Vgl. oben unter Abschnitt 2.c)dd)(1)(a)(aa).
599 Zur prozessualen Berücksichtigung von abweichenden Gestaltungsvorschlägen im Prozess vgl. noch ausführlich unter Abschnitt C.II.
600 Vgl. nur *Roth*, in: Baumbach/Hopt, § 159 Rn. 3; *Lehmann/Richter*, in: BeckOK HGB, § 159 vor Rn. 1.
601 Vgl. *K. Schmidt*, in: MüKo HGB, § 159 Rn. 21; *Habersack*, in: GroßkommHGB, § 159 Rn. 14; *Hillmann*, in: E/B/J/S, § 159 Rn. 14.

*4. Teil: Entwicklung einer konsistenten Prüfung des Verhältnismäßigkeitsgrundsatzes*

hängt entscheidend von der für die Gläubiger vorhandenen Liquidationsmasse ab. Bezüglich der Schadensersatzansprüche gilt das bereits zur Ausschließungsklage Gesagte.[602] Mögliche Sekundäransprüche gegenüber den Gesellschaftern finden demnach im Rahmen der Beurteilung der Verhältnismäßigkeit keine Berücksichtigung.

(b) Wirtschaftlicher Wert alternativer Gestaltungsmaßnahmen

Entsprechend den bisherigen Ausführungen sind auch alternative Gestaltungsmaßnahmen zu beurteilen. Neben den bereits angesprochenen gesetzlichen Austrittsrechten[603] kommen insbesondere gesellschaftsvertragliche Anpassungsmaßnahmen in Betracht.

Sind die gesetzlichen Folgewirkungen von Auflösung und außerordentlichem Austritt nicht durch die Gesellschafter modifiziert, dürfte die Angemessenheit der Auflösung in einem Vergleich mit dem außerordentlichen Austritt des Auflösungsklägers nur dann zu bejahen sein, wenn der Liquidationswert der Unternehmung höher als der Verkehrswert ist. Ansonsten stellen sich sowohl Auflösungskläger als auch Auflösungsbeklagter regelmäßig schlechter, da die Verkehrswertabfindung des Auflösungsklägers und der anteilige Ertragswert des Ausschließungsbeklagten jeweils höher als deren anteiliger Liquidationswert sein dürften.

Teilweise wird in der Literatur ipso jure abgeleitet, dass bei der Auflösung derjenige Gesellschafter, der durch die Auflösung besonders belastet wird, bei der Auseinandersetzung die Zahlung eines Ausgleichsbetrags von dem durch die Auflösung begünstigten Gesellschafter verlangen kann.[604] Eine Rechtsgrundlage für einen solchen Anspruch ist nicht ersichtlich. Denkbar ist allein, dass eine Partei gerichtlich oder außergerichtlich ein konkretes Angebot macht, in dem die ungünstigen wirtschaftlichen Folgen für den Auflösungsbeklagten verbessert werden und unter Einbeziehung eines solchen Angebots die Angemessenheit der Auflösung vom Gericht bejaht wird.[605]

---

602 Vgl. oben unter Abschnitt B.III.2.c)dd)(1)(a)(cc).
603 Vgl. oben unter Abschnitt B.III.3.b).
604 *C. Schäfer*, in: GroßkommHGB, § 133 Rn. 45.
605 Vgl. zu den prozessualen Voraussetzungen eines solchen Angebots unter Abschnitt C.II.

## (2) Beurteilung der Folgen für den Auflösungskläger

Sofern die Liquidation für den Auflösungsbeklagten im Vergleich zu alternativen Gestaltungsmaßnahmen, die die Fortsetzung der Gesellschaft vorsehen, wirtschaftlich ungünstig und daher die Angemessenheit der Auflösung allein aus der Sicht des Auflösungsbeklagten zu verneinen ist, ist in einem letzten Schritt eine Abwägung mit den Interessen des Auflösungsklägers vorzunehmen. Hierbei kommt es entscheidend auf den ökonomischen Wert der zur Verfügung stehenden alternativen Gestaltungsmaßnahme für den Auflösungskläger (wie z.B. ein außerordentliches Austrittsrecht nach § 133 HGB analog) an. Ist dieser höher als der auf ihn entfallende anteilige Liquidationswert, scheitert die Verhältnismäßigkeit bereits an der Erforderlichkeit, da dann für alle Beteiligten ein milderes Mittel zur Verfügung steht. Ist der ökonomische Wert der alternativen Gestaltungsmaßnahme niedriger als der auf ihn entfallende anteilige Liquidationswert, hat das Gericht eine wirtschaftliche Abwägung zwischen den Interessen des Auflösungsbeklagten und denen des Auflösungsklägers vorzunehmen. Ein Beispiel hierfür ist ein bestehendes Austrittsrecht des Auflösungsklägers, das ihm (aufgrund einer gesellschaftsvertraglichen Modifizierung) eine Abfindung unterhalb des auf ihn entfallenden Liquidationswerts gewährt. Dann ist für den Auflösungsbeklagten der Austritt des Auflösungsklägers günstiger, für den Auflösungskläger hingegen die Liquidation der Gesellschaft. Wenn der Verkehrswert der Gesellschaft höher als der Liquidationswert ist, besteht in einer solchen Konstellation rational betrachtet die Möglichkeit, über vertragliche Vereinbarungen den Interessen beider Seiten gerecht zu werden. Theoretisch könnte der Auflösungsbeklagte dem Auflösungskläger eine Abfindung oberhalb des anteiligen Liquidationswerts offerieren, so dass unter Einbeziehung dieser Modifikation auch für den Auflösungskläger die gesellschaftsrechtliche Anpassungsmaßnahme gegenüber der Auflösung vorteilhafter ist. Auf die diesbezüglichen prozessualen Besonderheiten ist zurückzukommen.[606]

---

606 Vgl. ausführlich sogleich unter Abschnitt C.

## 4. Ergebnis

Das ultima-ratio-Prinzip ist für Ausschließungs- und Auflösungsklagen durch eine Prüfung des Verhältnismäßigkeitsgrundsatzes anhand des gängigen Dreischritts Geeignetheit zur Erreichung eines legitimen Zwecks, Erforderlichkeit und Angemessenheit zu ersetzen. Hierbei sind wirtschaftliche Maßstäbe anzulegen. Ist auf Tatbestandsebene ein »wichtiger Grund« für die jeweilige Gestaltungsmaßnahme zu bejahen, dürfte die Geeignetheit für die Lösung der gesellschafterlichen Störung selten fraglich sein. Die Erforderlichkeit kann nur verneint werden, wenn dem Gestaltungskläger eine wirtschaftlich und rechtlich gleichwertige Gestaltungsmaßnahme zur Verfügung steht. Bei der Auflösungsklage kommt hierbei insbesondere ein außerordentliches Austrittsrecht nach § 133 HGB analog in Betracht. Im Rahmen der Angemessenheitsprüfung sind die wirtschaftlichen Auswirkungen des beantragten Gestaltungsbegehrens aus Sicht der Parteien jeweils ökonomisch zu bewerten und mit den Folgen alternativer Gestaltungsmaßnahmen zu vergleichen.

### C. Prozessuale Konsequenzen

Der folgende Abschnitt behandelt nicht sämtliche prozessuale Problemfelder handelsrechtlicher Gestaltungsklagen. Insbesondere die Diskussion um die Bewältigung mehrseitiger handelsrechtlicher Gestaltungsprozesse wurde bereits intensiv an anderer Stelle geführt.[607] Vielmehr liegt der Fokus auf den prozessualen Konsequenzen der in den vorangegangenen Abschnitten eingenommenen Sichtweise auf den Verhältnismäßigkeitsgrundsatz. Vorangestellt wird hierzu eine Darstellung der generellen Behandlung der Klageanträge im handelsrechtlichen Gestaltungsprozess (nachfolgend unter I.). Relevant ist sodann die Frage, in welchem Umfang das Gericht alternative Gestaltungsmaßnahmen im Prozess von sich aus bzw. auf Anregung der Parteien zu berücksichtigen hat (nachfolgend unter II.). Schließlich wird das Augenmerk auf die Folgen der Ablehnung (gerichtlicher) Vergleichsvorschläge gelegt (nachfolgend unter III.).

---

607 Hierzu *C. Schäfer*, in: GroßkommHGB, § 133 Rn. 54; *K. Schmidt*, in: MüKo HGB, § 140 Rn. 68ff.; § 133 Rn. 45ff.; umfassend *K. Schmidt*, Mehrseitige Gestaltungsprozesse; *Schwab*, Prozessrecht.

## C. Prozessuale Konsequenzen

### I. Die generelle Behandlung von Klageanträgen im handelsrechtlichen Gestaltungsprozess

Die heute ganz herrschende Meinung in Rechtsprechung und Literatur geht davon aus, dass es sich bei Auflösung, Ausschließung und (Teil-) Entziehung der Geschäftsführungsbefugnis bzw. Vertretungsmacht jeweils um eigenständige, unterschiedliche Streitgegenstände handelt.[608] Dies gilt trotz der Nähe zur Auflösungsklage auch für die klageweise Geltendmachung des außerordentlichen Austrittsrechts nach § 133 HGB analog.[609] Hierbei ist das Gericht jeweils gemäß § 308 ZPO an die gestellten Anträge gebunden und kann von Amts wegen keine hinter dem Klageantrag zurückbleibende mildere Maßnahme aussprechen.[610] Einen gesonderten Antrag setzt auch eine etwaige Teilentziehung der Geschäftsführungsbefugnis und Vertretungsmacht voraus, da diese einen eigenständigen Streitgegenstand und daher kein bloßes »Minus« darstellt.[611]

An dieser prozessualen Bindung an die gestellten Anträge nach § 308 ZPO ändert auch die dogmatische Neupositionierung der handelsrechtlichen Gestaltungsklagen als richterliche Ermessensnormen[612] nichts. Das Ermessen bezieht sich nämlich allein auf die materielle Beurteilung der Verhältnismäßigkeit der beantragten Gestaltungsmaßnahme. Ob eine verhältnismäßigere alternative Gestaltungsmaßnahme insbesondere zu Ausschließung oder Auflösung besteht, ist zunächst eine Sachfrage, bei deren Beurteilung dem erkennenden Gericht der beschriebene Ermessensfreiraum zuzugestehen ist. Prozessual ist das Gericht jedoch weiterhin an die

---

608 Vgl. bereits früh RG, Urteil vom 18.12.1889, AZ: I 154/89, RGZ 24, 136, 140; OLG Nürnberg, Urteil vom 27.3.1958, AZ: 3 U 227/54, WM 1958, 710, 714; *Lorz*, in: E/B/J/S, § 140 Rn. 27; *K. Schmidt*, in: MüKo HGB, § 140 Rn. 77; *Heidel*, in: Heidel/Schall, § 140 Rn. 28.
609 Vgl. hierzu ausführlich oben unter Abschnitt B.III.3.b)aa)(1).
610 Vgl. *C. Schäfer*, in: GroßkommHGB, § 133 Rn. 14; *Heidel*, in: Heidel/Schall, § 140 Rn. 42; *Stickelbrock*, Ermessen, S. 245; allgemein *Musielak*, in: MüKo ZPO, § 308 Rn. 1ff.; dies sah im Grundsatz entgegen *Pabst*, BB 1978, 892, 895 auch die früher ganz herrschende Literaturauffassung nicht anders. Die von ihm angeführten gegenteiligen Nachweise beziehen sich allein auf das Sonderproblem einer möglichen Teilentziehung der Geschäftsführungsbefugnis und Vertretungsmacht.
611 BGH, Urteil vom 10.12.2001, AZ: II ZR 139/00, NJW-RR 2002, 540; *Roth*, in: Baumbach/Hopt, § 117 Rn. 5; *Westermann*, in: Westermann/Wertenbruch, Hdb. Personengesellschaften, Rn. 330.
612 Vgl. ausführlich im 4. Teil unter Abschnitt A.

*4. Teil: Entwicklung einer konsistenten Prüfung des Verhältnismäßigkeitsgrundsatzes*

in den §§ 117, 127, 133 (analog) und 140 HGB vorgesehen Rechtsfolgen sowie die entsprechenden Anträge gebunden und kann daher nicht ohne weiteres ein »Aliud« zusprechen.[613] Ansonsten würde das Gericht von sich aus ohne Gesetzesgrundlage in die privatautonom zu regelnde Haftungsverfassung der Personenhandelsgesellschaften eingreifen.[614]

In der gerichtlichen Auseinandersetzung können die Anträge nach den §§ 117, 127, 133 (analog) und 140 HGB kumulativ, gegebenenfalls eventualiter, oder widerklagend zur Entscheidung gestellt werden.[615] Dies ist auch häufig der Fall.[616] Treffen Auflösungs- und Ausschließungsklage zusammen, wird in der Literatur eine Verbindung beider Verfahren empfohlen.[617] Für wechselseitige Ausschließungsklagen folgt aus der Abhängigkeit der Beurteilung des Tatbestandsmerkmals »wichtiger Grund« bei wechselseitigen Verfehlungen[618], dass beide Klagen zwar unabhängig voneinander verhandelt werden können, aber in der Begründetheit miteinander verbunden sind. Da wegen der entgegengesetzten Parteirollen eine Verbindung nicht möglich ist, wendet die herrschende Meinung § 148 ZPO analog an.[619]

---

613 Vgl. *Drescher*, in: E/B/J/S, § 117 Rn. 24; *Jickeli*, in: MüKo HGB, § 117 Rn. 20; allgemein z.B. *Musielak*, in: Musielak/Voit, § 308 ZPO Rn. 7. Gesellschaftsrechtliche Anpassungsmaßnahmen wie die Umwandlung einer Komplementärstellung in die eines Kommanditisten sind ebenfalls kein bloßes „Minus".
614 Vgl. *Drescher*, in: E/B/J/S, § 117 Rn. 24; *Jickeli*, in: MüKo HGB, § 117 Rn. 20.
615 Vgl. nur *K. Schmidt*, in: MüKo HGB, § 140 Rn. 76; *Lorz*, in: E/B/J/S, § 140 HGB Rn. 27; *Heidel*, in: Heidel/Schall, § 140 Rn. 28.
616 Vgl. nur LG Frankfurt, Urteil vom 13.11.2013, AZ: 3/03 O 72/12, ZIP 2013, 2311ff.; OLG Köln, Urteil vom 19.12.2013, AZ: 18 U 218/11 (abrufbar unter juris). Das Gericht darf dann formal erst bei Eintritt der innerprozessualen Bedingung, also regelmäßig bei Abweisung des Ausschließungs- oder Auflösungsantrags, über den Hilfsantrag entscheiden, vgl. nur *Becker-Eberhard*, in: MüKo ZPO, § 260 Rn. 10ff. Psychologisch hat das Gericht jedoch bereits mit Stellung der Eventualanträge die Alternative zur primär beantragten Maßnahme, also bei der Ausschließung regelmäßig die Entziehung der Geschäftsführungsbefugnis bzw. Vertretungsmacht, vor Augen.
617 Vgl. *Klöhn*, in: Henssler/Strohn, § 140 Rn. 35; *Lorz*, in: E/B/J/S, § 140 HGB Rn. 27.
618 Vgl. oben im 2. Teil unter Abschnitt C.II.
619 Vgl. *Klöhn*, in: Henssler/Strohn, § 140 Rn. 35; *C. Schäfer*, in: GroßkommHGB, § 140 Rn. 25.

II. Prozessuale Berücksichtigung alternativer Gestaltungsmaßnahmen

1. Grundsätzliche Überlegungen zum Zusammenspiel zwischen materiellem Verhältnismäßigkeits- und prozessualem Beibringungsgrundsatz

Auch auf der Grundlage der herrschenden Meinung einer gebundenen Entscheidung über die handelsrechtlichen Gestaltungsklagen wird kaum ausdrücklich diskutiert, in welchem Umfang das Gericht alternative Gestaltungsmaßnahmen, die zur Versagung der Verhältnismäßigkeit der (primär) beantragten Gestaltung führen können, (von sich aus) zu berücksichtigen hat. Materiell stimmen nach der hier vertretenen Ansicht[620] die Definitionen des verwaltungsbehördlichen und des zivilrichterlichen Ermessens als Wahlmöglichkeit zwischen zwei gleichermaßen rechtmäßigen Entscheidungen für Verwaltungsermessen und richterliches Ermessen überein. Die auch prozessuale Übertragung verwaltungsrechtlicher Maßstäbe wie insbesondere des Amtsermittlungsgrundsatzes ist jedoch für die zivilprozessuale Handhabung aufgrund der Besonderheiten des Erkenntnisverfahrens nicht angezeigt, so dass Grundlage und Nachprüfbarkeit der Ermessensentscheidung des Zivilgerichts eigenständig beurteilt werden müssen.[621] Das Gericht sollte bei der Beurteilung des Verhältnismäßigkeitsgrundsatzes wegen des auch für die handelsrechtlichen Gestaltungsklagen uneingeschränkt gültigen Beibringungsgrundsatzes prinzipiell auf den von den Parteien vorgetragenen Sachverhalt beschränkt sein.[622] Dadurch wird ferner der Anschein von Parteilichkeit seitens des Gerichts vermieden.[623] Außerdem würden richterliche Ermittlungen von Amts wegen nicht selten zu einer Bevormundung der Gesellschafter führen und gegen die im Gesellschaftsrecht grundsätzlich geltende Parteiautonomie verstoßen.[624] Zu eigenen Überlegungen ohne entsprechenden Parteivortrag dürfte den erkennenden Gerichten insbesondere bei komplexen wirtschaftlichen Strukturen schließlich häufig die erforderliche Sachkunde und Sachnähe fehlen.[625] Die alternativen Gestaltungsmaßnahmen müssen sich folglich grundsätzlich aus dem Vorbringen der jeweils beklagten Partei

---

620 Vgl. ausführlich oben unter Abschnitt A.I.
621 Vgl. hierzu auch *Schmidt-Lorenz*, Ermessen, S. 171.
622 Vgl. nur *Musielak*, in: Musielak/Voit, Einl. Rn. 37.
623 Vgl. *Grunewald*, Ausschluss, S. 85; *Pabst*, BB 1978, 892, 896.
624 Vgl. *Scheifele*, BB 1989, 792, 794.
625 Vgl. *Scheifele*, BB 1989, 792, 794.

*4. Teil: Entwicklung einer konsistenten Prüfung des Verhältnismäßigkeitsgrundsatzes*

ergeben, wobei das Gericht bei Anzeichen für mildere Mittel einen entsprechenden Hinweis nach § 139 ZPO geben sollte.[626]

2. Die Darlegung alternativer Gestaltungsmaßnahmen im Prozess unter Berücksichtigung der Verteilung der Darlegungs- und Beweislast

Wesentliche Bedeutung kommt der Frage zu, auf welche Weise alternative Gestaltungsmaßnahmen wie insbesondere gesellschaftsrechtliche Anpassungsmaßnahmen im Prozess eingeführt werden und welcher Partei für deren Durchführbarkeit bzw. Handhabung gegebenenfalls die Darlegungs- und Beweislast zukommt. Die bislang hierzu ergangene Rechtsprechung ist weitgehend unklar.[627]

Bei der gerichtlichen Geltendmachung von Ansprüchen unterscheidet die herrschende Meinung zwischen rechtsbegründenden Tatsachen einerseits und rechtshindernden bzw. rechtsvernichtenden Einwendungen sowie rechtshemmenden Einreden andererseits.[628] Einwendungen sind vom Gericht auf Basis eines entsprechenden Parteivortrags ipso jure zu berücksichtigen; auf Einreden muss sich eine Partei im Prozess hingegen explizit berufen.[629] In der praktischen Bedeutung kann der Beklagte sich bezüglich der Erhebung einer Einrede während des Prozesses nach herrschender Meinung noch anders entscheiden und auf diese verzichten.[630]

Die Klassifikation in diese dogmatisch gegen einen Anspruch entwickelten Kategorien kann auch auf ein gerichtlich geltend zu machendes Gestaltungsrecht übertragen werden.[631] Dies hat vor allem Konsequenzen für die Darlegungs- und Beweislast, da Einwendungen und Einreden im

---

626 Vgl. *Pabst*, BB 1978, 892, 896.
627 Vgl. *Pabst*, BB 1978, 892, 895.
628 Vgl. *Reichold*, in: Thomas/Putzo, ZPO, § 253 Rn. 49. Die *prozessuale* Terminologie ist uneinheitlich: Überwiegend wird nicht differenziert und nur *alternativ* von Einwendungen oder Einreden gesprochen, vgl. *Ulrici/Purrmann*, JuS 2011, 104, 105; *Medicus/Petersen*, Bürgerliches Recht, Rn. 731f.
629 Vgl. *Reichold*, in: Thomas/Putzo, ZPO, § 253 Rn. 49; *Oberheim*, Zivilprozessrecht, § 5 Rn. 21; *Ulrici/Purrmann*, JuS 2011, 104, 105; *Medicus/Petersen*, Bürgerliches Recht, Rn. 731f.
630 *Medicus/Petersen*, Bürgerliches Recht, Rn. 732.
631 Eine Diskussion über die Einordnung als Einwendung oder Einrede wird z.B. für die Ausschlussfrist im Rahmen der Anfechtungsklage nach § 246 AktG geführt. Vgl. *Hüffer*, in: MüKo AktG, § 246 Rn. 37.

Unterschied zu den rechtsbegründenden Tatsachen grundsätzlich vom Beklagten darzulegen und zu beweisen sind. Das Gesetz erkennt darüber hinaus in § 218 Abs. 1 Satz 1 BGB durchaus auch Einreden gegen ein Gestaltungsrecht an, indem die Unwirksamkeit des Rücktritts aus der Verjährung des dem Rücktritt zugrunde liegenden Erfüllungsanspruchs folgt, wenn sich der Schuldner hierauf beruft.

Wie bereits ausgeführt, sind je nach Lage des Falles zur klägerisch beantragten Gestaltung zahlreiche vertragliche Alternativen denkbar: »Kaum ein Kläger wird daher je mit Sicherheit sagen können, dass außer dem Ausschluss wirklich kein anderer Weg zur Konfliktlösung zur Verfügung steht.«[632] Zur Schlüssigkeit der Klage sollte deshalb nicht gehören, dass der Kläger umfassend die Alternativlosigkeit der beantragten Gestaltung zur Beseitigung der Störungen im Gesellschaftsverhältnis darlegen muss.[633] Wegen der Vielgestaltigkeit der Lösungen ist auch nicht die Darlegung der »üblicherweise für den konkreten Fall in Betracht zu ziehenden Mittel«[634] zu verlangen. Daran ändert auch ein etwaiges (besonderes) Anhörungsrecht der Parteien nichts.[635] Folglich liegt die Darlegungs- und Beweislast für alternative Gestaltungsmaßnahmen primär beim Beklagten.

In der Literatur wird der Verhältnismäßigkeitsgrundsatz teilweise insgesamt als Einrede angesehen.[636] Dies würde bedeuten, dass sich der Beklagte auf die alternativen Gestaltungsmaßnahmen gegebenenfalls auf einen richterlichen Hinweis nach § 139 ZPO hin jeweils berufen müsste.[637] Dogmatisch konsequenter scheint, im Rahmen der Beurteilung der Verhältnismäßigkeit entsprechend der Dichotomie zwischen Einwendungen und Einreden zu unterscheiden. Auf Basis des Parteivortrags vom Gericht von Amts wegen zu prüfen sind danach bereits mögliche alternativen Gestaltungsmaßnahmen wie insbesondere die gesetzlich vorgesehenen Alternativen der §§ 117, 127, 133, 140 HGB. Eine andere Beurteilung ist hin-

---

632 *Grunewald*, Ausschluss, S. 85.
633 Im Ergebnis auch *Pabst*, BB 1978, 892, 895; vgl. dagegen aber *Zöllner*, Anpassung, S. 19 Fn. 14a („Kläger muss die Umgestaltung des Vertrages vorgeschlagen haben"); OLG Nürnberg, Urteil vom 27. März 1958, AZ: 3 U 227/54, WM 1958, 710, 714; in diese Richtung auch RG, Urteil vom 11.12.1934, AZ: II 148/34, RGZ 146, 169ff.; RG, Urteil vom 25.5.1938, AZ: II 31/38, JW 1938, 2212, 2213; *K. Schmidt*, in: MüKo HGB, § 140 Rn. 28.
634 Dies verlangt *Stubbe*, Verhältnismäßigkeit, S. 123.
635 Vgl. zu dieser Lösung *Stubbe*, Verhältnismäßigkeit, S. 121 und 123.
636 *Grunewald*, Ausschluss, S. 85.
637 Vgl. in diese Richtung *Pabst*, BB 1978, 892, 896.

gegen für gesellschaftsrechtliche Anpassungsmaßnahmen geboten, die erst durch eine gesellschaftsvertragliche Änderung, einen Gesellschafterbeschluss oder eine vertragliche Vereinbarung der Gesellschafter zustande kommen. Diese sollte von der jeweiligen Partei als mögliche Lösung in den Prozess mittels eines entsprechenden konkreten Angebots zur Umgestaltung der gesellschafterlichen Situation eingebracht werden. Darin dürfte in den meisten Fällen prozessual auch gleichzeitig die (konkludente) Berufung auf den Verhältnismäßigkeitsgrundsatz zu erblicken sein.

Nach diesen Grundsätzen sind also die Entziehung der Geschäftsführungsbefugnis bzw. der Vertretungsmacht, die Auflösung oder die Ausschließung allein auf Basis des Parteivortrags stets als potentiell verhältnismäßigere Maßnahmen gegenüber der (primär) beantragten Gestaltungsklage zu berücksichtigen. Nach der hier vertretenen Ansicht[638] steht dem Gesellschafter ein außerordentliches Austrittsrecht analog § 133 HGB zu. Dogmatisch auf der Auflösungsklage fußend ist konsequenterweise auch dieses Gestaltungsmittel vom Gericht ipso jure bei der Beurteilung der Verhältnismäßigkeit mit einzubeziehen. Selbiges muss mangels gesellschaftsvertraglicher Abweichungen aber auch für das ordentliche Austrittsrecht nach § 132 HGB gelten, da dieses Recht den Gesellschaftern ebenfalls bereits qua Gesetz zusteht.

Vorstehende Überlegungen lassen sich darüber hinaus verallgemeinern: Im Rahmen der Verhältnismäßigkeitsprüfung vom Gericht als Einwendung zu berücksichtigen sind sämtliche alternative Gestaltungsmaßnahmen, die den Gesellschaftern auf der Basis ihres Parteivorbringens kraft gesetzlicher oder gesellschaftsvertraglicher Grundlage bereits *zustehen*. Denn dann hängt deren Ausübung allein einseitig von der klagenden Partei ab. Nimmt diese ihre Rechte nicht in verhältnismäßiger Weise wahr, hat das Gericht im Rahmen seines Ermessens wegen der Verneinung der Verhältnismäßigkeit die (primär) beantragte Gestaltung abzuweisen.

Von diesen rechtlich bestehenden alternativen Gestaltungsmaßnahmen zu unterscheiden sind solche, die ein Entgegenkommen der beklagten Gesellschafter erfordern und folglich erst durch eine *zukünftige* gesellschaftsvertragliche Anpassung zustande kommen. Da diese nicht a priori, sondern erst durch ein rechtlich verbindliches Angebot auf Anpassung der gesellschafterlichen Situation in Frage kommen, müssen sich die Beklagten auf diese Möglichkeit zur Anpassung berufen. Daher ist es sachge-

---

638 Vgl. oben unter Abschnitt B.III.3.b)aa)(1).

recht, dass grundsätzlich der Beklagte von sich aus oder auf Anregung des Gerichts eine für die anderen Gesellschafter zumutbare verbindliche Änderung des Gesellschaftsvertrags anzubieten hat.[639]

Schließlich ist zu fragen, wie detailliert insbesondere gesellschaftsvertragliche Anpassungsmaßnahmen vom Beklagten darzulegen sind. Jedenfalls kann die abstrakte Möglichkeit einer Alternative die Verhältnismäßigkeit des primären Begehrens nicht in Frage stellen.[640] Eine bloße Bereitschaftserklärung zu einer irgendwie gearteten Vertragsänderung reicht daher nicht aus.[641] Vielmehr ist es Sache des Beklagten, darzulegen, welche alternativen Maßnahmen in Frage kommen und warum diese im Verhältnis zu einer geringeren Eingriffsintensität führen als das mittels Gestaltungsklage zur Disposition gestellte Begehren. Hierzu sind die Folgen der verschiedenen im Raum stehenden Maßnahmen konkret zu benennen und die wirtschaftliche Vorteilhaftigkeit dieser Maßnahmen entsprechend den hierzu entwickelten Kriterien[642] zu erläutern.

III. (Gerichtliche) Vergleichsvorschläge und Konsequenzen aus deren Ablehnung

Von der Frage nach der prozessualen Berücksichtigung alternativer Gestaltungsmaßnahmen zu trennen ist die Möglichkeit des Gerichts, bei den Beklagten die Darlegung von Alternativen anzuregen, einen Alternativvorschlag einer der Parteien in einem gütlichen Einigungsvorschlag aufzugreifen oder einen eigenen Vorschlag als Grundlage eines Vergleichs zu formulieren. Eine solche Vorgehensweise ist nicht nur zu billigen, sondern gemäß § 278 Abs. 1 ZPO sogar qua Gesetz geboten. Formal kann das Gericht im Vergleichsvorschlag auch gesellschaftsvertragliche Anpassungsmaßnahmen vorschlagen. Allerdings sollte es sich wegen der gerade im Gesellschaftsrecht zu beachtenden materiellen Grenzen der Privatautono-

---

639 Vgl. in diesem Sinne auch BGH, Urteil vom 28. April 1975, AZ II ZR 49/73, WM 1975, 769; OLG München, Urteil vom 30.4.2009, AZ: 23 U 3970/08, NZG 2009, 944; *K. Schmidt*, in: MüKo HGB, § 140 Rn. 76; *Grunewald*, Ausschluss, S. 85; *Lorz*, in: E/B/J/S, § 133 Rn. 11; *Strohn*, in: MüKo GmbHG, § 34 Rn. 114.
640 Vgl. *K. Schmidt*, in: MüKo HGB, § 140 Rn. 28.
641 Vgl. BGH, Urteil vom 28. April 1975, AZ II ZR 49/73, WM 1975, 769.
642 Vgl. ausführlich oben unter Abschnitt B.III.

mie grundsätzlich an das halten, was die Parteien im Zivilprozess als mögliche Auswege zur Lösung der gesellschafterlichen Störung vorbringen.

Diskussionsgegenstand in der Literatur war bereits, welche Konsequenzen das Gericht aus einer Ablehnung seines Vergleichsvorschlags zu ziehen hat. Bei oberflächlicher Lesart legt eine weit verbreitete Auffassung nahe, dass eine solche Ablehnung eines (gerichtlichen) Vergleichsvorschlags zu einem gewissen Automatismus führt.[643] Lehnt der Kläger ab, soll die Klage unbegründet sein[644]; lehnt der Beklagte ab, soll ihm die Zuerkennung des beantragten Gestaltungsbegehrens drohen.[645] Gleichzeitig betonen die Stimmen in der Literatur jedoch zumeist die Zumutbarkeit der alternativen Gestaltungsmaßnahme für den Gestaltungskläger. Daher ist nicht ganz klar, ob nach dieser wohl herrschenden Auffassung die Begründetheit der Klage tatsächlich automatisch durch die Ablehnung eines gerichtlichen Vorschlags determiniert ist. Unter anderem wegen der Ablehnung eines Angebots auf Ausscheiden gegen eine Abfindung wies ausdrücklich das Oberlandesgericht Köln den Auflösungsantrag bezüglich der Gaffel-Brauerei ab. Die Zumutbarkeit der entsprechenden Abfindung in Höhe von rund EUR 6,6 Mio. wurde jedoch vom erkennenden Senat offenbar überhaupt nicht geprüft.[646] Zur Beurteilung der Verhältnismäßigkeit dieses Abfindungsangebots hätte das Gericht den Abfindungsbetrag mit dem Betrag vergleichen müssen, den der Auflösungskläger im Falle der Auflösung der Gesellschaft hätte erlangen können.

Eine automatische Abweisung der Klage bei Ablehnung eines (gerichtlichen) Vergleichsvorschlags ist jedenfalls sowohl für den Kläger als auch für den Beklagten mit dem deutschen Prozessrecht kaum zu vereinbaren.[647] Wenn das Gericht im Rahmen der Vergleichsverhandlungen seine vorläufigen rechtlichen Überlegungen und etwaige Beweisrisiken offenlegt, kann darin zwar ein sachlicher Hinweis auf die rechtlichen Folgen

---

643 Vgl. in diese Richtung z.B. *C. Schäfer*, in: GroßkommHGB, § 133 Rn. 14 und § 140 Rn. 16.
644 *Lorz*, in: E/B/J/S, § 133 Rn. 11, unter Verweis auf BGH, Urteil vom 27.10.1955, AZ: II ZR 310/53, BGHZ 18, 350, 362ff.; vgl. bereits *Ritter*, HGB, § 133 Rn. 15. Im Falle eines „annehmbaren" Vorschlags auch *Stubbe*, Verhältnismäßigkeit, S. 123.
645 *K. Schmidt*, in: MüKo HGB, § 140 Rn. 28.
646 Vgl. OLG Köln, Urteil vom 19.12.2013, AZ: 18 U 218/11 (abrufbar unter juris), Rn. 146, 256ff.
647 Vgl. *Scheifele*, BB 1989, 792, 794, jedoch unter zweifelhaftem Verweis auf *Rinsche*, Verhältnis, S. 28ff; kritisch auch *Westermann*, NJW 1977, 2185, 2188.

eines Scheiterns der Vergleichsverhandlungen zu sehen sein.[648] Allerdings darf ein gerichtlicher Vergleichsvorschlag nicht als Druckmittel eingesetzt werden.[649] Vielmehr ist der Prozessvergleich nur dort das Mittel der Wahl, wo er dem Rechtsfrieden besser dient als ein streitiges Urteil, was voraussetzt, dass er vom freien Willen der Beteiligten getragen ist.[650]

Gegen eine »automatische« Zu- bzw. Aberkennung des klägerischen Begehrens nach der Ablehnung eines (gerichtlichen) Vergleichsvorschlags sprechen ferner die Rechtswirkungen einer solchen Sichtweise. So ist z.B. denkbar, dass ein Gericht einem auch unter Beachtung des Verhältnismäßigkeitsgrundsatzes im Recht befindlichen Ausschließungskläger allein aus prozessökonomischen Gründen einen gerichtlichen Vergleichsvorschlag unterbreitet, der eine höhere als gesellschaftsvertraglich vorgesehene Abfindung für den Ausschließungsbeklagten vorsieht. Obwohl in diesem Fall die Ausschließungsklage auch zum gesellschaftsvertraglichen Wert der Abfindung verhältnismäßig wäre, müsste der Ausschließungskläger den gerichtlichen Vergleichsvorschlag akzeptieren, da seine Klage bei Annahme des oben dargestellten Automatismus als unbegründet abzuweisen wäre. Möglich ist auch, dass sich die wirtschaftliche Situation nach einem gerichtlichen Vergleichsvorschlag verändert hat, so dass die Klage mittlerweile - im Gegensatz zum Zeitpunkt des Vergleichsvorschlags - verhältnismäßig ist. Da sich die Begründetheit der Ausschließungsklage e contrario aus § 140 Abs. 2 HGB nach dem Zeitpunkt der letzten mündlichen Verhandlung beurteilt[651], müsste sie ohne den vorangegangenen gerichtlichen Vergleichsvorschlag positiv beschieden werden. Allein die vorherige Ablehnung des Vergleichs sollte daran nichts ändern.

Folglich ist nach alledem vor einer möglicherweise voreiligen Entscheidung bei Ablehnung eines (gerichtlichen) Vergleichsvorschlags zu warnen. Ein solcher Automatismus würde der Komplexität der handelsrechtlichen Gestaltungsklagen kaum gerecht. Vielmehr ist die Verhältnis-

---

648 Vgl. *Greger*, in: Zöller,, § 278 Rn. 36.
649 Vgl. *Greger*, in: Zöller,, § 278 Rn. 1.
650 Vgl. *Greger*, in: Zöller,, § 278 Rn. 36. Ein aufgenötigter Vergleich ist nach der Rechtsprechung des Bundesarbeitsgerichts unter Umständen vielmehr sogar anfechtbar. Vgl. BAG, Urteil vom 12.5.2010, AZ: 2 AZR 544/08; NZA 2010, 1250.
651 Vgl. BGH Urteil vom 15.9.1997, AZ: II ZR 97/96, ZIP 1997, 1919, 1920; *C. Schäfer*, in: GroßkommHGB, § 133 Rn. 15; *Roth*, in: Baumbach/Hopt, § 140 Rn. 5; *Wertenbruch*, in: Westermann/Wertenbruch, Hdb. Personengesellschaften, Rn. 1640a.

mäßigkeit des klägerischen Begehrens im streitigen Urteil der Klage unabhängig von der Ablehnung eines gerichtlichen Vergleichsvorschlags zum maßgeblichen Zeitpunkt der letzten mündlichen Tatsachenverhandlung unvoreingenommen auf der Basis des ausführlich beschriebenen Prüfungsprogramms[652] zu beurteilen.

IV. Überprüfung der Ermessensentscheidung im Instanzenzug

Schließlich ruft die vorgeschlagene dogmatische Begründung des Verhältnismäßigkeitsgrundsatzes als richterlicher Ermessensspielraum die Frage nach dem Umfang der Überprüfung der Ermessensausübung im Instanzenzug hervor. Für die Entscheidung im Berufungsverfahren geht der Bundesgerichtshof entgegen dem Wortlaut von § 513 Abs. 1 ZPO davon aus, dass auch nach der Reform des Rechtsmittelrechts das Berufungsgericht die Ermessensentscheidung in vollem Umfang zu überprüfen hat.[653] Hält das Berufungsgericht die Entscheidung »für zwar vertretbar, letztlich aber bei Berücksichtigung aller Gesichtspunkte nicht für sachlich überzeugend, so darf und muss es nach eigenem Ermessen entscheiden und darf sich nicht darauf beschränken, die Ermessensausübung der Vorinstanz auf Rechtsfehler zu überprüfen«[654]. Das Revisionsgericht hat hingegen bei der Einräumung von Ermessen gemäß § 546 ZPO nur zu prüfen, ob der Tatrichter sein Ermessen unsachgemäß ausgeübt, die Grenzen des Ermessens überschritten oder von dem ihm eingeräumten Ermessen keinen Gebrauch gemacht hat.[655] Um dem Revisionsgericht die Nachprüfung zu ermöglichen, muss das Berufungsgericht die die Ermessensausübung tragenden Erwägungen jedoch im Berufungsurteil nachvollziehbar darlegen.[656]

---

652 Vgl. oben unter Abschnitt B.
653 BGH, Urteil vom 28.3.2006, AZ: VI ZR 46/05, NJW 2006, 1589; zustimmend *Rimmelspacher*, in: MüKo ZPO, § 513 Rn. 11; *Wulf*, in: BeckOK ZPO, § 513 Rn. 4; *Ball*, in: Musielak/Voit, § 513 Rn. 4a.
654 BGH, Urteil vom 28.3.2006, AZ: VI ZR 46/05, NJW 2006, 1589.
655 Vgl. BGH, Urteil vom 9.3.1990, AZ: V ZR 244/88, BGHZ 110, 363, 366; BGH, Urteil vom 12.5.1998, AZ: VI ZR 182/97, NJW 1998, 2741, 2742; *Ball*, in: Musielak/Voit, § 546 Rn. 13.
656 BGH, Urteil vom 13.4.1994, AZ: XII ZR 168/92, NJW-RR 1994, 1143.

## D. Die Erforderlichkeit von Sachverständigengutachten als möglicher Nachteil der wirtschaftlichen Folgebetrachtung

Die Beurteilung der wirtschaftlichen Auswirkungen bei der Prüfung des Verhältnismäßigkeitsgrundsatzes bedarf einer umfassenden ökonomischen Analyse. Diese wird das erkennende Gericht in der Regel nicht ohne die Hinzuziehung von Sachverständigen bewältigen können. Allein die Berechnung eines Abfindungsanspruchs ist aufgrund ihrer technischen Details, der Festlegung des risikoadäquaten Zinssatzes sowie der schwierigen prognostischen Ermittlung von zukünftigen Erträgen bzw. Zahlungsströmen in der Regel nicht ohne Sachverständigengutachten möglich.[657] Die einzelfallbezogene Betrachtung der Gestaltungsalternativen bedeutet gegenüber dem scheinbar klaren ultima-ratio-Prinzip zudem einen rechtlichen Mehraufwand, da die Abweisung von Ausschließung- oder Auflösungsklagen eine wesentlich größere Begründungstiefe erfordert als der bloß abstrakte Verweis auf das Bestehen milderer Mittel.

Diesen Nachteilen stehen die klarere gedankliche Struktur und das erhöhte Maß an Einzelfallgerechtigkeit gegenüber. Außerdem fällt der Mehraufwand verhältnismäßig nicht so stark ins Gewicht, da die Beurteilung des Merkmals »wichtiger Grund« bereits eine umfassende Gesamtabwägung unter Berücksichtigung aller Umstände des Einzelfalls erfordert. Insofern wird diese vergangenheitsbezogene Bewertung lediglich durch die in die Zukunft gerichtete Prognose der wirtschaftlichen Auswirkungen der Gestaltungsalternativen ergänzt. Außerdem betreffen Ausschließung und Auflösung die personelle Gesamtstruktur des betreffenden Gesellschaftsverbandes. Für die einzelnen Gesellschafter ist die gerichtliche Klärung der Mitgliedschaft regelmäßig von überragender Bedeutung, so dass eine umfassende Analyse der Lösungsmöglichkeit der gesellschafterlichen Störung unter Einbeziehung der ökonomischen Folgewirkungen durchaus angemessen ist.

Schließlich ist die Hinzuziehung von Sachverständigen zur ökonomischen Bewertung von Anteilen oder Unternehmungen als Ganzes im Gesellschaftsrecht in vielen Bereichen mittlerweile die Regel. Aktien- und konzernrechtlich beispielhaft angeführt seien der aktienrechtliche Squeeze-Out nach §§ 327aff. AktG, Ausgleichs- und Abfindungszahlungen bei

---

657 Vgl. *Westermann*, in: Westermann/Wertenbruch, Hdb. Personengesellschaften, Rn. 1145ff.

der Begründung eines Vertragskonzerns nach §§ 304f. AktG sowie Verschmelzungs- und Kapitalerhöhungsbeschlüsse.[658] Auch im Umwandlungs- und Übernahmerecht sind regelmäßig Bewertungen vorzunehmen.[659] Neben der Abfindungsermittlung sind im Personengesellschafts- und GmbH-Recht zudem Bewertungen bei der Einbringung von Unternehmen als Sacheinlage oder der Ermittlung der Vorbelastungshaftung in der Gründungsphase denkbar.[660] Weitere Bewertungsanlässe existieren im Familien-, Erb- und Steuerrecht wie z.B. bei der Berechnung von Zugewinnausgleichsansprüchen, der Pflichtteilsermittlung oder der Festlegung der Erbschaftsteuer.[661]

---

[658] Vgl. zu diesen Bewertungsanlässen umfassend *Adolff*, in: Fleischer/Hüttemann, Rechtshandbuch Unternehmensbewertung, § 19.
[659] Vgl. *Bungert*, in: Fleischer/Hüttemann, Rechtshandbuch Unternehmensbewertung, § 20.
[660] *Fleischer*, in: Fleischer/Hüttemann, Rechtshandbuch Unternehmensbewertung, § 22 Rn. 48ff.
[661] Vgl. *Born*, *Lange* und *Leverkus*, in: Fleischer/Hüttemann, Rechtshandbuch Unternehmensbewertung, § 23-25.

# 5. Teil: Fazit

## A. Zusammenfassung in Thesen

I. Der Verhältnismäßigkeitsgrundsatz betrifft sowohl das Verhältnis der handelsrechtlichen Gestaltungsklagen untereinander als auch ihre Beziehung zu gesellschaftsrechtlichen Anpassungsmaßnahmen. Die Begründetheit einer handelsrechtlichen Gestaltungsklage setzt die Bejahung der Verhältnismäßigkeit des (primär) beantragten Gestaltungsbegehrens gegenüber alternativen Gestaltungsmaßnahmen voraus.

II. Die Verortung der Prüfung des Verhältnismäßigkeitsgrundsatzes ist in der Rechtsprechung uneinheitlich. Teilweise wird der Verhältnismäßigkeitsgrundsatz mit den Anforderungen an das Merkmal »wichtiger Grund« vermischt, teilweise konsequenterweise eigenständig geprüft.

III. Der Verhältnismäßigkeitsgrundsatz wurde in der Rechtsprechung zunächst zur Abweisung von Ausschließungs- und Übernahmeklagen nach §§ 140, 142 HGB a.F. herangezogen. Den Urteilen lagen spezielle Konstellationen zugrunde, da der den Beklagten jeweils zur Last gelegte »wichtige Grund« nicht auf einem pflichtwidrigen Verhalten beruhte. In der Folge wurde der Verhältnismäßigkeitsgrundsatz von der Rechtsprechung allgemein auf alle handelsrechtlichen Gestaltungsklagen ausgedehnt. Parallel verschärfte die Rechtsprechung die Anforderungen an die Verhältnismäßigkeit insbesondere von Ausschließungs- und Auflösungsklagen nach § 133 und § 140 HGB. Nach dem bis heute herrschenden sogenannten ultima-ratio-Prinzip sollen diese zumeist ohne eine vertiefte Prüfung im konkreten Einzelfall jeweils nur das letzte Mittel zur Beseitigung einer gesellschafterlichen Störung darstellen. Allerdings ist die Rechtsprechung uneinheitlich, da konsistente Kriterien zur Beurteilung der Folgewirkung von Ausschließung und Auflösung fehlen. So beurteilte die Rechtsprechung zunächst die Ausschließung gegenüber der Auflösung als besonders einschneidend, später sowohl die Ausschließung als auch die Auflösung als die ultima ratio der in Betracht kommenden Gestaltungsmaßnahmen.

IV. Das Schrifttum folgt der Linie der Rechtsprechung im Allgemeinen, interpretiert die Urteile aber mit unterschiedlicher Akzentuierung. Dadurch ist vordergründig betrachtet sowohl der Verhältnismäßigkeitsgrundsatz als auch seine Ausprägung im ultima-ratio-Prinzip für Aus-

*Fazit*

schließungs- und Auflösungsklagen weitgehend akzeptiert. Maßstäbe zur Konkretisierung der Anforderungen an den Verhältnismäßigkeitsgrundsatz und zur Anwendung des ultima-ratio-Prinzips im Einzelfall fehlen jedoch fast gänzlich.

V. Die Richtigkeit einer Verhältnismäßigkeitsprüfung im Rahmen der handelsrechtlichen Gestaltungsklagen ist im Grundsatz nicht zu bestreiten. Das ultima-ratio-Prinzip ist jedoch aufgrund seiner schillernden Kasuistik kein brauchbares Kriterium bei der Beurteilung der Verhältnismäßigkeit von Ausschließungs- und Auflösungsklagen. Ohne einen Vergleich der jeweils im konkreten Fall eintretenden Folgen von Ausschließung und Auflösung im Vergleich zu den Wirkungen möglicher alternativer Gestaltungsmaßnahmen nach einem vorgegebenen Kriterium führt dieses Prinzip eher zur Verschleierung der Verhältnismäßigkeitsprüfung als zu einer nachvollziehbaren Lösung. Zudem wird durch einen unbesehenen Rückgriff auf das ultima-ratio-Prinzip den Gesellschaftern, die die Situation als untragbar empfinden, eine gesetzlich vorgesehene Möglichkeit zur effektiven Reaktion genommen.

V. Die dogmatische Begründung des Verhältnismäßigkeitsgrundsatzes auf Basis von Treuepflichten ist abzulehnen. Die Konturenlosigkeit der Treuepflichtenlehre ist zur Entwicklung handhabbarer Maßstäbe ungeeignet. Außerdem berücksichtigt der Rückgriff auf die Treuepflichten der Gesellschafter die Besonderheit der handelsrechtlichen Gestaltungsklagen nicht hinreichend. Das erkennende Gericht ist als neutrale Beurteilungsinstanz zur Lösung der Störung im Gesellschaftsverhältnis qua Gesetz berufen und daher nicht unmittelbar an gesellschafterliche Treuepflichten gebunden. Dogmatisch ist der Verhältnismäßigkeitsgrundsatz daher Ausfluss einer eigenen materiellen Ermessensentscheidung des erkennenden Gerichts auf Rechtsfolgenebene. Dies entspricht dem Wortlaut der handelsrechtlichen Gestaltungsklagen als »Kann«-Bestimmungen. Außerdem ist aufgrund der unzähligen Möglichkeiten gesellschaftsrechtlicher Anpassungsmaßnahmen kaum je eine Gestaltungsalternative die einzig rechtmäßige. Für diese Sichtweise sprechen schließlich die umfassenden prognostischen Unsicherheiten bei Vorhersagen über die zukünftige Prosperität der betreffenden Gesellschaft je nach Umsetzung der verschiedenen Gestaltungsalternativen.

VI. Unter der Prämisse materiellen richterlichen Ermessens auf Rechtsfolgenebene ergibt sich das Prüfungsprogramm handelsrechtlicher Gestaltungsklagen als zweistufige Beurteilung des beantragten Gestaltungsbegehrens. Auf Tatbestandsebene ist zu untersuchen, ob die Anforderungen an den unbestimmten Rechtsbegriff »wichtiger Grund« je nach Gestaltungsantrag gegeben sind. Auf Rechtsfolgenebene hat das Gericht das jeweils beantragte Gestaltungsbegehren auf seine Verhältnismäßigkeit hin zu überprüfen. Ein zusätzlicher »Vorbehalt der Billigkeit« ist hingegen abzulehnen.

VII. Die ermessensleitenden Kriterien zur Beurteilung der Verhältnismäßigkeit bestimmen sich nach der Ratio handelsrechtlicher Gestaltungsklagen. Die Literatur hat bislang kein einheitliches Verständnis handelsrechtlicher Gestaltungsklagen entwickelt. Typischerweise werden diese im Stadium eines stark eskalierten Gesellschafterkonfliktes erhoben. In diesem Stadium sind die Gesellschafter zu Verhandlungen über die Lösung der Störung im Gesellschaftsverhältnis nicht mehr fähig und suchen daher gerichtlichen Rechtschutz. Der übergeordnete Normzweck handelsrechtlicher Gestaltungsklagen liegt folglich in der gerichtlichen Bewältigung typischerweise stark eskalierter Gesellschafterkonflikte.

VIII. Die Verhältnismäßigkeitsprüfung sollte sich an objektiven Kriterien ausrichten und einer klaren gedanklichen Struktur folgen. Daher ist das Prüfungsprogramm am hergebrachten Dreischritt Geeignetheit der beantragten Gestaltung zur Erreichung eines legitimen Zwecks, Erforderlichkeit der Gestaltungsmaßnahme sowie Angemessenheit der Gestaltung auszurichten. Maßgebliche Beurteilungsperspektive sind die Interessen der Gesellschafter.

IX. Ist für eine Ausschließung oder eine Auflösung auf Tatbestandsebene ein »wichtiger Grund« zu bejahen, ist das Interesse des Gestaltungsbeklagten im Rahmen der Rechtsfolge auf eine wirtschaftlich angemessene Kompensation seines gesellschafterlichen Engagements reduziert. Insofern sollte der ultima-ratio-Grundsatz bei Ausschließungs- und Auflösungsklagen durch eine wirtschaftliche Beurteilung der Verhältnismäßigkeit dieser Maßnahmen ersetzt werden.

X. Generell kann weder die Ausschließung noch die Auflösung als wirtschaftlich nachteilhaft beurteilt werden. Daher bedarf die Prüfung der Verhältnismäßigkeit der jeweils beantragten Gestaltungsklage im Vergleich zu alternativen Gestaltungsmaßnahmen einer umfassenden Beurteilung im Einzelfall. Die Geeignetheit der beantragten Gestaltung wird bei Vorliegen eines wichtigen Grundes selten in Frage zu stellen sein. Auch die Erforderlichkeit wird häufig zu bejahen sein, da eine für den Beklagten weniger einschneidende Maßnahme für den Gestaltungskläger selten rechtlich und wirtschaftlich äquivalent sein wird. Bei der Auflösungsklage kommt auf dieser Prüfungsstufe jedoch insbesondere ein außerordentli-

*Fazit*

ches Austrittsrecht nach § 133 HGB analog in Betracht. In den meisten Fällen dürfte es indes entscheidend auf die Beurteilung der Angemessenheit ankommen. Dabei sind die wirtschaftlichen Auswirkungen des beantragten Gestaltungsbegehrens ökonomisch zu bewerten und mit den Folgen alternativer Gestaltungsmaßnahmen zu vergleichen.

XI. Das Gericht ist prozessual gemäß § 308 ZPO an die zur Entscheidung gestellten Anträge gebunden. Von sich aus berücksichtigen sollte das Gericht sämtliche alternativen Gestaltungsmaßnahmen, die den Gesellschaftern auf der Basis ihres Parteivorbringens kraft gesetzlicher oder gesellschaftsvertraglicher Grundlage bereits zustehen. Denn dann hängt deren Ausübung allein einseitig von der klagenden Partei ab. Von den rechtlich bestehenden alternativen Gestaltungsmaßnahmen zu unterscheiden sind solche, die ein Entgegenkommen des beklagten Gesellschafters erfordern und folglich erst durch eine zukünftige gesellschaftsvertragliche Anpassung zustande kommen. Da diese nicht von vornherein, sondern erst durch ein rechtlich verbindliches Angebot auf Anpassung der gesellschafterlichen Situation bestehen, müssen sich die Beklagten auf diese Möglichkeit zur Anpassung im Prozess berufen. Die Zu- oder Aberkennung des Klageantrags allein durch die Ablehnung eines gerichtlichen Vergleichsvorschlags ist abzulehnen. Während das Berufungsgericht die Ermessensentscheidung vollständig zu überprüfen hat, ist die Revision bei der Begutachtung der Anwendung des Verhältnismäßigkeitsgrundsatzes auf Rechtsfehler beschränkt.

XII. Gegenüber dem ultima-ratio-Prinzip hat die vorgeschlagene Prüfung des Verhältnismäßigkeitsgrundsatzes den Vorteil der klaren gedanklichen Strukturierung sowie der Vereinheitlichung der Beurteilungskriterien. Möglicher Nachteil ist die erforderliche sachverständige Begutachtung der Bewertung der wirtschaftlichen Auswirkungen der Gestaltungsalternativen. Allerdings ist der Einsatz von Sachverständigengutachten im Gesellschaftsrecht bereits bei sehr vielen Bewertungsanlässen üblich.

*B. Ausblick*

Gegenstand der vorliegenden Betrachtung waren handelsrechtliche Gestaltungsklagen personalistischer Personenhandelsgesellschaften. Denkbar ist die Übertragung der hierbei gewonnenen Erkenntnisse auf Publikumspersonengesellschaften. Letzteres sind Erscheinungsformen der Personengesellschaft, »die auf öffentlichen Vertrieb und den Beitritt einer unbe-

*B. Ausblick*

stimmten Vielzahl von untereinander meist unverbundenen Anlagegesellschaftern aufgrund eines von den Initiatoren vorformulierten Gesellschaftsvertrags ausgerichtet sind«[662]. Für ihre Behandlung hat die Rechtsprechung in den vergangenen Jahrzehnten ein sich fortlaufend aktualisierendes Sonderrecht entwickelt.[663] Auf den ersten Blick mag einer Übertragung der entwickelten Kriterien bei der Prüfung des Verhältnismäßigkeitsgrundsatzes entgegenstehen, dass die Regeln des Personengesellschaftsrechts in Publikumspersonengesellschaften weithin durch kapitalgesellschaftsrechtliche Prinzipien überlagert werden. Andererseits konzentriert sich in den Publikumspersonengesellschaften die Investition der Gesellschafter in der Regel von Anfang an auf ein überwiegend finanzielles Engagement. Daher dürfte die wirtschaftliche Ausrichtung des Verhältnismäßigkeitsgrundsatzes der angedachten Natur der Publikumspersonengesellschaften weithin entsprechen. Besonderheiten in der Publikumspersonengesellschaft könnten sich jedoch dadurch ergeben, dass die herrschende Literatur auch ohne eine entsprechende gesellschaftsvertragliche Grundlage den Ausschluss eines Gesellschafters durch Mehrheitsbeschluss für zulässig hält.[664] Außerdem dürfte die Auflösungsklage aufgrund des richterrechtlich entwickelten außerordentlichen Austrittsrechts[665] praktisch so gut wie keine Rolle spielen.[666]

Die Frage einer möglichen Übertragung der entwickelten Prinzipien stellt sich auch für die Ausschließungsklage aus einer GmbH nach § 34 GmbHG analog sowie auf Auflösung der GmbH nach § 61 GmbHG. Insofern ist zu untersuchen, ob sich allein aufgrund der kapitalistischen Gesellschaftsform Unterschiede zum dargestellten Prüfungsprogramm ergeben. Hierbei ist zu klären, inwiefern bei der GmbH als juristischer Person in der Abwägung das Gesellschaftsinteresse[667] eine stärkere Rolle spielt als bei der Angemessenheitsprüfung der handelsrechtlichen Gestaltungskla-

---

662 *Schürnbrand*, ZGR 2014, 256, 257; *Roth*, in: Baumbach/Hopt, § 177a Rn. 52; *Oetker*, in: Oetker, § 161 Rn. 110.
663 Vgl. *Schürnbrand*, ZGR 2014, 256, 257.
664 *Lorz*, in: E/B/J/S, § 140 Rn. 47; *K. Schmidt*, in: MüKo HGB, § 140 Rn. 91; *Kamanabrou*, in: Oetker, § 140 Rn. 41.
665 Vgl. im 4. Teil unter Abschnitt B.III.3.b)aa)(1).
666 Vgl. *Lorz*, in: E/B/J/S, § 133 Rn. 35. Zudem ist die Klage gegen die Gesellschaft zu richten, vgl. *Klöhn*, in: Henssler/Strohn, § 133 Rn. 47.
667 Vgl. zur diesbezüglichen Diskussion im Bereich des Haftungsmaßstabs des GmbH-Geschäftsführers *Fleischer*, in: MüKo GmbHG, § 43 Rn. 14; in diese Richtung *Strohn*, in: MüKo GmbHG, § 34 Rn. 154.

*Fazit*

gen von Personenhandelsgesellschaften. Bei einer personalistisch geprägten GmbH sollten die Maßstäbe indes im Wesentlichen übereinstimmen.[668]

---

668 Vgl. zur diesbezüglichen Parallelität der Maßstäbe im Rahmen des Austrittsrechts auch *Schindler*, in: BeckOK GmbHG, § 34 Rn. 171 m.w.N.

# Literaturverzeichnis

*Altmeppen, Holger,* Ausschlussklage und Gewinnbeteiligung des ausscheidenden Gesellschafters der Personengesellschaft und GmbH, in: Festschrift für Günther H. Roth zum 70. Geburtstag, hrsg. v. Holger Altmeppen, Hans Fitz und Heinrich Honsell, München 2011, S. 1-11 (zit.: *Altmeppen,* FS Roth, S.)

*Altmeppen, Holger,* Kernbereichslehre, Bestimmtheitsgrundsatz und Vertragsfreiheit in der Personengesellschaft, in: NJW 2015, S. 2065-2071

*Bader, Johann/ Ronellenfitsch, Michael (Hrsg.),* Beck'scher Online-Kommentar VwVfG, 27. Aufl., München 2015 (zit.: *Bearbeiter,* in: BeckOK VwVfG, § Rn.)

*Balz, Gerhard K.,* Bestandsschutz der Gesellschaft mit beschränkter Haftung, in: JZ 1983, S. 241-249

*Baumbach, Adolf/ Hopt, Klaus J. (Hrsg.),* Handelsgesetzbuch: mit GmbH & Co., Handelsklauseln, Bank- und Börsenrecht, Transportrecht (ohne Seerecht), 36. Aufl., München 2014 (zit.: *Bearbeiter,* in: Baumbach/Hopt, § Rn.)

*Baumbach, Adolf/ Hueck, Alfred (Hrsg.),* GmbHG, 20. Aufl., München 2013 (zit.: *Bearbeiter,* in: Baumbach/Hueck, § Rn.)

*Baus, Kirsten,* Die Familienstrategie - Wie Familien ihr Unternehmen über Generationen sichern, 2. Aufl., 2007 (zit.: *Baus,* Familienstrategie, S.)

*Bauschatz, Peter,* Rechtsschutzmöglichkeiten bei Feststellung des Jahresabschlusses einer KG, in: NZG 2002, S. 759-765

*Becker, Michael,* Typologie und Probleme der (handelsrechtlichen) Gestaltungsklagen unter besonderer Berücksichtigung der GmbH-rechtlichen Auflösungsklage (§ 61 GmbHG), in: ZZP 1984 (97. Band), S. 314-337

*Beikircher, Konrad/ Hänel, Dagmar,* »Der Rheinländer an sich«, Regionale Stereotype und Vorurteile aus zwei unterschiedlichen Beobachterpositionen, Ankündigung der Veranstaltungsreihe der Volkskundler der Universität Bonn im Sommersemester 2014 (abrufbar unter: http://www3.uni-bonn.de/studium/studium-universale/ semesterprogramm/vorlesungen/achtung-nicht-im-heft-enthalten, Stand: 28.07. 2014), (zit.: *Beikircher/Hänel,* "Der Rheinländer an sich")

*Bötticher, Eduard,* Besinnung auf das Gestaltungsrecht und das Gestaltungsklagerecht, in: Festschrift für Hans Dölle. Bd. 1. Deutsches Privat- und Zivilprozessrecht, Rechtsvergleichung, hrsg. v. Ernst von Caemmerer, Arthur Nickisch und Konrad Zweigert, Tübingen 1963, S. 41-78 (zit.: *Bötticher,* FS Dölle, S.)

*Brück, Mario,* Familienunternehmen zerfleischen sich in der Öffentlichkeit, in: Wirtschaftswoche online vom 21.02.2012 (abrufbar unter: http://www.wiwo.de/ unternehmen/handel/generationenstreit-familienunternehmen-zerfleischen-sich-in-der-oeffentlichkeit/6349056.html) S. 62

*Literaturverzeichnis*

*Coase, Ronald,* The Problem of Social Cost, in: Journal of Law and Economics Vol. 3/1960, S. 1-40

*Dölle, Hans,* Zum Wesen der Gestaltungsklagerechte, in: Festschrift für Eduard Bötticher zum 70. Geburtstag am 29. Dezember 1969, hrsg. v. Karl August Bettermann und Albrecht Zeuner, Berlin 1969, S. 94-99 (zit.: *Dölle,* FS Bötticher, S.)

*Drukarczyk, Jochen/ Schüler, Andreas,* Unternehmensbewertung, 6. Aufl., München 2009 (zit.: *Drukarczyk/Schüler,* Unternehmensbewertung, S.)

*Ebenroth, Carsten Thomas/ Boujong, Karlheinz/ Joost, Detlev/ Strohn, Lutz (Hrsg.),* Kommentar zum Handelsgesetzbuch, 3. Aufl., München 2014 (zit.: *Autor,* in: E/B/J/S, § Rn.)

*Eidenmüller, Horst,* Effizienz als Rechtsprinzip, 2. Aufl., Tübingen 1998 (zit.: *Eidenmüller,* Effizienz, S.)

*Epping, Volker/ Lenz, Sebastian/ Leydecker, Philipp,* Grundrechte, 6. Aufl., Heidelberg u.a. 2015 (zit.: *Epping/Lenz/Leydecker,* Grundrechte, Rn.)

*Esser, Josef,* Vorwort, in: Arbeiten zur Rechtsvergleichung, Band 24: Ermessensfreiheit und Billigkeitsspielraum des Zivilrichters - Verhandlungen der Fachgruppe für Grundlagenforschung anlässlich der Tagung für Rechtsvergleichung in Wien vom 18. bis 21. September 1963, hrsg. v. Ernst von Caemmerer, Frankfurt 1964, S. 11-18 (zit.: *Esser,* in: von Caemmerer (Hrsg.), Ermessensfreiheit und Billigkeitsspielraum, S.)

*Fleischer, Holger/ Hüttemann, Rainer (Hrsg.),* Rechtshandbuch Unternehmensbewertung, Köln 2015 (zit.: *Autor,* in: Fleischer/Hüttemann, Rechtshandbuch Unternehmensbewertung, § Rn.)

*Fleischer, Holger/ Schneider, Stephan,* Der Liquidationswert als Untergrenze der Unternehmensbewertung bei gesellschaftsrechtlichen Abfindungsansprüchen, in: DStR 2013, S. 1736-1743

*Frohnmayer, Thomas/ Klein-Wiele, Christian,* Konfliktmanagement - Methodik und Auswahl unterschiedlicher Instrumente zur Beilegung von Gesellschafterstreitigkeiten, in: FuS Sonderausgabe "Streitvermeidung und -beseitigung" 2014, S. 56-63

*Geißler, Markus,* Die Reichweite der GmbH-Auflösungsklage bei der Bewältigung fundamentaler Gesellschafterzerwürfnisse, in: GmbHR 2012, S. 1049-1055

*Glasl, Friedrich,* Eskalationsdynamik sozialer Konflikte, in: Mediation und Konfliktmanagement, hrsg. v. Thomas Trenczek, Detlev Berning und Cristina Lenz, Baden-Baden 2013, S. 67-78 (zit.: *Glasl,* in: Trenczek/Berning/Lenz, Rn.)

*Glasl, Friedrich,* Konfliktmanagement: Ein Handbuch für Führungskräfte, Beraterinnen und Berater, 11. Aufl., Stuttgart 2013 (zit.: *Glasl,* Konfliktmanagement, S.)

Großkommentar zum Handelsgesetzbuch, hrsg. v. Claus-Wilhelm Canaris, Mathias Habersack und Carsten Schäfer, Dritter Band (§§ 105-160), 5. Aufl., Berlin 2009 (zit.: *Bearbeiter,* in: GroßkommHGB, § Rn.)

*Grunewald, Barbara,* Der Ausschluß aus Gesellschaft und Verein, 1987 (zit.: *Grunewald,* Ausschluss., S.)

*Grziwotz, Herbert*, Die Liquidation von Personengesellschaften, in: DStR 1992, S. 1365-1369

*Guckelberger, Annette*, Die Drittwirkung der Grundrechte, in: JuS 2003, S. 1151-1157

*Gummert, Hans/ Weipert, Lutz (Hrsg.)*, Münchener Handbuch des Gesellschaftsrechts, Band 1, 4. Aufl., Köln 2014 (zit.: *Bearbeiter*, in: Mü. Hdb. GesR. Bd. 1, § Rn.)

*Habersack, Mathias*, Die Reform des Rechts der Personenhandelsgesellschaften, in: Fachtagung der Bayer-Stiftung für deutsches und internationales Arbeits- und Wirtschaftsrecht, hrsg. v. Manfred Lieb, München 1999, S. 73-94 (zit.: *Habersack*, Fachtagung Bayer-Stiftung, S.)

*Hahn, Friedrich von*, Commentar zum Allgemeinen Deutschen Handelsgesetzbuch: Das erste, zweite und dritte Buch des Handelsgesetzbuchs, 3. Aufl., Braunschweig 1879 (zit.: *von Hahn*, ADHGB, Art. Rn.)

*Hanschitz, Rudolf-Christian*, Konflikte und Konfliktbegriffe, in: Handbuch Mediation und Konfliktmanagement (Schriften zur Gruppen- und Organisationsdynamik), hrsg. v. Gerhard Falk, Peter Heintel und Ewald E. Krainz, Wiesbaden 2005, S. 63-82 (zit.: *Hanschitz*, in: Hdb. Mediation und Konfliktmanagement, S.)

*Häublein, Martin/ Hoffmann-Theinert, Roland (Hrsg.)*, Beck'scher Online-Kommentar HGB, 8. Aufl., München 2015 (zit.: *Bearbeiter*, in: BeckOK HGB, § Rn.)

*Heckschen, Heribert/ Bachmann, Daniel*, Mehrheitsklauseln bei Personengesellschaften, in: NZG 2015, S. 531-537

*Heidel, Thomas/ Schall, Alexander (Hrsg.)*, Handelsgesetzbuch: Handkommentar, 2. Aufl., Baden-Baden 2015 (zit.: *Autor*, in: Heidel/Schall, § Rn.)

*Henssler, Martin/ Strohn, Lutz (Hrsg.)*, Gesellschaftsrecht: BGB, HGB, PartGG, GmbHG, AktG, UmwG, GenG, IntGesR, 2. Aufl., München 2014 (zit.: *Autor*, in: Henssler/Strohn, § Rn.)

*Hess, André*, Auswirkungen des Handelsrechtsreformgesetzes auf die Ausscheidens- und Auflösungsgründe im Personengesellschaftsrecht, 2006 (zit.: *Hess*, Handelsrechtsreform, S.)

*Hirschberg, Lothar*, Der Grundsatz der Verhältnismäßigkeit, Göttingen 1981 (zit.: *Hirschberg*, Verhältnismäßigkeit, S.)

*Hubmann, Heinrich*, Die Methode der Abwägung, in: Festschrift für Ludwig Schnorr von Carolsfeld zum 70. Geburtstag, hrsg. v. Heinrich Hubmann und Heinz Hübner, Köln 1973, S. 173-197 (zit.: *Hubmann*, FS Schnorr von Carolsfeld, S.)

*Hubmann, Heinrich*, Grundsätze der Interessenabwägung, in: AcP 155 (1956), S. 85-134

*Hueck, Alfred*, Gestaltungsklagen im Recht der Handelsgesellschaften, in: Recht im Wandel: Beiträge zu Strömungen und Fragen im heutigen Recht; Festschrift hundertfünfzig Jahre Carl Heymanns Verlag KG, hrsg. v. Carl Hermann Ule, Köln 1965, S. 287-306 (zit.: *Hueck*, in: Recht im Wandel, S.)

*Institut der Wirtschaftsprüfer (Hrsg.)*, IDW S 1 i.d.F. 2008 - Grundsätze zur Durchführung von Unternehmensbewertungen, in: FN-IDW 2008, S. 271-292

*Literaturverzeichnis*

*Jansen, Till*, Konflikte und deren Lösungen - vom Rosenkrieg zum Vatermord, in: FuS 2015, S. 194-197

*Kahneman, Daniel*, Thinking, Fast and Slow, New York 2011 (zit.: *Kahneman*, Thinking, Fast and Slow, S.)

*Kilian, Matthias*, Die Trennung vom "missliebigen" Personengesellschafter - Neue Ansätze in Sachen Ausschluss, Hinauskündigung und Kollektivaustritt?, in: WM 2006, S. 1567-1576

*Koller, Ingo/ Kindler, Peter/ Roth, Wulf-Henning/ Morck, Winfried (Hrsg.)*, Kommentar zum Handelsgesetzbuch, 8. Aufl., München 2015 (zit.: *Bearbeiter*, in: Koller u.a., § Rn.)

Kommentar zum Handelsgesetzbuch, hrsg. v. Mitgliedern des Reichsgerichts, Zweiter Band (§§ 105-177, §§ 335-342), 1. Aufl., Berlin 1942 (zit.: *Bearbeiter*, in: RG-Kommentar HGB, § Rn.)

*Kruschwitz, Lutz*, Investitionsrechnung, 14. Aufl., München 2014 (zit.: *Kruschwitz*, Investitionsrechnung, S.)

*Lind, Thorsten Patric*, BGH: Aufgabe des Bestimmtheitsgrundsatzes bei Personengesellschaften, in: LMK 2015, S. 366316

*Lutter, Marcus/ Hommelhoff, Peter (Hrsg.)*, Kommentar zum GmbHG, 18. Aufl., Köln 2012 (zit.: *Bearbeiter*, in: Lutter/Hommelhoff, § Rn.)

*Lutz, Reinhard*, Der Gesellschafterstreit: in der GbR, OHG, KG, GmbH & Co. KG und GmbH, München 2013 (zit.: *Lutz*, Gesellschafterstreit, Rn.)

*Matz, Renée/ Müllner, Uwe*, Vorläufige Wirksamkeit der Ausschließung eines BGB-Gesellschafters?, in: WM 2009, S. 683-688

*Maunz, Theodor/ Dürig, Günther (Hrsg.)*, Grundgesetz-Kommentar, 74. Aufl., München 2015 (zit.: *Bearbeiter*, in: Maunz/Dürig, Art. Rn.)

*Medicus, Dieter/ Petersen, Jens*, Bürgerliches Recht, 25. Aufl., Köln u.a. 2015 (zit.: *Medicus/Petersen*, Bürgerliches Recht, Rn.)

*Michalski, Lutz*, OHG-Recht: Kommentar zum Recht der offenen Handelsgesellschaften: §§ 105-160 HGB, Köln u.a. 2000 (zit.: *Michalski*, OHG-Recht, § Rn.)

*Montada, Leo/ Kals, Elisabeth*, Mediation - Psychologische Grundlagen und Perspektiven, Weinheim 2013 (zit.: *Montada/Kals*, Mediation, S.)

*Möschel, Wernhard*, Die Benachteiligung der Familienunternehmen durch Recht und Staat und Wege zu deren Überwindung, in: ZRP 2011, S. 116-120

Münchener Kommentar zum Aktiengesetzbuch, hrsg. v. Wulf Goette und Mathias Habersack, Band 4 (§§ 179-277), 3. Aufl., München 2011 (zit.: *Bearbeiter*, in: MüKo AktG, § Rn.)

Münchener Kommentar zum BGB, hrsg. v. Franz Jürgen Säcker und Roland Rixecker, Band 2 (§§ 241-432), 7. Aufl., München 2015 (zit.: *Bearbeiter*, in: MüKo BGB, § Rn.)

Münchener Kommentar zum BGB, hrsg. v. Franz Jürgen Säcker und Roland Rixecker, Band 5 (§§ 705-853), 6. Aufl., München 2013 (zit.: *Bearbeiter*, in: MüKo BGB, § Rn.)

*Literaturverzeichnis*

Münchener Kommentar zum GmbHG, hrsg. v. Holger Fleischer und Wulf Goette, Band 1 (§§ 1-34), 2. Aufl., München 2015 (zit.: *Bearbeiter*, in: MüKo GmbHG, § Rn.)

Münchener Kommentar zum GmbHG, hrsg. v. Holger Fleischer und Wulf Goette, Band 2 (§§ 35-52), 2. Aufl., München 2016 (zit.: *Bearbeiter*, in: MüKo GmbHG, § Rn.)

Münchener Kommentar zum Handelsgesetzbuch, hrsg. v. Karsten Schmidt, Band 2 (§§ 105-160), 3. Aufl., München 2011 (zit.: *Bearbeiter*, in: MüKo HGB, § Rn.)

Münchener Kommentar zum Handelsgesetzbuch, hrsg. v. Karsten Schmidt, Band 3 (§§ 161-237), 3. Aufl., München 2012 (zit.: *Bearbeiter*, in: MüKo HGB, § Rn.)

Münchener Kommentar zur Zivilprozessordnung, hrsg. v. Thomas Rauscher und Wolfgang Krüger, Band 1 (§§ 1-354), 3. Aufl., München 2013 (zit.: *Bearbeiter*, in: MüKo ZPO, § Rn.)

Münchener Kommentar zur Zivilprozessordnung, hrsg. v. Thomas Rauscher und Wolfgang Krüger, Band 2 (§§ 355-1024), 4. Aufl., München 2012 (zit.: *Bearbeiter*, in: MüKo ZPO, § Rn.)

*Musielak, Hans-Joachim/ Voit, Wolfgang (Hrsg.)*, Kommentar zur Zivilprozessordnung mit Gerichtsverfassungsgesetz, 12. Aufl., München 2015 (zit.: *Autor*, in: Musielak/Voit, § Rn.)

*Neus, Werner*, Einführung in die Betriebswirtschaftslehre aus institutionenökonomischer Sicht, 8. Aufl., Tübingen 2013 (zit.: *Neus*, Einf. BWL, S.)

*Oberheim, Rainer*, Zivilprozessrecht für Referendare, 10. Aufl., München 2014 (zit.: *Oberheim*, Zivilprozessrecht, § Rn.)

*Oetker, Hartmut (Hrsg.)*, Münchener Kommentar zum Handelsgesetzbuch, 3. Aufl., München 2013 (zit.: *Bearbeiter*, in: Oetker, § Rn.)

*Otte-Gräbener, Sabine*, Keine Reichweitenbeschränkung allgemeiner Mehrheitsklauseln durch Bestimmtheitsgrundsatz, in: GWR 2015, S. 11

*Pabst, Günter*, Prozessuale Probleme bei Rechtsstreitigkeiten wegen Entziehung von Geschäftsführungs- bzw. Vertretungsbefugnis sowie Ausschließung eines Gesellschafters, in: ZRP 1978, S. 892-896

*Paulus, Christoph G./ Zenker, Wolfgang*, Grenzen der Privatautonomie, in: JuS 2001, S. 1-9

*Pfeifer, Helmuth*, Die prozessualen Gestaltungsklagen, Hamburg 1962 (zit.: *Pfeifer*, Gestaltungsklagen, S.)

*Piehler, Klaus*, Der Ausschluß eines Gesellschafters aus einer Personengesellschaft (Teil I) - Gesetzliche Regelung und vertragliche Gestaltungen, in: DStR 1991, S. 686-689

*Priester, Hans-Joachim*, Geltung einer allgemeinen Mehrheitsklausel in einem Personengesellschaftsvertrag auch für Grundlagen- und ungewöhnliche Geschäfte, in: NZG 2015, S. 71-72

*Literaturverzeichnis*

*Rinsche, Franz-Josef*, Das Verhältnis der materiellrechtlichen Voraussetzungen der Gesellschafterausschließung nach §§ 140, 142 HGB zu denen der Gesellschaftsauflösung nach § 133 HGB, 1963 (zit.: *Rinsche*, Verhältnis, S.)

*Ritter, Carl*, Kommentar zum Handelsgesetzbuch: mit Ausschluß des Seerechts, 2. Aufl., München 1932 (zit.: *Ritter*, HGB, § Rn.)

*Rittner, Fritz*, Ermessensfreiheit und Billigkeitsspielraum des Zivilrichters im deutschen Recht, in: Arbeiten zur Rechtsvergleichung, Band 24: Ermessensfreiheit und Billigkeitsspielraum des Zivilrichters - Verhandlungen der Fachgruppe für Grundlagenforschung anlässlich der Tagung für Rechtsvergleichung in Wien vom 18. bis 21. September 1963, hrsg. v. Ernst von Caemmerer, Frankfurt 1964, S. XXV, 848 S. (zit.: *Rittner*, in: von Caemmerer (Hrsg.), Ermessensfreiheit und Billigkeitsspielraum, S.)

*Röhricht, Volker*, Zum Austritt des Gesellschafters aus der GmbH, in: Festschrift für Alfred Kellermann zum 70. Geburtstag, hrsg. v. Reinhard Goerdeler, Peter Hommelhoff, Marcus Lutter, Walter Odersky und Herbert Wiedemann, Berlin 1991, S. 361-388 (zit.: *Röhricht*, FS Kellermann, S.)

*Röhricht, Volker/ Westphalen, Friedrich von/ Haas, Ulrich (Hrsg.)*, Handelsgesetzbuch, 4. Aufl., Köln 2014 (zit.: *Autor*, in: Röhricht/Westphalen, § Rn.)

*Rubin, Jeffrey Z./ Pruitt, Dean G./ Kim, Sung Hee*, Social conflict: escalation, stalemate, and settlement, 2. Aufl., New York 1994 (zit.: *Rubin/Pruitt/Kim*, Social Conflict, S.)

*Sandrock, Otto*, Zur Übernahme eines Unternehmens nach § 142 HGB, in: JR 1969, S. 323-330

*Schäfer, Carsten*, Der Bestimmtheitsgrundsatz ist (wirklich) Rechtsgeschichte, in: NZG 2014, S. 1401-1404

*Schäfer, Hans-Bernd/ Ott, Claus*, Lehrbuch der ökonomischen Analyse des Zivilrechts, 5. Aufl., Berlin u.a. 2012 (zit.: *Schäfer/Ott*, Ökonomische Analyse, S.)

*Scheifele, Bernd*, Der Ausschluss aus der Gesellschaft als ultima ratio?, in: BB 1989, S. 792-795

*Schlegelberger, Franz (Hrsg.)*, Handelsgesetzbuch, 1. Aufl., Berlin 1939 (zit.: *Bearbeiter*, in: Schlegelberger, 1. Aufl. 1939, § Rn.)

*Schlippe, Arist von/ Hermann, Frank*, The Theory of Social Systems as a Framework for Understanding Family Businesses, in: Family Relations 2013, S. 384-398

*Schlosser, Peter*, Gestaltungsklagen und Gestaltungsurteile, Bielefeld 1966 (zit.: *Schlosser*, Gestaltungsklagen, S.)

*Schmidt-Lorenz, Tilman*, Richterliches Ermessen im Zivilprozess, Freiburg 1983 (zit.: *Schmidt-Lorenz*, Ermessen, S.)

*Schmidt, Karsten*, Mehrseitige Gestaltungsprozesse bei Personengesellschaften: Studien und Thesen zur Prozeßführung nach §§ 117, 127, 133, 140, 142 HGB und zur notwendigen Streitgenossenschaft nach § 62 ZPO, Heidelberg 1992 (zit.: *K. Schmidt*, Mehrseitige Gestaltungsprozesse, S.)

*Scholz, Franz (Hrsg.)*, Kommentar zum GmbHG, Band 3 (§§ 53-85, Nachtrag MoMiG, §§ 1-4 EGGmbHG), 10. Aufl., Köln 2010 (zit.: *Bearbeiter*, in: Scholz, § Rn.)

*Schönhoff, Horst*, Die Zustimmungs- und Ausschließungsklage im Recht der Personenhandelsgesellschaften, Gütersloh 1992 (zit.: *Schönhoff*, Zustimmungs- und Ausschließungsklage, S.)

*Schuhmann, Helmut*, Das Ermessen des Richters im Bereich der freiwilligen Gerichtsbarkeit, München 1968 (zit.: *Schuhmann*, Ermessen, S.)

*Schürnbrand, Jan*, Publikumspersonengesellschaften in Rechtsprechung und Literatur, in: ZGR 2014, S. 256-283

*Schwab, Martin*, Das Prozessrecht gesellschaftsinterner Streitigkeiten, Tübingen 2005 (zit.: *Schwab*, Prozessrecht, S.)

*Schwerdtfeger, Armin (Hrsg.)*, Gesellschaftsrecht, Köln 2015 (zit.: *Bearbeiter*, in: Schwerdtfeger, § Rn.)

*Sigle, Walter*, Abfindungsklauseln in Gesellschaftsverträgen von Familienunternehmen, in: Festschrift für Eberhard Stilz zum 65. Geburtstag, hrsg. v. Mathias Habersack, Karl Huber und Gerald Spindler, München 2014, S. 617-628 (zit.: *Sigle*, FS Stilz, S.)

*Simon, Fritz B.*, Einführung in die Systemtheorie des Konflikts, 3. Aufl., Heidelberg 2015 (zit.: *Simon*, Konflikt, S.)

*Simon, Fritz B.*, Einführung in die Theorie des Familienunternehmens, Heidelberg 2012 (zit.: *Simon*, Familienunternehmen, S.)

*Stodolkowitz*, Die außerordentliche Gesellschafterkündigung in der Personenhandelsgesellschaft, in: NZG 2011, S. 1327-1334

*Staab, Helmut*, Gestaltungsklage und Gestaltungsklagerecht im Zivilprozeß, Saarbrücken 1967 (zit.: *Staab*, Gestaltungsklage, S.)

*Staub, Hermann*, Kommentar zum Allgemeinen Deutschen Handelsgesetzbuch, 5. Aufl., Berlin 1897 (zit.: *Staub*, ADHGB, Art. §)

*Stauf, Wolfgang*, Der wichtige Grund bei der personengesellschaftlichen Auflösungs- und Ausschließungsklage - Eine Untersuchung zu dem Tatbestandsmerkmal "wichtiger Grund" in den §§ 133, 140, 142 HGB, 1980 (zit.: *Stauf*, Wichtiger Grund (1980), S.)

*Stauf, Wolfgang*, Klage auf Auflösung einer GmbH; Verschulden beider Pt., in: MDR 1982, S. 384

*Stauf, Wolfgang*, Zum Tatbestandsmerkmal "wichtiger Grund" in den §§ 133, 140, 142 HGB, 1979 (zit.: *Stauf*, Wichtiger Grund (1979), S.)

*Steinbeck, Anja/ Lachenmaier, Andreas*, Verhaltensökonomik im Gerichtssaal, in: NJW 2014, S. 2086-2091

*Stickelbrock, Barbara*, Inhalt und Grenzen richterlichen Ermessens im Zivilprozess, Köln 2002 (zit.: *Stickelbrock*, Ermessen, S.)

*Literaturverzeichnis*

*Stubbe, Andrea*, Der Grundsatz der Verhältnismäßigkeit im Privatrecht, dargestellt anhand des Ausschlusses von Gesellschaftern aus Personengesellschaften, Würzburg 2001 (zit.: *Stubbe*, Verhältnismäßigkeit, S.)

*Thomas, Heinz/ Putzo, Hans (Begr.)*, Zivilprozessordnung, 35. Aufl., München 2014 (zit.: *Bearbeiter*, in: Thomas/Putzo, ZPO, § Rn.)

*Ulmer, Peter*, Austrittsrecht aus wichtigem Grund in der OHG/KG?, in: Festschrift für Wulf Goette zum 65. Geburtstag, hrsg. v. Mathias Habersack und Peter Hommelhoff, München 2011, S. 545-559 (zit.: *Ulmer*, FS Goette, S.)

*Ulmer, Peter*, Die vertragliche Beschränkung des Austrittsrechts und der Abfindungsansprüche ausscheidenswilliger Gesellschafter in der großen, generationsübergreifenden Familien-KG, in: ZIP 2010, S. 805-816

*Ulmer, Peter*, Mehrheitsbeschlüsse in Personengesellschaften: definitiver Abschied vom Bestimmtheitsgrundsatz, in: ZIP 2015, S. 657-662

*Ulrici, Bernhard/ Purrmann, Anja*, Einwendungen und Einreden, in: JuS 2011, S. 104-107

*Van Venrooy, Gerd J.*, Der enttäuschte Finanzanleger im GmbH-Recht, in: GmbHR 1992, S. 141-148

*Vorwerk, Volkert/ Wolf, Christian (Hrsg.)*, Beck'scher Online-Kommentar zur Zivilprozessordnung, 4. Aufl., München 2014 (zit.: *Bearbeiter*, in; BeckOK ZPO, § Rn.)

*Voßkuhle, Andreas*, Grundwissen - Öffentliches Recht: Der Grundsatz der Verhältnismäßigkeit, in: JuS 2007, S. 429-435

*Wagner, Franz W.*, Das Ausscheiden eines Gesellschafters aus einer OHG - ein Beitrag zur Theorie der Unternehmensbewertung, München 1971 (zit.: *Wagner*, Ausscheiden, S.)

*Wagner, Franz W.*, Unterschiedliche Wirkung bewertungsbedingter und transaktionsbedingter latenter Ertragssteuern auf Abfindungs- und Ausgleichsansprüche?, in: WPg 2007, S. 929-937

*Walter, Eginhard*, Hinwirken auf Einvernehmen – Welche Zusatzqualifikation braucht das Gericht?, in: FPR 2009, S. 24-27

*Weber, Christoph Andreas*, Totgesagte leben nicht immer länger - das (endgültige) Ende des personengesellschaftsrechtlichen Bestimmtheitsgrundsatzes, in: JA 2015, S. 147-149

*Wertenbruch, Johannes*, Abschied von Bestimmtheitsgrundsatz und Kernbereichslehre im Beschlussanfechtungssystem der Personengesellschaft, in: DB 2014, S. 2875-2880

*Westermann, Harm Peter*, Der »Suhrkamp«-Gesellschafter unter dem Schutzschirm der Gesellschaftsinsolvenz, in: NZG 2015, S. 134-144

*Westermann, Harm Peter*, Der überforderte Gesellschafter, in: Festschrift für Uwe Blaurock zum 70. Geburtstag, hrsg. v. Peter Jung, Philipp Lamprecht und Katrin Blasek, Tübingen 2013, S. 527-547 (zit.: *Westermann*, FS Blaurock, S.)

*Westermann, Harm Peter*, Die Ausschließungsklage gem. § 140 HGB - eine stumpfe Waffe, in: NJW 1977, S. 2185-2188

*Westermann, Harm Peter*, Die Gestaltungsfreiheit im Personengesellschaftsrecht in den Händen des BGH, in: 50 Jahre Bundesgerichtshof, Festgabe der Wissenschaft Bd. II, hrsg. v. Andreas Heldrich und Klaus J. Hopt, Köln 2000, S. 245-272 (zit.: *Westermann*, 50 Jahre BGH, Bd. II, S.)

*Westermann, Harm Peter*, Die zweigliedrige Personengesellschaft in der Krise, in: Festschrift für Volker Röhricht zum 65. Geburtstag, hrsg. v. Georg Crezelius, Heribert Hirte und Klaus Vieweg, Köln 2005, S. 655-674 (zit.: *Westermann*, FS Röhricht, S.)

*Westermann, Harm Peter*, Patchwork-Familien im Gesellschaftsrecht, in: NZG 2015, S. 649-657

*Westermann, Harm Peter*, Vertraglich geregeltes oder treupflichtgemäßes Ausscheiden aus einer sanierungsbedürftigen Personengesellschaft, NZG 2016, S. 9-15

*Westermann, Harm Peter*, Vertragsfreiheit und Typengesetzlichkeit im Recht der Personengesellschaften, Berlin 1970 (zit.: *Westermann*, Vertragsfreiheit, S.)

*Westermann, Harm Peter/ Pöllath, Reinhard*, Abberufung und Ausschließung von Gesellschaftern/Geschäftsführern in Personengesellschaften und GmbH, 4. Aufl., Köln 1988 (zit.: *Westermann/Pöllath*, Abberung und Ausschließung, S.)

*Westermann, Harm Peter/ Wertenbruch, Johannes*, Handbuch Personengesellschaften: Gesellschaftsrecht, Steuerrecht, Arbeitsrecht, Sozialversicherungsrecht; Verträge und Formulare, 62. Erg.-Lfg., Köln 2015 (zit.: *Bearbeiter*, in: Westermann/Wertenbruch, Hdb. Personengesellschaften, Rn.)

*Wiedemann, Herbert*, Die Personenunabhängigkeit der Personengesellschaft, in: Gedächtnisschrift für Alexander Lüderitz, hrsg. v. Haimo Schack, München 2000, S. 839-860 (zit.: *Wiedemann*, GS Lüderitz, S.)

*Wiedemann, Herbert*, Gesellschaftsrecht, Band 2: Recht der Personengesellschaften, München 2004 (zit.: *Wiedemann*, Gesellschaftsrecht II, S.)

*Wiedemann, Herbert*, Rechte und Pflichten des Personengesellschafters, in: WM 1992, Beil. 7, S. 3-54

*Windbichler, Christine*, Gesellschaftsrecht, 23. Aufl., München 2013 (zit.: *Windbichler*, Gesellschaftsrecht, § Rn.)

*Ziemons, Hildegard/ Jäger, Carsten*, Beck'scher Online-Kommentar zum GmbHG, 23. Aufl., München 2015 (zit.: *Bearbeiter*, in: BeckOK GmbHG, § Rn.)

*Zöller, Richard/ Geimer, Reinhold (Hrsg.)*, Zivilprozessordnung: mit FamFG (§§ 1-185, 200-270, 433-484) und Gerichtsverfassungsgesetz, den Einführungsgesetzen, mit internationalem Zivilprozessrecht, EU-Verordnungen, Kostenanmerkungen, Köln 2014 (zit.: *Bearbeiter*, in: Zöller, § Rn.)

*Zöllner, Wolfgang*, Die Anpassung von Personengesellschaftsverträgen an veränderte Umstände, Heidelberg 1979 (zit.: *Zöllner*, Anpassung, S.)

*Zöllner, Wolfgang*, Inhaltsfreiheit bei Gesellschaftsverträgen, in: Festschrift 100 Jahre GmbH-Gesetz, hrsg. v. Marcus Lutter, Peter Ulmer und Wolfgang Zöllner, Köln 1992, S. 85-101 (zit.: *Zöllner*, FS 100 Jahre GmbHG, S.)